爱心、责任、奉献

——天津市首批组团式教育人才援藏队的支教岁月

周耀才 刘丽颖 著

知识产权出版社
全国百佳图书出版单位
—北京—

图书在版编目（CIP）数据

爱心、责任、奉献：天津市首批组团式教育人才援藏队的支教岁月 / 周耀才，刘丽颖著. —北京：知识产权出版社，2023.2

ISBN 978-7-5130-8427-7

Ⅰ.①爱… Ⅱ.①周… ②刘… Ⅲ.①不发达地区 – 教育工作 – 西藏 Ⅳ.① G527.75

中国版本图书馆 CIP 数据核字（2022）第 200071 号

内容提要

本书记录了天津市首批组团式教育人才援藏队从 2016 年 4 月到 2019 年 7 月在西藏昌都市第二高级中学支教期间的工作和生活。他们满怀爱心、勇担责任、甘于奉献，着重在思想引领、实践指导、示范带动等方面开展工作，从管理到教学、从师资到课程、从德育到艺体，精准高效地推动了学校的管理水平、师资队伍水平、教学质量大幅度提升，使学生从知识到心灵得以丰富和浸润，为学校打造了一支"带不走"的教育人才队伍，并将天津支教模式推广开来，发挥了较强的示范带动作用，开创了首批组团式教育人才援藏工作的新局面。

本书适合广大教育工作者阅读。

责任编辑：王志茹　　　　　　　　　　责任印制：孙婷婷

爱心、责任、奉献
AIXIN、ZEREN、FENGXIAN
——天津市首批组团式教育人才援藏队的支教岁月

周耀才　刘丽颖　著

出版发行：知识产权出版社 有限责任公司	网　　址：http://www.ipph.cn
电　　话：010-82004826	http://www.laichushu.com
社　　址：北京市海淀区气象路 50 号院	邮　　编：100081
责编电话：010-82000860 转 8761	责编邮箱：laichushu@cnipr.com
发行电话：010-82000860 转 8101	发行传真：010-82000893
印　　刷：北京中献拓方科技发展有限公司	经　　销：新华书店、各大网上书店及相关专业书店
开　　本：720mm×1000mm　1/16	印　　张：16.75
版　　次：2023 年 2 月第 1 版	印　　次：2023 年 2 月第 1 次印刷
字　　数：236 千字	定　　价：88.00 元

ISBN 978-7-5130-8427-7

出版权专有　侵权必究
如有印装质量问题，本社负责调换。

前　言

自 1995 年以来，天津市对口支援昌都市建设已有 20 多年，圆满完成了七轮援藏工作。天津市的援藏工作使昌都市经济发展实现了新跨越，社会实现了新进步，民生获得了新改善，城乡面貌发生了新变化。同时，昌都市教育也实现了跨越式发展，其中学前教育入园率不断提高，部分县已通过国家义务教育均衡发展评估验收，义务教育巩固率达到 90%，高中阶段教育毛入学率大幅度提高。由于天津市的教育资源被分配到昌都市的各所学校、教育机构，所以这些资源所发挥的作用不够集中。

2015 年 12 月，教育部、国家发展和改革委员会、财政部、人力资源和社会保障部联合制订《"组团式"教育人才援藏工作实施方案》，决定充分利用对口支援省（市）的优质教育资源，开展"组团式"教育人才援藏工作，集中力量向西藏自治区选派支教教师、带动和培训当地教师，帮助西藏整体提升教育内涵式发展水平。❶

"十三五"时期是打赢脱贫攻坚战的决胜阶段。在这一关键时期，教育部等部委联合出台了"组团式"教育人才援藏政策。这种援藏新模式将过去的分散式援教变为集中一个省的优势资源于一所学校、集中力量援助建设一批示范中、小学，通过示范学校辐射带动其他学校办学水平的全面提升。这对补齐西藏教育短板、全面提高西藏双语教育教学质量、促进教育公平具有极为重要的意义。西藏的教育发展面临前所未有的机遇与挑战。

---

❶ 2015 年 12 月 21 日，教育部等 4 部委关于印发《"组团式"教育人才援藏工作实施方案》的通知（教民函〔2015〕8 号）。

爱心、责任、奉献
——天津市首批组团式教育人才援藏队的支教岁月

根据"合理、可实现、可持续"的原则，每年会选派800名左右教师（包括专任教师和教育管理人员）进藏支教，以教育部直属高校附属中小学为示范、援藏省市学校为主体，以选派数学、物理、化学等紧缺学科教师为主、兼顾其他学科教师和教育管理人员，每10~50名教师组成一个团队集中对口支援1所中小学，"十三五"期间共计援助西藏20所中小学，同时每年从西藏幼儿园、中小学校、中职学校选派骨干教师、校长（园长）和学校管理干部400人，到教育部直属高校附属学校和对口援藏省（市）学校跟岗学习、挂职锻炼、集中培训，培训时间不少于一年。❶ 天津市组团式教育人才援藏队（以下简称"援藏队"）对口支援昌都市第二高级中学（以下简称"昌都二高"）。2016年4月15日，天津市教育委员会选派的5位管理人员周耀才、杨贵祝、简冬生、陈锋、崔帆如期进藏，开展了组团式教育援藏的前期调研和筹备工作。2016年8月天津市第一批由50名教师组成的团队到达昌都市，正式开启了组团式教育人才援藏工作。2018年，天津市第二批50名教师团队到达昌都市，进行了援藏人员的中期轮换。

援藏队秉持的理念是社会发展最终还是依靠人的发展，而人的发展最终还是通过教育实现。在整个天津市援藏项目中，教育援藏的比重较高，教育支援与其他援建项目有本质的区别，可以提高昌都市的"造血"能力。我们坚持"智力援藏、教育先行"的原则，依靠当地劳动者素质的提高促进昌都市的全面发展，为西藏脱贫攻坚铺筑"新天路"。

按照"建好一所学校、代管一所学校、示范一个地区"的要求，援藏教育管理人员主要负责学校管理工作，推动受援学校全面提高教育教学质量和管理水平；援藏教师主要承担学科教学和班级管理任务，指导开展教研、培训和教学改革等工作，并充分发挥自身专业优势，结对帮扶受援学校教师，带动受援

---

❶ 2015年12月21日，教育部等4部委关于印发《"组团式"教育人才援藏工作实施方案》的通知（教民函〔2015〕8号）。

前 言

学校教师提高课堂教学技能和育人管理能力。❶ 作为援藏队的领队,我负责全面管理支教工作的同时,还要带领团队建好、管好昌都二高,示范带动昌都市教育发展,既有沉甸甸的责任,又面临前所未有的挑战。难能可贵的是管理团队精诚团结、全体援藏教师通力合作,加上受援学校的领导班子带领全校师生给予了全力支持和帮助,我们才圆满地完成了首批组团式教育人才援藏任务。

3 年多的教育援藏,从天津到昌都,3000 多米的海拔落差,齐聚 3000 多千米的边远地区,并肩奋斗的 1000 多个日日夜夜,大家相互扶持、相濡以沫,在各自的岗位上兢兢业业、恪尽职守,卓有成效地开展了支教工作。流逝的岁月不仅是一次支教经历,而且是一段人生旅程、生命的升华。写作本书的目的是记录援藏队开展的工作,留下这段美好的回忆,对援藏工作做好总结,还要把援藏精神带回天津,构筑天津教师的精神高地,继续为天津教育的发展做出贡献。本书的内容主要来源于援藏队的日常工作,讲述了大家奉献教育事业的真实故事,以时间为线索将大家开展的工作贯穿起来。由于时间、精力、篇幅有限,尤其是笔力不够,我没能更好地记录大家的工作和事迹,在此深表歉意。感恩大家在支教岁月中的支持陪伴,感谢大家在雪域高原上的辛勤付出!就让我们共同珍藏这一份美好,铭记这一段岁月吧!

周耀才
2022 年 7 月

---

❶ 2015 年 12 月 21 日,教育部等 4 部委关于印发《"组团式"教育人才援藏工作实施方案》的通知(教民函〔2015〕8 号)。

目 录

第一章　深度调研　明确方向 ································ 1
　　第一节　初识西藏 ······································ 3
　　第二节　走进昌都二高 ·································· 7
第二章　精准施策　推动发展 ······························ 17
　　第一节　援藏规划 ····································· 19
　　第二节　管理工作 ····································· 28
　　第三节　教学工作 ····································· 40
　　第四节　师资培训 ····································· 56
　　第五节　校本课程开发 ································· 71
　　第六节　教学研究 ····································· 76
　　第七节　教法创新 ····································· 83
　　第八节　德育工作 ····································· 90
　　第九节　欢送首批 ···································· 100
　　第十节　总结反思 ···································· 103
第三章　升级加力　着眼长远 ····························· 107
　　第一节　迎来二轮，深化援藏 ·························· 109
　　第二节　有特色的艺体教育 ···························· 117

第三节	实施文化管理	124
第四节	引领创建"美的课堂"	131
第五节	加快提升"造血"功能	136
第六节	系统构建特色课程	147
第七节	"六个途径"提质教研	153
第八节	"五个举措"引导学生自主学习	154
第九节	德育从规训走向浸润	157
第十节	助力教育脱贫攻坚	165
第十一节	站好援藏最后一班岗	167

第四章 二高的变化 … 171

第一节	二高的跨越式进步	173
第二节	数学建模在物理学习中的运用	180
第三节	构建教学新模式	187
第四节	物理美育课	203
第五节	团队收获满满	211

第五章 大爱无疆 … 213

第一节	责任与担当	215
第二节	师长如父母	217
第三节	爱心与奉献	221
第四节	帮扶与脱贫	231

第六章 区域辐射 … 233

第一节	昌都市教育基本情况	235
第二节	"蹲点视导"把脉昌都教育	236
第三节	"外出讲座"传播天津理念	237

  第四节　"落实目标"提升理科师资……239

  第五节　"示范辐射"彰显团队风采……240

第七章　团队凯旋……245

  第一节　英雄载誉，团队凯旋……247

  第二节　将天津支教模式融入雪域高原……247

参考文献……253

后　　记……257

第一章

深度调研　明确方向

第一节　初识西藏

援藏队的管理人员接到即将率先到达受援学校的任务后,便开始着手进藏的准备。大家购置御寒的衣物,准备随身携带的药品,服用活血冲剂,阅读有关西藏的书籍,了解当地的民俗文化、饮食、气候,以及雪域高原的地势地貌、俄洛镇和昌都二高的具体情况等。

大家带着领导的嘱托、同事的祝愿、亲友的牵挂和对雪域高原的向往,心怀忐忑与憧憬,踏上了援藏之路。

一、拉萨市

2016年4月15日,5位管理人员先到达西藏自治区的首府拉萨市,进行了为期4天的集中培训。从天津直飞拉萨,3000多米的海拔落差,刚下飞机,我们顿感头重脚轻、头疼欲裂,呕吐、心悸等各种不适接踵而来。天气闷热、阳光刺眼,透过墨镜,但见光秃秃的山上尽是舞动的风马旗。虽缺氧、疲惫但终没能阻止兴奋,我们把行李丢在宾馆后便急不可待地前往附近的八廓街。

八廓街,也叫八角街,是一条古老且异常繁华的街道,两边摊位林立,挂着、堆放着各种藏式物品、器件,真是琳琅满目,尤为引人注目的是各地的朝圣者汇聚于此,沿着固有的路线转经,真可谓川流不息、络绎不绝。

后来,我们因工作需要无论驱车外出到哪里,无论是烈日炎炎、刮风下雨,还是冰天雪地,总能在公路上见到这样的场景:藏民用身体丈量着大地,一个月、一年,甚至更长时间,历尽种种艰辛,只为心中的向往。藏民心有所向,能抛开一切烦恼,面朝大海、春暖花开,这是西藏给我留下的最初印象。

虽然我们事先做了充分的准备,做到了慢走、戒烟酒、戒暴饮暴食,但是由于严重缺氧，晚上仍然睡不好，只能靠着床头坐着睡。在昌都的3年多里，我们基本保持这种睡姿。拉萨昼夜温差大，我们即使盖上所有的被子、衣服，还是感觉冷，就这样迷迷糊糊熬到天亮。早上起来，我们有时流鼻血，感觉胸闷，嗓子干痒，稍微走快点儿就会气喘，真切地感受了西藏特殊的气候。

接下来的几天里，我们接受中共中央组织部、教育部、西藏自治区相关部门组织的系列集中培训，学习前七批分散式教育援藏的经验，了解我国整体的脱贫攻坚进程，深入了解西藏的教育状况，深刻领会组团式教育人才援藏政策的目标和意义，充分认识到援藏队所承担的艰巨任务。

这时的西藏有74个县（区）都是贫困县，若干地市没有通火车，海拔高，含氧量低，生态环境脆弱，自然条件恶劣，干旱、雪灾、洪涝、冰雹等气象灾害和地震、泥石流、滑坡、山体崩塌等地质灾害易发多发。西藏的教育比较落后，藏民的受教育意识相对淡薄。为了帮助藏民提高思想认识、改变对教育的态度，我们想方设法让他们认识到：贫困根在教育、脱贫重在教育。通过培训，我们深感肩上责任的重大。

我们秉持"授人以渔"的原则，不仅要管全面，还要管长远。支教工作既要注重知识的传授，又要帮助当地教师提高理论素养，结合具体工作循循善诱地在思想上予以引导；既要有意帮助他们解决思想问题、提高受援学校的自我发展能力，又要根据他们的特点传播科学文化知识，引导当地崇尚科学，将"授人以鱼"转化为"授人以渔"。同时，通过集中培训，我们对"组团"也有了更深的认识。"团"的意义不仅是集中建设一批示范性中小学，还要以这些学校为中心，为周边中小学开展送教下乡、集中培训、远程教育指导等工作，辐射带动边远山区中小学提高管理水平、教学能力，扩大"组团式"教育人才援藏的影响面和覆盖面，最终实现由教育"输血"到"造血"的飞跃。

4天里，我们克服高原反应带来的所有不适，如饥似渴地学习各种知识。虽然布达拉宫是心中的向往之地，但我们一直没有时间前往，只能在培训结束即将离开拉萨的前一天傍晚在广场上欣赏了布达拉宫的巍峨与壮观。在晚霞的映衬下，布达拉宫显得格外庄严肃穆、熠熠生辉。我们忍不住驻足合影留念。在西藏的3年多里，我路过但错过美景都是常事，只因心中有个准绳：事事率先垂范。

带着大家的期望和嘱托，4月19日清晨，人们还在酣睡，我们早早起床乘车到达拉萨贡嘎国际机场，乘坐当天飞往昌都的唯一一次航班。

临近昌都，飞机下降至绵延起伏的群山中，紧贴着山峦飞行，很快降落至昌都邦达机场。

二、昌都市

昌都市唯一的机场——邦达机场虽很小但海拔高，天气多变，飞机经常无法按时起飞和降落，是准点率较低的机场。到达昌都市的援藏人员首先要经过邦达机场的考验，很多人刚下飞机就明显感觉胸闷、头晕、嘴唇发紫、呕吐，高原反应非常明显。

从机场到市区的距离为120余千米。大巴车沿着山路蜿蜒而行，忽上忽下，甚是颠簸。许多地方从山顶到谷底落差悬殊，沿途的风景具有明显的垂直分布特点，上面是终年不化、层峦叠嶂的雪山，雪山脚下是五颜六色的花丛，大片的花丛之后是莽莽的森林，穿过森林展现在眼前的则是宽阔的草场。"一山有四季、十里不同天"是昌都市典型的气候特征。初次体验界限分明的气候，风景虽然无限，但是我们无暇顾及。大巴车的颠簸、缺氧引起的呼吸困难，人难受得不得了，正应了那句话——"眼睛在天堂、身体在地狱"。沿着蜿蜒的山路行驶3个多小时后，我们终于到达昌都市。

昌都市位于西藏东部，与四川、云南、青海三省交界，地处横断山脉和三江（怒江、金沙江、澜沧江）流域，位于澜沧江上游，是西藏的东大门，藏语意为"水汇合口处"。昌都市总体地势西北部高、东南部低，最高海拔近5500米，最低海拔约3000米,山高谷深,高山峡谷相间排列,一边是高山耸立,一边是峡谷、河床,路陡窄、弯多,地势险峻。在西藏流传着一句老话:"苦在那曲、远在阿里、险在昌都、美在林芝。"这足以说明昌都的地势特点。

昌都日照充足,太阳辐射强,昼夜温差大;空气稀薄,气压低,水的沸点低,水很难烧到90℃,所以煮面条、饺子必须用高压锅;含氧量少,空气干燥,属典型的高原气候,即使夏天夜晚也要盖被子,短袖等夏装基本用不上。昌都市距拉萨、成都、西宁、昆明等省会城市均超过1000千米,经济发展滞后,牧民生活条件较差,教育保障能力弱。当地有一些独特的习俗,如不能摸别人的头,老师也不能摸学生的头;不能垂钓等。

三、俄洛镇

距昌都市约14千米的地方有个小镇,叫俄洛镇。小镇沿214国道而建,周围群山环绕,环境清幽,昂曲河水顺着山势蜿蜒流过。在国道两旁较平坦的地方建了一些参差不齐的房屋,就形成了小镇。镇上没有公交车(昌都市直到2018年年底才通公交车),没有医院、电影院、歌舞厅,没有广场、花园、商场,唯一的宾馆还在规划中。我们沿着国道走10分钟就可以从镇东到镇西。小镇的生活非常单一,一切都是原生态。

除了国道外,周围村庄全都是土路,时不时能看见驴驮着青稞,也常见到成群的流浪狗躺在路边,街道上毛驴、牦牛到处都是。村与村之间的用水依靠简易的渡槽连通,把山上的溪水引入村里供村民使用,也经常看见村民下山背水。

因为海拔高,天气寒冷,这里几乎没有春夏,只有秋冬。做饭时每顿都要用高压锅,不然沸点太低饭煮不熟。由于海拔高,小镇气候多变,一天之中可以体验四季的变化:一会儿晴空万里,学生们载歌载舞;一会儿狂风大作,旋即暴雨如注或者冰雹突袭,不久又出现彩虹,恢复平静。多变的气候让初到昌都的我们难以适应,但是我们到西藏的目的是支教,我们以此时刻提醒自己,不断自我调节,减轻心理负担。

第二节 走进昌都二高

昌都二高坐落在俄洛镇上。支教工作的第一步是了解教育对象和支教环境,熟悉学校情况,研究制订援藏计划,确定援藏干部、教师的管理目标和教育教学任务。到俄洛镇的第二天,我们克服高原反应引起的所有不适,投入紧张的工作,从与学校中层干部的见面会到各年级的月考质量分析会、从全体班主任会到毕业班模拟考试协调会,都全程参与,通过广泛开展座谈会、大走访、大调研活动,全面了解昌都二高的科室设置、课程建设、师资队伍、学科组管理等,分析组织管理、制度管理与天津学校的差异,有的放矢地开展工作,没有休息一天。在了解学校师资紧缺的状况后,我们主动承担了教学任务,深入教学一线,通过上课、听评课了解教师的教、学生的学、班级管理、教学常规管理,取得"窥一斑而知全豹"的效果。

一、昌都二高的历史

昌都二高于1985年开始筹建,1988年高中正式招生,自2006年8月以来开办边远初中班,面向全市11个县基本不通公路的边远乡镇招收小学毕业生,是一所以招收农牧民子女为主,融初、高中教育于一体的封闭式、寄宿制普通完全中学。

2006年是我从河北廊坊调入天津的第一年。当时,天津的第一条地铁线(即地铁1号线)正式运营,而西藏昌都市11个县还有很多乡镇不通公路。2016年4月我们到达昌都时,昌都仍然没有铁路,甚至昌都市区还没有公交车。直到2018年12月,在援藏省份的支持下,昌都市的城市公交才开始试运行,但仅开通昌都往返俄洛镇和环城两条公交线路。可想而知，与天津发展相比，昌都交通落后很多。

建校之初，学校名为"昌都地区民族中学"，后更名为"昌都地区第二中学"，2005年又更名为"西藏昌都地区第二高级中学"。随着昌都撤地设市工作的完成，学校于2014年12月更名为"昌都市第二高级中学"。

学生小学毕业时年龄尚小，11个县不通公路的边远乡镇的小学毕业生到数百公里远的昌都二高就读，实在不易。关于学校开办边远初中班的缘由，我们也做了详细了解。

（一）开办边远初中班的背景

为彻底改变西藏教育落后的面貌，1985年，在党中央的关怀支持下，西藏自治区人民政府制定了对农牧民子女上学实行"三包"（包吃、包住、包学习费用）政策。这极大地激发了农牧民送子女上学的积极性。虽然外省西藏班的教学质量、办学模式等都得到了家长们的普遍认可和充分肯定，但是仍有不足之处，如孩子上学路途遥远，不便于家长前往探望；孩子年龄尚小，独自在外地求学，家长十分牵挂。因此，广大农牧民迫切希望子女能够在当地享受类似西藏班的优质教育资源，在"家门口"就能"上好学"。

为了满足广大农牧民的愿望和现实需求，在昌都地区"普九"工作大背景下，为切实推动昌都教育再上新台阶，中共昌都地委、地区行政公署、地区教育局深入调研，结合惠民政策，决定按西藏班办学模式，依托学校已有的资源，自2006年8月起开办边远初中班，面向11个县基本不通公路且三年内没有学生考入外地西藏班的边远乡镇招收小学毕业生。

（二）边远初中班的影响

在开办边远初中班之前，昌都二高面临着办学规模小、办学效益不高、招生困难且生源质量不高、师资及硬件等教育教学资源未被充分利用等困境。自开办边远初中班以来，经全校师生的共同努力，学校初中的教学质量长期稳居全市前列。边远初中班的成功开办扩大了学校的办学规模，改善了高中生源质量，使学生人数从2006年秋季以前的800余人增加到3360余人、教职工人数从91人增加到367人，大力扭转了学校招生困难、发展停滞的局面，为学校的可持续发展奠定了坚实的基础。

边远初中班的成功开办不仅推动学校逐步走出了困境，而且充分发挥了优质教育资源的最大效用，直接带动了高中教学质量的逐年提高。2010年昌都二高的高考升学率仅为44.5%，2015年高考升学率提至73.85%，考上重点本科114人，重点本科上线人数居昌都市第一。学校教学质量逐年提升，管理模式、升学成绩等均得到了社会各界的充分肯定和普遍认可，大大提升了社会影响力。

在特有的地理环境中，学校发挥优质教育资源的效用，将边远乡镇的农牧民子女集中起来，为广大农牧民子女的成才发展提供了机会，搭建了平台，证明了这种适度集中办学的模式能充分利用和优化教育资源，实现教育均衡发展，促进教育公平。

二、昌都二高的具体情况

学校基础设施简陋，教学、办公、运动、安保等设施设备均有缺乏。

（一）硬件建设情况

学校占地150亩，建筑面积5.2万多平方米，有3栋教学楼、7栋学生宿舍楼、1栋电教楼、1栋实验楼、1栋办公楼、2个学生餐厅、6栋教工宿舍楼（共156间教工宿舍）、1个图书室、1个阶梯教室、1个音乐教室、1个舞蹈教室、1个美术教室、2个计算机教室、1个标准化塑胶跑道、1个足球场、4个篮球场。其中，因学生数量急剧增加，宿舍紧缺，电教楼的12个教室全部被改造为可容纳360余名学生的宿舍。

爱心、责任、奉献
——天津市首批组团式教育人才援藏队的支教岁月

实验楼的 9 个教室，其中 4 个教室以木板间隔用于教师住宿，用于实验的只有 5 个（2 个物理实验室、2 个化学实验室、1 个生物实验室）。这些实验室在最初建校时的教学楼里，实验设施配置简易，实验设备老化，实验用水和通风等条件达不到新要求，有些实验不能开展。

因为"三包"物资无处存放，所以阶梯教室被改为仓库，用于存放"三包"物资。

教学楼里，只有 63 个教室配备了多媒体投影等教学设备，这些设备于 2013 年配置，相比现代教学手段的快速发展已很陈旧。

计算机教室配有电脑 100 台，但这些电脑是在 2009—2010 年配置的，又因机房少，电脑使用频率高，经过七八年的时间均已老化。

各科室使用的办公电脑是在 2007 年年底购买的，损耗严重，经常出现故障。学校教师均没有配备办公电脑。

图书室的藏书只有 1 万册，而且大多已经陈旧，尤其是紧跟时代发展、反映新课程改革和教育新发展的书籍几乎没有。近些年，学校也缺乏征订书籍资金。

两个学生餐厅，其中一餐厅最初只有一层，后来因就餐需要又在原来的基础上建了第二层，条件很简陋；二餐厅是由原来的室内体育场改建的。

办公楼墙面斑驳，油漆脱落；食堂餐桌不够，学生们经常围坐在操场上吃饭（见图 1）；学校围墙年久失修，出现多处裂缝；校园路面坑坑洼洼，运动场地严重破损，塑胶跑道、足球场已经严重老化，急需整体翻修；篮球场仍为水泥地面，待铺塑料垫；下水管道经常堵塞，教学楼内旱厕的气味令人窒息；学校没有浴室和开水房，学生没有开水喝，寒冷的冬天也只能用凉水洗头；学校没有暖气，冬天很多孩子的手脚都冻伤了，他们根本写不好字。实验室设施落后、仪器不全且多破损，一些实验不能做；多媒体教室设备老化；教室数量有限，每到考试时部分学生只能被安排在三面透风的走廊里；因气候多变，常常在没有通知的情况下突然停水停电，很多时候学生们只能点蜡烛上晚自习，每个班级均有蜡烛以备停电之需，每个教职工宿舍都备有塑料大桶，专门用来存水。

图 1　围坐在操场上吃饭的学生们

学生宿舍不够，很多学生住在旧教室里，往往一间教室里住 30 多名学生。学校的自来水是 2014 年年底才有的。原来，学校一直用明矾净水，净化一周后水才能饮用。即使学校有水、有电、有网络，但什么时候停水、停电、网络平稳，根本无法提前知道。学校没有大型会议室，更没有报告厅，全体教师会只能在食堂召开。学校没有专门的集体备课室，即使教师的许多业务比赛也是在食堂举行的。而这个食堂是在一层的基础上搭建的，时间一长，四面透风，夏天还可以，若是冬天会感到刺骨的寒冷。当时的教室里，课桌都是拼凑的，很多凳子都是学校老师从自家带来的（见图 2）。

爱心、责任、奉献
——天津市首批组团式教育人才援藏队的支教岁月

图 2　学生们的教室

学校缺少一栋有学术报告厅、师生演艺中心、计算机房、图书馆、会议室、教工之家等配套设施齐全的综合性大楼；需要修建一个室内体育馆；教工宿舍紧张，目前只有 156 间，还需 156 套教师住房；需要修建"三包"物资仓库；需要改建开水房和浴室；需要为一线教师每人配备 1 台办公电脑，共计 240 台，需要为科室更换 60 台办公电脑；需要更新实验设备，添置实验仪器和药品；需要安装大型户外彩色 LED 显示屏；篮球场需要铺塑料垫，足球场需要整体翻修。

（二）软件建设情况

昌都二高现有教职工 367 人，包括志愿者 9 人、天津援藏干部和教师 50 人、职工 39 人（含正式职工、公益性岗位人员、临时工）。因学校工作需要，部分教师被借调到教育局、天津红光中学或驻村，实际上课教师仅 270 余人，而在校学生3360余人、68个教学班。由此可见，昌都二高的师生比例远远低于外地学校。

学校的办学理念缺少创新，底蕴不深，提炼不到位；学校管理粗放，对师生的人文关怀不够，教师普遍缺少归属感；校园文化建设不重实效，缺乏内涵式发展思路；非师范类师资占比较大，教育教学能力较弱；教育教学理念落后，教学方式简单；教师培养、课程建设、教学评价、学科组建设亟待加强。深入分析软件建设情况的原因：一是制约青年教师发展的因素较多，虽然学校采取措施加强对青年教师的培养，但他们的发展需要一个长期过程和有益于教师成长的环境；二是教师的学科结构不合理，教师队伍的结构性短缺问题突出，数学、物理、化学教师稀缺，但一些学科教师过于饱和；三是专任教师数量不足，限制教学质量进一步提升。

学生来自11个县的农牧民家庭。较远的左贡县雅士乡、芒康县曲孜卡乡距学校600余千米。昌都的交通发展比较落后，学生如果从学校回农牧区的家，先想方设法到昌都，然后坐大巴从昌都到县城，再坐摩托车从县城到乡镇，然后骑马或翻山越岭步行回家，往返路程往往需要多天。因为学生的家太远，路上要翻山越岭，而且山上常年冰雪覆盖，所以从安全考虑，学生只能整个学期寄宿在学校，开学第一天到校，期末放假最后一天方可离校。

学生小时候学习的是藏语，但到初中时需要学习汉语、藏语、英语三种语言。相当一部分学生掌握的汉语词汇不够，他们理解汉语存在一定困难，汉语表达也不够流畅。援藏教师用普通话与学生交流存在很多障碍，还要考虑当地的一些风俗习惯，这对师生的交流造成一定的困难。语言不通和文化差异使得孩子们的思维方式和思考力成为学习中的短板。孩子们普遍思维能力较弱，缺乏学习方法，不善于思考、推理。学校多数课程不够系统，采用统编教材和部分学科的区编教材，没能根据学生实际编写适合的教材。一些年轻教师教学方法单一、经验欠缺，需要援藏教师"一边补基础，一边上示范课"。

三、昌都二高学生的家庭教育状况

我们通过调查问卷和谈话等形式详细了解学生的家庭状况。

（一）家庭教育缺失

昌都二高的生源主要是边远山区农牧民的孩子。学生整个学期在校，长时间见不到父母，受到的家庭教育很少。农牧民以放牧生活为主，居无定所，较少关注孩子。学生在校出现问题时，老师虽能及时联系家长，但不能与其当面沟通，所以学生所受家庭教育无法及时到位。

（二）家长对教育的认识存在误区

农牧区经济发展相对滞后。孩子小学毕业后，家长认为他们已成为家庭的劳动力，可以独自放牧或者挖虫草，能够为家庭增加收入，而上学要花销，因此家庭的经济状况直接影响学生所受的教育。

"读书无用"思想普遍存在。农牧民对于子女的教育要么热情不高，认为教育投入的作用不大；要么认为接受教育后就必须有一份稳定的工作。一些家长始终存有这样的想法：即使孩子考上大学，一旦大学毕业后找不到工作，书也就白读了。大多数家长没有认识到教育对于孩子成长的意义。

家长的认识存在误区。在许多家长看来，教育似乎只是学校和教师的责任，只有教师才能教育好学生。这些认识在家长中普遍存在。

（三）家长的教育方式简单

多数家长对孩子的教育比较重视，但他们对子女的教育方式和投入的精力存在很大差异。一部分家长虽然对孩子很关注，教育很严格，但采取的教育方式仍是"棍棒"教育。至于孩子的在校情况，家长们大多只根据成绩的高低评判，表现得好就多加物质奖励，表现得差就对其指责、打骂；更有甚者，有的家长根本不过问孩子的学习，更谈不上对其正面引导和教育。

（四）家校沟通不足

对学生的在校情况特别关注的大多数是班级中成绩优异的学生的家长，能主动跟班主任联系的也基本是成绩好的学生的家长。有的家长到学校参加家长会时甚至说不出自己孩子所在的班级。家长对学校教育的关注主要集中在教学质量方面，对学生养成教育的关注甚少。

由于当地经济发展相对滞后，昌都地区受传统观念影响较大，家长们对教育的重要性认识不足，所以来自家庭教育薄弱或教育氛围不浓的家庭的孩子往往在性格上存在一定缺陷，这些都给团队开展工作增加了困难。教育援藏工作需要不断地引入新思路、新观念、新方法，需要采取有效措施更新当地教师的教学理念，需要获得当地家庭教育的支持与配合。

援藏期间的另一个工作亮点是援藏队协助学校成功承办"高中六校联考暨第二届教育年会"，其中六所学校为昌都的三所高中、天津市红光中学、重庆西藏中学、河南新郑高中。此次年会加强了昌都的高中与各地西藏班（校）的联系和交流，搭建起昌都与各地优秀西藏班（校）的交流平台，也对昌都各所高中教学质量的提升起到会诊把脉的作用。

第二章 精准施策 推动发展

秦宋鱼政策　亚心式泉

第一章

第一节　援藏规划

援藏队全面贯彻党的十八大和十八届三中、四中、五中全会精神及中央第六次西藏工作座谈会精神，深入贯彻落实西藏自治区第九次党代会精神，坚持目标导向、问题导向、务实导向、质量导向，全面推进组团式教育援藏工作，着力提高昌都二高的教学质量，全力维护民族团结和学校稳定，为西藏全面建设小康提供有力的人才保障和智力支持。

一、整体规划

（一）工作目标

通过"组团式"教育人才援藏工作，建立西藏与各地学校共享优质教育资源的常态化机制，创新人才培养模式，切实提高昌都二高的教育教学管理水平和人才培养质量，辐射带动昌都市所辖区、县中小学切实加强教师队伍建设，促进区域内基础教育均衡发展，全面提升昌都整体基础教育质量，为西藏经济社会发展和长治久安，培养造就爱党爱国的社会主义事业的建设者和接班人。[1]

（二）工作路径

援藏队集中力量建设昌都二高，再辐射带动昌都市；协同昌都二高编制三年发展规划，结合学校实际确定推动规划实施的举措，推动昌都二高不断发展，从而促进昌都市教育更好发展。

---

[1] 2015年12月21日，教育部等4部委关于印发《"组团式"教育人才援藏工作实施方案》的通知（教民函〔2015〕8号）。

（三）工作模式

援藏队在党建和援藏工作方面实施"双轮"驱动，通过抓党建促援藏工作，采取"党建＋精准援藏"模式。

（四）工作内容

援藏队结合学校实际确定发展方向、提炼办学特色，以教师队伍建设为中心，以教育信息化为支撑，以开展教育援藏为示范，全面提高昌都二高的教育教学水平。

（1）研究制定发展规划，确定发展目标。

（2）完善管理制度，促进学校内涵式发展。

（3）建设师资队伍，提高教育教学质量。

（4）完善基础设施建设，丰富校园文化。

（5）辐射带动昌都市乃至西藏基础教育教学水平的提高，使组团式优质教育资源惠及更多学校。

（6）尝试提高昌都基础教育教学质量的举措，总结组团式教育人才援藏的规律。

（五）工作思路

与天津援藏工作"十三五"规划有机衔接，发扬"慎学习、练作风、增团结、促融合、深交流、勤引领、重科研、勇创新"的援藏精神，援藏队所有成员深入教育教学一线，了解学校的管理、师资、教育教学等实际情况，根据发现的问题提出改进和完善的意见与建议，将其汇总后形成切实可行的方案，经学校研讨后形成定稿再付诸实践；建立西藏与天津的学校共享优质教育资源的常态化机制，在加强两地教育交流、促进津藏文化融合的基础上，两地教师团结协作，相互借鉴好的教育教学经验和方法，形成办学特色，然后将教育的影响延伸到周边区域，惠及昌都的更多学校。

（六）主要安排

1. 深入调研、做好规划

2016年4月，最先进藏的5位干部承担了特殊的任务，就是要尽快摸清学校的基本情况，了解学生的学习习惯和学习现状，研究制订符合学校需求的援藏方案；与天津市教育委员会积极沟通协调，根据教育部的要求和受援校的实际需求，落实各学科教师的选派任务，真正做到把援藏优质教育资源与西藏的实际需求相结合。

2. 全面开展援藏工作

援藏队从思想引领、实践指导、示范带动等方面充分发挥天津教育资源的作用，全面开展援藏工作，促进昌都二高整体提升。

3. 建立研究团队，手拉手"同盟校"，带动其教育教学水平再上新台阶

援藏队通过教育视导、送教下乡等形式，对郊县中小学、幼儿园的办学理念、管理制度、教育教学和后勤保障等进行认真细致的调研、分析，指出存在的问题，提出合理化的建议，带动成立幼儿园教育联盟、小学教育联盟、初中教育联盟，辐射带动昌都市乃至西藏基础教育教学水平的整体提高，使组团式优质教育资源惠及更多学校。

4. 组织受援校与各地学校互动交流

每年选派昌都二高部分教师到天津师范大学进行集中培训，让他们感受津沽文化、开阔眼界，全方位提高参训教师的教育教学水平；使昌都二高与天津对应学校成为友好校，建立天津优质教育资源与西藏教育常态化的互助交流机制，推动西藏教育稳步发展；与天津学校广泛开展远程教育互动，借助现代化多媒体手段及信息技术实现远程教育的合作。

5. 总结援藏经验

在2017年年底，第一批45位教师结束援藏、第二批45位教师开始支教之际，我们总结了天津援藏队的中期工作，完善援藏方案，继续深入推进援藏工作，在推动昌都二高大幅度提升教育教学质量的同时，形成了天津教育人才团队的援藏特色，探索出组团式教育人才援藏的规律。

依据援藏方案，援藏队每年制订年度援藏计划，及时做好工作总结，持续改进、优化援藏工作。

二、首批教师初到昌都

2016年7月，45名援藏教师选派到位。出发前，我对援藏教师进行了入藏前系列培训，指导他们根据本学科教学内容进行充分准备，如先进的教育理念、丰富的教学资源、援藏设想、援藏工作计划等。

8月初，天津市首批组团式教育人才援藏队的干部、教师共50人顺利抵达昌都市。简单安排好住宿后，我们承受着身体的各种不适反应，第二天就参加了昌都市教育局组织的见面会、培训会。在培训会上，天津市第一中学的牛建国老师代表援藏队做了精彩发言，充分表达了"艰苦不怕吃苦，缺氧不缺精神，把昌都当作第二故乡，践行责任、担当"的信心和决心。

很快，昌都市委员会、昌都市教育局、天津市教育委员会相关领导，到组团式援藏教师公寓看望团队教师。领导们细心询问大家的身体反应、住宿条件、生活安排，认真听取大家的感受和建议，并对大家积极响应号召投身西藏教育事业的精神给予了充分肯定，鼓励大家一定要把天津精神和西藏精神结合起来，为昌都市教育事业的发展贡献力量。自此开始，领导们站在天津市对口支援西藏工作的全局对团队工作进行统领、指引，为天津组团式教育援藏工作把方向、谋大局、定决策，充分发挥了统揽全局的作用。

紧接着，援藏工作相关领导又与援藏队5位管理干部座谈，听取团队前期调研工作的汇报、援藏工作展望及50位援藏教师的基本情况，对组团式教育援藏工作进行有建设性的指导。

随后，昌都市主管教育的领导专程看望慰问援藏教师，及时协调解决大家遇到的问题，并对援藏队寄予厚望。昌都市教育局领导来到援藏教师驻地，向大家传达了天津援藏总指挥部关于援藏人员的生活待遇及相关政策，详细了解了团队近期的工作开展情况，了解老师们的实际困难。局领导对团队初期的工作给予了充分肯定，要求大家把天津先进的教育教学理念和信息化教学手段同西藏的实际情况结合起来，拓宽工作思路、讲究工作方法、注重工作实效，尽早尽快打开工作局面，促进昌都教育事业的发展。三年来，局领导作为天津援藏前方指挥部教育领域的负责人一直指导团队工作，为创新教育援藏工作方式、开辟教育援藏工作新途径、打造一流援藏团队可谓担当尽责，倾注了大量心血。

正式上岗前，援藏队以"树立天津援藏教师形象"为主题，深入开展了援藏工作大讨论，通过座谈、讨论等形式，形成了齐心协力、加快发展昌都二高的共识。大家一致决定"先做二高人、再做二高事"，发扬奉献精神，以良好状态精彩开局，在自己的教育教学及管理岗位上扎实工作、奋发有为。团队明确了援藏工作思路和每个人的任务，细化了责任分工。为了更好地开展工作，团队向援藏教师提出明确的要求。一是通过听评课、教研，与当地教师广泛交流等形式，了解他们的职业愿景、专业能力和需求，了解西藏的民风民俗和二高的实际情况、师资水平。二是通过课堂教学、课后作业及找学生谈心等方式，了解学生的学习态度、学习方法、学习能力、思想动态和家庭情况，在深度融入的基础上明确"援什么"。三是课后当好"学生"，虚心向当地师生学习藏文、藏话、藏族歌舞，积极参与学校组织的活动，在深度融合的基础上明确"怎么援"。

为了有效利用、充分发挥援藏教师队伍的优势，团队对天津市首批组团式教育人才援藏队的结构进行细致分析，对如何发挥每个人的作用进行认真考量。第一批教师队伍由5名管理干部和45名专业教师组成，分别来自天津市16个区（县）的48所学校，均系教学和管理一线骨干。其中，男教师45人（占90%），女教师5人（占10%）；中共党员25人（占50%），平均年龄38岁，平均教龄 15 年；中学高级教师 27 人（占 54%），中学中级教师 23 人（占 46%）。团队教师全部为本科及以上学历，其中，数学教师 11 人、物理教师 9 人、化学教师 9 人、语文教师 6 人、外语教师 3 人、生物教师 3 人、地理教师 2 人、政治教师 1 人、历史教师 1 人。

根据工作需要，45 位教师中有 27 位执教高一、18 位执教高二。其中，夏德源、张悦、黄炜等老师担任班主任，田海春担任英语学科组长，张悦、朱虹、苗雨、黄炜、王雷、高志永、齐熹等担任备课组长。

三、团队初期工作思路

按照"首善标准"，团队坚持把政治建设放在首位，牢固树立"四个意识"，坚定"四个自信"，积极践行"忠诚团结、坚忍奉献、干净有为"的援藏理念，坚持支援与合作并重，努力克服自然条件恶劣、经济教育基础薄弱、工作环境艰苦等巨大的困难，充分发挥桥梁纽带作用，积极推动人才智力援藏，做到对接好、融合好，达到借外力加内力、形成合力的目的，明确了援藏初期的工作思路。

（一）提高政治站位

团队成立援藏党支部，按照党员的标准要求所有援藏教师，组织教师签订援藏干部教师承诺书；每周组织教师分别参加学校党总支的学习和团队的学习，通过学习贯彻"两学一做"，激励老师们把继承和发扬"老西藏精神"与实际工作相结合，用奉献无悔的铮铮誓言展现新时期天津援藏教师的责任担当，用实际行动打造天津支教品牌、亮出天津教育名片。

（二）明确学校发展方向

根据自治区教育发展态势，团队与昌都二高商讨后明确了学校的发展方向，逐步缩减边远初中班的招生数量直至取消，努力扩大高中办学规模，力求将边远初中班逐渐转为边远高中班。当时，团队急需协同学校整合援藏教师与当地教师两种力量，迅速形成团结协作的教育合力，坚定不移地遵循"立足农牧区、铸就爱心魂、实现区重点、争创示范校"的发展思路，内强素质、外塑形象，力争将学校打造成具有一定影响力的自治区级示范性高级中学。

（三）系统建章立制

大力加强二高制度建设。根据昌都市教育局关于"三重一大"议事规则精神，结合二高实际情况，积极建章立制、规范管理。一是建立健全《学校校长岗位职责》《教师行为规范与职业道德要求》《学校安全生产工作制度》《德育工作制度》等多项制度，明确各处室工作职责、年级组职责、教研组长职责、备课组长职责、教学常规检查细则。二是结合自治区和昌都市教育工作要求，制订《关于推动"两学一做"学习教育常态化制度化实施方案》《开展"四讲四爱"主题教育实践活动实施方案》《"三会一课"制度》等多项学习制度和方案。三是严肃纪律，要求从校长、党总支书记到教师务必严格执行学校相关管理制度和学习制度，积极营造浓厚的依法治校氛围，并制订完善的考核奖惩制度，加强过程监管，推动制度落实。

（四）坚持改革创新，调整科室布局

将价值引领与制度约束相结合，开展一系列卓有成效的改革和探索，使学校管理精细化。一是对学校科室进行调整，使整体工作更顺畅；二是将援藏教师充实到管理一线，提升基层管理水平；三是对科室、年级组实行目标责任制和述职制管理，确定工作目标，明确管理责任，激发管理动力，通过考核和检查强化对中层管理人员的管理。

（五）扎实开展"五比一创"工作

积极践行"围绕教育抓党建，抓好党建促教育"的工作思路，以"五比一创"活动为切入点，以管理干部蹲点年级组帮扶为抓手，充分发挥党员的先

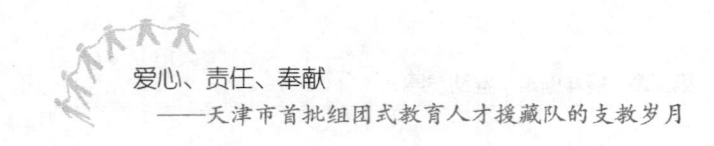

锋模范作用，切实加强年级组常规管理和规范教师的教育教学。通过加强对教师备课、上课、答疑、教研等教学常规的全面督导，确保教学秩序的稳定和教学质量的稳步提升，达到通过党建规范学校管理的目的。

（六）理念引领，开设"二高大讲堂"

积极发挥援藏教师的引领作用，面向管理人员、教师、班主任分别开展讲座、培训，全方位提升当地教师的教育教学理念，切实提高当地教师的专业技能。

（七）示范带动，"一对一"帮扶

深入开展援藏教师示范课展示活动，通过"课例研讨"搭建援藏教师与本地教师的深度交流平台，通过研课、做课、说课、评课促进援藏教师与本地教师在教学理念、教学模式上的沟通和交流，进而提升教师专业技能。以结对帮扶等形式发挥援藏教师的示范带动作用，提高教师的教学水平和学生的学习能力。

（八）教法、教研、教材

广泛开展教法研讨，引导教学工作以新高考改革为方向，以积极实施课程改革为主线，以学生为中心，改进教法，促进教与学的协调发展。创新教研模式，建立校内研究团队，组建二高、四高教研联合体，让两所学校的同一学科一起教研、一起命题测试、一起开展教学评价、一起探讨教育教学中的共性问题，取长补短，共同提高；建立昌都市高中教育联盟，带动同盟校教育教学水平再上新台阶，继而建立昌都市基础教育联盟。加大课程建设力度，制定学校课程建设规划，提高课程的应用价值。

四、"三个到位"力促民族团结[1]

为进一步加强组团式援藏工作，切实发挥引领示范作用，天津市组团式教育人才援藏队采取有力措施，通过"三个到位"加强民族团结，促进团队与学校的交流、交融。

（一）认识到位

天津市援藏队坚定贯彻党中央、自治区党委的各项政策，坚持以马克思主义"四观""两论"为指导，营造援藏队与受援校互相帮助、共同进步、全心全意维护民族团结的良好氛围，使广大师生认识到加强民族团结是实现中华民族伟大复兴的保证。

（二）组织到位

一是开展各类专题讲座、"民族团结教育"主题团课等，加强了师生对伟大祖国、中华民族、中华文化、中国共产党、中国特色社会主义的认同。二是组织召开班会、办板报、开展各类体育和文艺活动等，用喜闻乐见的方式激发师生的爱国热情。三是开展"我们都是一家人""与援藏老师面对面""民族团结手拉手""我教老师学藏语"等联谊活动，进一步增强了团结友善的情谊。四是开展"尊老敬老在行动"活动，为患特殊疾病的校友献爱心，为老人们做点事，人人为民族团结传递正能量。五是组织开展主题征文活动和评选民族团结班级带头人，发挥典型人物的引领示范作用。

（三）行动到位

将维护民族团结的内容融入课堂，组织广大教师尤其是党员教师充分发挥引领示范作用，以大力加强学生民族团结进步的认识为出发点，引导他们牢固

---

[1] 昌都市教育局.天津市援藏团队"三个到位"力促民族团结[EB/OL].（2017-10-21）[2022-05-06]. https://mp.weixin.qq.com/s/v3mFxSN65jh09VdF3AVa7w.

树立为实现中华民族伟大复兴的中国梦而奋斗的理想，增强了他们对中华民族的归属感、对中华文化的认同感、对伟大祖国的自豪感，进一步强化广大师生爱党、爱国、爱社会主义的坚定信念。

第二节　管理工作

援藏队坚持严管与厚爱相结合，积极落实《西藏自治区组团式援藏教育人才管理办法》，结合自身实际，制定了涵盖教师管理、考勤管理、理论学习、绩效考核、谈心谈话等一系列较为齐全的内部管理制度，规范援藏教师管理，严明组织纪律、工作纪律、生活纪律，为受援学校管理干部和教师树标立范。

一、团队管理

为了更好地组织、管理团队，带动团队全方位开展援藏工作，援藏队采取了系列管理举措。

（一）完善组织架构

1. 明确管理人员内部分工

援藏队坚持重大决策通过班子会议集体讨论决定制度，由5名管理人员组成团队领导班子，领队负总责，设纪检组、教学组、宣传组、活动组，明确了管理人员的职责和分工，做到分工明确、责任到人、目标一致。其中，我负责团队全面工作，杨贵祝任纪检组长，简冬生任宣传组长，陈锋任教学组长，崔帆任活动组长，通过分工与合作对整个团队进行全面管理；自我管理纪检监察小组则对整个团队的工作进行监督。

2. 成立援藏党支部

团队坚持把党建工作摆在重要位置，成立援藏党支部，确保党建工作有序开展。其中，简冬生任党支部书记，李项林任组织委员，韩宝刚任宣传委员，陈鹤任纪检委员；充分发挥党员的先锋模范带头作用，建立党员责任区，明确每位党员联系1~2名普通教师制度，用共产党员的标准影响和带动周围群众；确立把骨干教师培养成党员、把党员培养成教学骨干的"双向培养"机制，发展优秀教师入党。

3. 建立生活管理小组

为了更好地开展日常生活管理，我们按楼层就近原则把50人分成5个小组，每个小组设组长、副组长各1人，组长由管理人员担任，副组长由极具责任心、乐于承担工作的张倩、秦雪梅、杜晨光、刘建军、韩健5位教师担任。生活管理小组侧重于下班后日常生活管理。组长结合本组组员实际，积极搭建思想交流、自我教育、自我管理的平台，负责定期组织组员学习有关规章制度；提醒督促组员遵守各项规定；广泛开展读书学习、文娱活动，丰富援藏干部、教师的业余生活；及时了解组员的思想状况并向领队汇报。

4. 组建教学管理小组

根据管理人员的专业特点和专任教师的学科性质，我们将50人的团队分成5个教学管理小组，5位管理人员分别任组长，负责组织相应学科的教研、培训、科研及其他教育教学活动。其中，我负责管理数学教师共11人；杨贵祝负责管理生物、政治、历史、地理教师共8人；简冬生负责管理化学教师共9人；陈锋负责管理语文、外语教师共8人；崔帆负责管理物理教师共9人。

（二）加强队伍管理

1. 突出党建引领

一是抓制度建设，健全长效机制。坚持"三会一课"制度，按时召开党支部组织生活会，要求党员干部每学期带头讲一次党课；坚持中心组理论学习制度，每周组织理论学习，以便及时准确把握习近平总书记重要讲话精神，及时了解国家、天津市、西藏自治区关于脱贫攻坚的政策和系列要求；坚持民主生活会制度，援藏教师每半年就本人的思想、工作、学习及结对帮扶等情况向援藏党支部及学校党总支作一次汇报；坚持定期讲座制度，援藏教师围绕党建工作和教育教学的难点、热点、疑点等问题，举办专题讲座，宣讲党建的基础知识，介绍先进的教改思想。

二是抓队伍建设，发挥模范作用。援藏党员带头抓干部和教师的整体素质，广泛开展以老带新、以能带新的"传帮带"活动，积极发展优秀教师入党。

三是抓学习建设，提高党员素质。进一步加强专业技能、理论知识和藏语、藏族歌舞学习，积极为学校工作建言献策，深入开展批评与自我批评，时刻保持共产党员的先进性和援藏团队形象。

四是抓活动建设，丰富党建内涵。持续发挥援藏党员的示范引领和先锋模范作用，建立"三严三实""两学一做""三联系、三进入、一交友""结对帮扶"等创先争优活动长效机制，引领教师立足岗位、埋头苦干、扎实工作，推动团队各项工作迈上新台阶。

2. 明确生活管理要求

为了保证援藏教师的安全，对于大家的日常生活，团队提出了明确的要求：不能独自外出；离开俄洛镇必须请假；每天晚上10点前报平安；不做任何有损天津教师形象的事情；严格遵守天津援藏前方指挥部、昌都市教育局、昌都二高的各项规章制度；生活中遇到各种突发情况及时报告组长；注意把握与少数民族教师及学生的交往分寸；不参与任何违反法律法规的活动；积极参加天津援藏前方指挥部、昌都市教育局、昌都二高组织的各项活动；不允许私自与外省市、外单位进行联谊活动。

3. 严肃工作纪律

一是上班考勤要求。教师要积极、按时坐班；工作期间，要坚守岗位，不得无故离岗、脱岗；教师有事必须请假，并写好假条、安排好课程，经领队签字后方可离校。

二是规范请假程序。因事、因病请假离开昌都时，要求同时向原单位和受援校请假。一方面，原单位向所在区提交请假报告，所在区向天津市教育委员会人事处提交请假报告，说明请假的原因、请假的时间、是否能按时返藏。另一方面，请假人向受援校按规定程序请假。经双方批准，请假人方可离开。在二高请假，需持三联单，经年级组长、主管校长、校长签字审批，再经昌都市教育局主管局长批假，报援藏指挥部备案。

4. 签订安全责任书

按照天津援藏前方指挥部的要求，团队与每个人签订天津市援藏干部人才安全责任书，其内容如下：未经批准，不驾车（乘车）进（出）藏区；不准驾驶员疲劳驾驶，不夜间乘车；不准乘坐外地驾驶员在西藏驾驶的车辆出行；不搭乘与工作无关的公务车辆出行；在人身安全得不到保障的情况下，不到自然条件危险的地方开展工作；不在工作时间和工作日饮用各种酒类或含酒精的饮品，业余时间和因公回津期间严禁酗酒；不接受服务对象提供的吃请、娱乐、旅游、捐赠等活动；不与异性保持不正当关系，不参与有异性陪侍服务的活动；未经批准，不得自行组织、参与到本区外的活动；不在宿舍随意接线接管，供水、电、气等设施设备出现故障应及时申请维修，杜绝事故发生。

（三）促进团队融合

1. 加强关心关爱，以细致的服务凝心聚力

援藏队干部精准把握入藏前后、教师家庭变故、法定节日等关键节点，坚持谈心谈话、座谈交流，掌握教师的思想动态、工作情况，听取意见建议，帮助解决实际困难，通过建立保健室、配备制氧机、集体过生日、协调解决家庭困难、开展文体活动、慰问探亲家属、看望家中老人等举措，营造了温暖浓厚的大家庭氛围，增强了团队的凝聚力。

2. 组织系列活动，架好干群"连心桥"

团队组织了集体观影、参观革命遗址和烈士陵园、庆祝教师节、欢度国庆情系中秋、卡拉ok等活动，开展了二人三足走比赛、篮球定距投篮比赛、足球射门比赛、托乒乓球走比赛、踢毽子比赛等系列体育活动。为了丰富援藏教师的业余生活，团队成立了业余书法培训班，充分利用工作之余，请擅长书法的王雷老师为大家讲授书法；自发组织了"藏蓝天空"篮球队和足球队，极大地丰富了教师们的业余生活，增强了集体的凝聚力，促进了与当地的交流交往。

二、学校管理

我们坚持"细、实、严、恒、全"的管理指导方针，把加强学校管理、提高教学质量放在突出位置；借鉴、参考天津优质学校的先进管理经验，以开展学校章程建设为契机，对各部门的职能职责、教学常规基本要求、教学质量考核评价、教师工作规程、教务与学籍管理、课程改革与管理、教师专业发展与研究、学生管理、后勤服务管理等各项管理制度进行梳理、检查与研讨，切实做好建章立制工作；通过制订完整的《昌都市第二高级中学制度手册》，建立长效机制，使教育管理更加有序、教学管理更加高效、后勤管理更加规范；通过实施精细化管理，着力规范学校的教育教学和办学行为，对照《昌都市星级学校创建实施办法》，进一步优化学校的办学目标及行为要求，明确并创造性地落实星级学校创建的8个一级指标、17个二级指标和90个三级指标，以创促建，推动昌都二高全面提高教育教学质量和管理水平，努力创建一个让学生喜欢、家长放心、社会满意的和谐校园。

（一）援藏干部分工明确

根据昌都二高的实际情况，经昌都市教育局研究并报天津市教育委员会批准，5位援藏干部均被安排在关键岗位。我担任昌都二高副书记、副校长，分管办公室、援藏办、校史办；杨贵祝担任昌都二高党总支委员、副校长，分管教务处、教科室；简冬生负责德育处工作；陈锋负责教务处、教科室工作；崔帆负责团委工作；轮换时王盛主任接替陈锋作为管理干部开展组团教育援藏管理工作。三年里，作为领队，我集团队智慧把握方向、构建理念、规划发展、策划方案，统筹安排人员分工；牵头制定团队援藏三年规划，组织制定落实西藏自治区政府《关于进一步推进教育人才组团式援藏工作的"十条具体意见"》的具体措施，牵头制定工作台账；协助确定学校的发展方向、发展规划，带领团队靶向施策、精准发力，打造学校的办学特色，推动二高实现从"补短板"到"育特色"的转变；协调日常工作，协助学校制定"三重一大"议事暂行办法，优化科室的结构设置、避免职能交叉；发挥教代会、工会、党组织的监督职责，推动学校管理更加科学、规范。5位管理人员密切配合，群策群力谋发展、建言献策绘蓝图，遵循"有效、可行、可操作"的原则，牵头对分管工作的职责、工作规程、管理制度、人员需求及分工、考核及评价等进行了全方位的梳理，建立健全了各项管理制度，确保学校时时、事事、处处有制度管理，同时在各自岗位上率先垂范、全力以赴，推动天津组团式援藏工作扎实、高效开展，充分展现了天津组团式教育援藏队的风采。

（二）充实科室力量

充分发挥援藏教师的特长，将援藏团队成员充实到教学、管理、科研一线，如吕达到教务处、张崇贵到教科室、滕文卿到德育处、朱虹关到团委、苗雨到电教中心、麻向阳到办公室、关长通和黄炜到援藏办。他们在各自的岗位上兢兢业业、献计献策，为科室的管理、制度建设、工作落实发挥了各自的聪明才智。这里先介绍一下麻向阳开展的工作。

办公室是学校的综合部门，是联系各部门工作的纽带。工作的内容除行政、人事、安全维稳、宣传等外，还要做好上传下达、统筹协调等。因工作需要，加上麻向阳的工作能力突出，学校任命他为校长办公室副主任。由于办公室主任杨培生执教高三并担任班主任，教育教学工作异常繁忙，办公室的日常工作就由麻向阳负责。下面的工作充分体现了麻老师极强的工作能力。

1. 协调办公室的日常工作

办公室的日常工作包括文件收发、来电记录、行政会议和校长会议记录、接待、对外联系和信访、合同档案保存等。为便于开展工作，麻老师制作了办公室工作日志表、来电记录表、公章使用登记表、信访记录表。

2. 协调各科室的工作

麻老师充分发挥了办公室的协调功能，收集并整理各个科室的周总结和周计划，将其汇总后上报校长会，协调每周的行政会议和各部门工作日程，每周组织全体教职工大会，安排开学典礼等全校性活动议程，及时向各部门反馈校长会议精神，推动其更好、更快地落实。

3. 人事工作

麻老师结合校长会、教代会和援藏队的意见，修改、完善了职称评审方案及职称评定的评分细则；起草定岗定编实施方案及打分细则；整理、修改、完善、制定新的规章制度，发布《昌都市第二高级中学规章制度汇编》，组织全校性考勤，协调完成学校内部控制信息系统录入工作。

4. 安全稳定工作

为加强校园安全制度建设，麻老师完善各种安全制度和安全预案；落实每日维稳值班，尤其是重大节假日的值班任务，每月提前排好值班人员，根据工作需要随时变动、调整；每月组织全校性安全检查。为做好此项工作，麻老师专门设计了维稳值班表、师生出入登记表、维稳值班交接表、安全检查记录表。

5. 宣传工作

麻老师每周做好学校网站的内容更新、办公室撰稿及校内、外宣传工作，包括电子屏内容更新、报栏版面更换；接收、汇总、编辑各部门简报形成学校简报，将其报送昌都市教育局。

在团队开展的援教工作和组织的各种活动中，韩宝刚、孙金专、李项林、滕文卿、朱虹等老师利用业余时间义务撰写了大量的稿件，如滕文卿撰写的各种讲话稿、主题词、活动方案、活动简报、应急预案等文字资料多达79篇，韩宝刚创作的诗歌、散文等更是数不胜数。苗雨、孟祥龙、张睿猛等老师义务承担了大量的拍摄工作，为学校、团队留下了弥足珍贵的精彩瞬间。老师们撰写的文字和拍摄的照片被各级各类媒体广泛采用，为宣传昌都二高、报道团队做出了突出贡献。然而，他们只顾服务于团队和学校，无暇顾及自己，所以为自己留下的文字和拍摄的照片特别少，在此特地说明。

（三）成立学校援藏办

任命援藏教师关长通为学校援藏办主任，黄炜为干事，协助主任开展工作。援藏办在关长通的带领下，在黄炜的全力支持和配合下，创新性地开展了系列工作，对展示天津援藏队形象、促进团队与受援校深度融合、推动落实上级指示和团队会议精神发挥了重要的作用，做出了突出的贡献。下面介绍一下关长通、黄炜开展的工作。

1. 规范科室管理

他们明确了援藏办的工作目标，即分工合作、团结互助、和谐高效、共同进步；坚持高效服务理念，出台了"援藏办工作管理制度""援藏办工作职责""天津市组团式援藏教师'十不准'"管理办法等工作条例，进一步加强了团队管理，发挥了管理的示范作用。

2. 科学管理教师档案

他们充分利用现代化技术手段，建立昌都市第二高级中学援藏办公室档案管理系统。该系统分为三个模块：援藏办简介（基本情况、领导关怀、援藏办职责、管理制度、任务分工）；援藏办常规工作（工作计划、工作总结、简报、周报、专刊、先进人物事迹、援藏文件、信息汇总表、相片资料、声频资料、视频资料）；援藏教师个人档案（基础信息、计划、总结、获奖荣誉、季度报表、考核表、相片资料、声频资料、视频资料）。该系统设置了两层密码，每位教师对应一个账号，加强了档案的保密性；建立纸质版和电子版两套档案资料，保证档案的完整与规范，体现了档案管理的实效。

3. 畅通沟通渠道

学校援藏办主动与昌都市教育局援藏办对接，了解与援藏全局相关的工作，注意调查研究、掌握校内外信息，接受昌都市教育局援藏办的指示、建议并积极转化为行动，推动援藏任务更快、更有效地实施；根据中共西藏自治区教育工作委员会、西藏自治区教育厅《关于进一步推进教育人才组团式援藏工作的"十条具体工作意见"及其任务分工的通知》精神，明确援藏任务，建立完善制度，制定工作目标，强化内部管理，加大宣传力度；建立天津市进一步推进教育人才组团式援藏工作"十条具体工作意见"的具体措施台账，细化推进措施，明确工作进度和责任分工，按月向昌都市教育局上报落实"十条具体工作意见"的进度；坚持"一周一反馈、一月一小结、一季一汇报、半年一总结"的信息报送机制，每周向昌都市教育局报送周报、简报，每月底梳理总结本月重点工作开展情况、特色亮点及下月工作计划，每季度末书面报告本季度各项工作开展情况、分析存在的困难问题、提出对策建议，每年6月底报送上半年工作总结、12月底报送全年工作总结，确保团队严格按照上级要求规范、有序开展工作并保质保量地完成援藏任务，做到可检查、可评估，体现出优良的工作作风。

4. 创新交融方式

为增进民族团结、促进两地交流交融、丰富教师们的业余生活，使其保持积极健康的心态，校援藏办与办公室、团委、工会密切配合，组织了徒步登山、"津昌一家亲，共筑二高梦"教师联谊暨迎端午联欢晚会、校园文化艺术节、庆祝教师节、元旦晚会、植树活动、"四讲四爱"等系列活动，充分发挥了桥梁纽带作用。

5. 拓宽宣传渠道

援藏办大力宣传团队工作和事迹，组建二高援藏工作简报QQ群，及时了解和掌握援藏教师开展的各项工作，优化各处室、年级组关于援藏工作的报送流程，节省了工作时间，提高了工作效率；申请了"昌都市第二高级中学援藏办"微信公众号，创办援藏专刊，以图片、视频、文字等形式宣传援藏教师的工作情况和先进事迹；精心制作并及时更换室外宣传展板，立体化展示，加大对援藏工作的宣传力度，扩大其影响力。

（四）优化部门设置

针对学校管理队伍庞大、设置不合理的情况，援藏队协助学校精简管理队伍、提高管理效率。学校的教务处和科研处分属于两个科室。教务处承担学籍管理、教学任务安排、考务、教师考勤和教学常规检查等工作；科研处负责教学研究、集体备课、师资培训、学科研究等工作。两个部门工作交叉的地方较多，工作内容往往存在冲突，但缺乏统一的协调。针对这一情况，优化部门设置结构，减少职能交叉，合并两个部门，由一位主任负责统筹协调、两位副主任分别负责，同时精简管理队伍、强化责任意识，从而保证教务、科研工作的统一指挥和步调一致，提高工作效率。

（五）完善工作机制

针对各部门之间缺乏沟通、职责不够明确、工作存在推诿的情况，学校决定由办公室统一协调整体工作，由援藏校长分管，扎实推进周例会制度。办公室在学期初安排学年工作计划，每周一向教职工提供本周的工作计划，让每一位教职工清楚学校即将开展的工作，尽可能地使个人工作与学校安排保持一致，达到同频共振的效果。学校完善年级组、教研组双重分层管理的模式，切实加强年级组、教研组建设，进一步明确年级组、教研组的工作职责；规范了公车的调配、使用、维修，以及加班审批表和加班费报审流程。

（六）抓实教学常规

在分管副校长杨贵祝的统筹下，陈锋主任牵头，带领张崇贵、吕达等老师对学校各类教学资料进行分类整理，进一步完善了已有资料，整理、填补了大量的稀缺资料，共整理各类资料近50项，包括《教师评价考核办法》《教研组长、备课组长考核办法》《教师外出培训学习制度》《教师业务考试方案》等系列制度。学校严格落实课程标准和课程计划，创新地开齐开足各类课程，科学合理地安排课时。在教学管理上，陈锋主任还牵头完成了以下工作。

1. 强化学科教学计划管理

组织全体教师认真学习各学科课程标准，精研学科全套教材，在掌握课程标准要求、熟悉章节结构、明确教学目的及重点难点的基础上，组织备课组长拟定可行的教学计划，严格按课时计划组织教学，确保教学进度正常、措施得体。

2. 加强教学过程管理

抓实教学过程中各基本环节的管理，对教师的集体备课、上课、作业布置和批改、课后辅导、质量测试、教研等工作采取跟踪检查月结制度。设置"日日清"时间表，严格按规定落实学生的作业量，切实减轻学生的学习负担，促进课堂教学质量的整体提高。

3. 加强学生的自主检查管理

组织各班的学习委员记录教师上课迟到、缺课、私自换课、组织课堂教学等情况，教务处每周进行全校统计、汇总，针对学生反馈的问题及时要求相关教师进行整改。强调教师不得为学生统一购买或要求学生自购其他教辅用书、习题集、复习资料等，并设立举报箱。规范学籍管理，确保学籍信息的真实性，杜绝了"高考移民"现象。

（七）优化学生管理模式

简冬生主任对德育工作的把控可谓高屋建瓴，他从全局出发，带领德育队伍细化德育阶段目标，明确德育工作重心，点上着眼、线上延伸、面上拓展，从课堂到课间、从早操到就寝、从三餐路队到公寓，从领导、主管到班主任、教师、宿舍管理员，形成一个立体管理网络，建立了一个人人参与、人人会管的德育网络和德育队伍。

1. 完善德育网络建设

落实全员德育，健全德育网络，对德育实施网格化管理，建立了"学校—德育处—年级组—班主任—教师—信息员""教务处—学科组—备课组—教师""生活教师—室长""校团委—学生会—劳动委员""学生会—班委会（团支部）—班干部""家庭—学校—社区""教室—宿舍—食堂—操场—绿化场地"等立体管理网络，形成了德育工作由专人管、责任人抓、个人落实的工作格局，做到以各种德育活动为载体，全面、全程、全员、全方位地开展德育工作。

2. 筹划成立学生宿管中心

由于住校学生人数多，管理难度特别大。经简冬生主任提议，学校成立宿管中心对学生进行生活管理。简主任牵头制定、完善多项宿舍管理制度，明确班主任、生活教师的管理责任，加强对生活教师的业务培训，开展宿舍卫生集中治理，重新规划宿舍文化建设，强化晚上学生入寝的管理，采取评比文明宿舍的激励措施等。最终，学校宿舍的整体管理得到根本性的改变。

3. 建立心理咨询室

针对长期远离父母住校，部分学生存在抑郁、焦虑、自卑、情绪低落、孤僻、敏感、注意力差、易怒等问题，简冬生主任建议、策划成立心理咨询室，并从援藏教师中挑选有资质、经验的滕文卿担任心理咨询工作。自此，滕文卿老师开始了一项新的工作——建设心理咨询室。滕老师利用业余时间潜心研究心理咨询工作，建立健全学生心理健康档案管理制度，完善心理咨询室管理条例，建立新生入学心理档案，进行个别心理问题学生筛查，开展个体心理辅导并建立档案，规范学校心理健康教育和个别学生管理，积极协助年级强化对个别学生的教育和管理，帮助有心理问题的学生尽快恢复调整到正常状态，让更多的学生更好地生活学习，为成就更好的自己付出更多的努力。

（八）创新团委管理架构

崔帆主任极具开拓和创新精神，把天津先进的管理理念引入二高，大刀阔斧地对团委工作进行整改和创新。增补并调整团委委员，抽调、任命援藏教师朱虹为组织委员；明确每位委员的职责和分工，确定团队分工协作、群策群力的工作原则；制定"内容系统化、流程规范化、活动特色化"的团委工作目标；完善学校团委组织架构建设，形成"校团委—年级团总支—班级团支部"的管理体系；合理重组学生会，加强团干部队伍建设，形成年级分会自治与学校团委统筹调配的管理机制；完善团员档案管理，严把入口、系统培训、规范发展、评先树优、建档存库等环节的规范流程，系统构思、策划了《昌都二高团委规范管理手册》，完善学校智慧团建工作等。作为组织委员，朱虹老师全力以赴配合崔帆主任开展工作，积极建言献策，组织、推动各项活动顺利开展，为创新团委工作做出了突出贡献。

二高学生来自贫困山区，多数是国家资助对象。为了做好学生资助工作，切实推动脱贫攻坚工作，把党和政府的关心、关爱及时送达困难群众，让贫困学生安心上学，崔帆主任积极出谋划策，推动成立学生资助管理中心。该中心由专人负责，有健全完善的资助体系，仔细核实全校学生的基本信息，统计学生的家庭收入情况，如实认定学生困难等级，切实做好资助审核、发放等工作，确保资助工作及时、顺利、畅达，确保学生应助尽助，保障困难学生获得国家资助的同时，推动学校工作更高效地开展。

第三节　教学工作

依据昌都市教育局"一体两翼促进昌都市教育发展"的教育援藏工作思路，团队紧紧围绕"一个中心"（以教师专业水平不断提高为中心）、"两个转变"（教师教育观念与教学行为的转变）、"三个提高"（教师课堂教学能力的提高、教研水平和科研能力的提高）组织开展教学工作。

一、科学指导

分管教学工作的副校长杨贵祝以先进的教育思想和现代教育理念指导教学工作，组织制定教学工作三年发展规划，主持教学工作会议，组织领导教学改革、教研及教学质量的检查与评估工作，将党建工作与教学工作有机结合，创新性地开展了"五比一创"活动，牵头制订《昌都市第二高级中学"五比一创"活动实施方案》《"五比一创"年级组定点推进帮扶工作实施方案》《援藏教师"一帮一"结对帮带活动方案》《天津援藏教师"研究课"展示活动实施方案》等系列方案，推动教学工作不断迈上新台阶，主持"二高大讲堂"，组织开展了专家讲座、课例分析、青年教师沙龙等系列培训活动，推动教育教学理念和教学模式的深刻变革，以昌都市"十三五"教育科研规划课题申报为抓手，组织各级科研课题申报、相关培训和科研的推进工作，有效地提升了全校教师的科研意识和科研水平。

陈锋主任卓有成效地推动和落实教学工作，紧紧围绕"抓管理、促质量，抓课改、促创新，抓教研、促合作，抓评价、促改革"四条工作主线，创造性地推动学校教学方案、教学计划落实落地。他制定并落实《昌都市二高课堂教学评价标准》，做好教学常规指标的落实和考核工作；制订学校课堂教学改革实施方案，有计划、有秩序地指导课改；制订校本培训计划，积极构建学校、教研组、备课组三级培训网络；制订教研大练兵实施方案，有计划、有步骤地举办微课、信息化融合课、同课异构课、书法、优秀教案等竞赛、评比活动，落实"以赛促教"；组织开展"二高大讲堂"主题系列活动，加强先进教育理念、教学方法的传递、学习、交流；负责组建各学科的校本教材开发团队，由援藏教师与本校教师参与，编写符合校情学情的校本教材；积极推动落实西藏教育科学"十三五"规划课题申报工作；具体组织天津援藏教师与二高青年教师开展"一对一""一对多"帮扶工作及援藏教师开展研究课、示范课活动；扎实有效推进实现"五个100%"教育目标工作，制订推进实现"五个100%"教育目标工作的方案和路线图、时间表，完善迎接星级学校评选的相关教学文档工作。特别需要提到的是，在陈锋主任大刀阔斧地开展工作过程中，援藏教师吕达、张崇贵等鼎力相助，从不同的角度协助陈锋主任做了大量卓有成效的工作，推动各项教学改革顺利进行。

二、新学期教学工作会议

为了充分发挥援藏团队的引领、示范作用，切实抓好教学这一中心工作，通过对人的管理实现对课堂教学的优化，2016年8月，团队召开了以"建章立制、规范管理、强化落实、助推发展"为主题的新学期教学工作会议。校领导、教务处成员、教科室成员、年级组长、教学组长、教研组长及备课组长参加了会议，援藏干部、教务处主任陈锋做了主旨发言。

（一）分析形势、明确要求

主任陈锋分析了学校面临的严峻形势。多数学生基础差，知识掌握不够系统，能力起点低，没有掌握有效的学习方法；多数教师自我封闭、各自为战，缺少团队合作精神；新的学校不断崛起，兄弟学校发展迅速，二高面临极大的竞争压力；西藏自治区新高考改革方案出台，教育发展对教学提出了新的要求。

陈主任明确了三个方面的要求。

一是完善教学制度，建立保障体系。为了切实抓好常规教学工作，陈主任牵头制定了《课堂教学评价制度》，详细解读了《教学常规检查实施细则》，要求教务处、教学组长加强对教师备课与上课、作业布置与批改、学习评价、教学科研和考勤等的全方位管理，保证教学各环节落实落地。为了切实抓好教研工作，陈主任明确了教研组长和备课组长的职责。教研组长负责本学科的教学与教研工作，制订各年级本学科的教学计划，组织听、评课，试题命制，质量分析，校本培训，指导集体备课组长等工作；备课组长在教研组长的指导下，负责本年级组的学科备课和教学活动，积极落实集体备课"五备""四定""五统一"的要求，即"备课标、备教材、备学生、备教法、备学法""定时间、定地点、定内容、定中心发言人""统一教学目标、统一进度、统一练习题、统一作业、统一研究教法"。

二是加强科室建设，规范教学工作管理。大力加强教务、教科室建设，充实科室人员，明确人员分工、职责，要求各司其职、相互配合，确保教案检查、巡课、作业检查、考勤检查、档案、管理命题及试卷保密、课题管理、培训组织等工作都有专人负责，规范了常规管理，优化了工作流程，切实保证各项教学活动高效有序地开展。

三是强化落实，注重实效。坚持优质优酬和奖勤罚懒的分配原则，完善和细化《教师教学工作学期考核方案》，通过考核评价提高教师的执教水平，提高学科教学质量，激励教师不断成长。建立校领导检查教研组活动制度，强化校领导对教学工作的监督和检查，保证各项教学工作的顺利落实。

（二）副校长杨贵祝的发言

副校长杨贵祝站在学校发展的高度做了重要讲话。他指出，召开这次会议的目的很明确，就是要加强教学管理，推动学校快速发展。"建章立制、规范管理、强化落实、助推发展"这一主题，是援藏团队经反复研讨并经学校领导班子深思熟虑后提出的治校方略，但这一方略绝不是依靠学校领导就能完成的，而是需要大家建言献策、身体力行和榜样示范，需要各个部门的通力合作。建章立制、规范管理、强化落实是手段，是工作的抓手，助推发展是目的。平台搭建了、制度建立了、环节疏通了，关键在于落实，需要大家统一认识、凝心聚力、用拼搏的精神和扎实的工作开创二高美好的未来。

随后，杨校长以"认清形势、务实工作，开创二高教学工作新局面"为题做了专题报告，针对昌都二高面临的形势和存在的问题进行了深入的剖析，并就当时教学存在的共性问题提出了七条有针对性的建议，引起与会人员的强烈共鸣，推动了教学工作的新变化。

三、"五比一创"工作

为进一步推动"两学一做""三亮明、三到位""三联系、三进入、一交友"等主题教育的深入开展，巩固和学习党章党规，学习习近平总书记系列重要讲话精神和党的治藏方略活动成果，全面加强学校党组织和党员队伍建设，充分发挥援藏教师的引领示范作用和党员先锋模范作用，推动学校教育事业持续和谐发展，援藏队协助学校党总支制订《昌都市第二高级中学"五比一创"活动实施方案》，设置"党员示范岗""先锋模范岗"，广泛开展了"比爱心、比责任、比奉献、比细节、比落实，创教育教学佳绩"活动。

学校制订《西藏昌都市第二高级中学"五比一创"年级组定点推进、帮扶工作实施方案》，以援藏教师占比较大的高二年级组为试点，设计筹备总体方案，学科分析会，指导班级分析会，学科的校本教研活动，组织高二年级组期中教学分析会，年级部分学困生座谈会，深入课堂听课、评课指导教学，高二年级组教学常规检查，召开年级组党员教师座谈会，年级会议相关工作总结交流等工作环节，倾力打造定点年级，并由此推广辐射至全校各个年级的思路，以期中考试质量分析为依托，参加班级和学科组的质量分析会并指导制定相应的改进措施；针对学困生牵头组织座谈会，帮其树信心、找方法；针对薄弱班级进行跟踪指导，制定个性化的帮扶措施，以实现年级管理的规范高效和教学质量的稳步提升，取得了可喜的成效。

藏东教育公众号发布《昌都市第二高级中学实施"五比一创"工程提高教育质量》❶一文，原文如下。

---

❶ 昌都市教育局. 昌都市第二高级中学实施"五比一创"工程提高教育质量 [EB/OL].（2016–10–13）[2022–05–06]. https://mp.weixin.qq.com/s/AhMWp2NH4B4s1_7aLHtqsw.

近年来，昌都市第二高级中学结合实际，深入推进"比爱心、比责任、比奉献、比细节、比落实，创教育教学佳绩"（"五比一创"）工程，加强教师队伍建设，提高教育质量。2016年，学校有819人参加高考，785人被录取，其中重点本科录取172人，普通本科录取268人，录取率达到95.84%。

1. 比爱心

在教职工中深入开展"向教坛名人学习""我的事业在讲台""我为孩子献爱心"等系列教育活动。通过典型示范、结对帮扶、培优辅差、捐资助学等各种途径积极推进爱心教育的实施，使爱心教育成为学校的特色教育。通过加强管理和校园文化建设使教学与德育并进，打造以爱心为中心的校园文化，推动全校教师在教育、教学等方面践行诠释爱心教育理念，在学校管理、教师要求、德育活动、校本课程开发、发展学生素质等方面凸显爱心教育特色，提升教师的育爱能力。

2. 比责任

引导教师刻苦钻研业务，随时注意研究学生，自觉地尽职尽责。在教育教学中比责任，要求教师吃透大纲、钻研教材、熟悉学生，写符合标准的备课笔记。要求骨干教师钻研教材先行一步，学科年级组积极做好集体备课。为了提升课堂教学，提高四十分钟的教学效果，开展"五课"活动，并形成制度，即学校领导上先行课、优秀教师上示范课、青年教师上汇报课、部分教师围绕专题上实验课、定期评比优秀课。学校通过一系列的活动培养一支责任感强的教师队伍。

3. 比奉献

督促党员及全体教师立足岗位做贡献，针对不同群体党员的实际情况，提出党员发挥作用的具体要求，教育引导党员在任何岗位、任何地方、任何时候、任何情况都铭记党员身份，积极为党工作。要求党员增强党的意识，自觉爱党护党为党，敬业修德，奉献社会、献身教育。要求全体教职工以"爱心、责任、奉献"的二高精神为指引，把二高精神与"特别能吃苦、特别能战斗、特别能忍耐、特别能团结、特别能奉献"的老西藏精神相结合，同心同德，努力做到"教好一个农牧民子女，造福一个农牧民家庭"。

4. 比细节

始终秉承"教好一个农牧民子女，造福一个农牧民家庭"的办学宗旨，以"低起点、密台阶、勤辅导、多练习、常检查、当日清"为教学指导原则，内强素质、外塑形象，坚持走精细化、人文化的学校管理之路。做到"细"字当头，要将管理责任具体化、明确化，人人都管理、处处有管理、事事见管理；要把"小事做细、细事做精"，要从大事着眼、小处入手、关注细节，打造"心往一处想、劲往一处使"的团队。

5. 比落实

坚持以"围绕教育抓党建、抓好党建促教育"为总体要求，创新举措，真抓实抓，把学校党建工作抓实、抓细、抓好、抓出成效。按照"基础在学、关键在做"的总体要求，把"五比一创"主题活动同"两学一做""三联系、三进入"（联系班级、联系师生、联系家长，进入学生宿舍、进入教室、进入食堂）"三亮明、三到位"（亮党员身份，承诺要到位；亮整改问题，践诺要到位；亮正反标准，评诺要到位）、党员结对帮扶等主题活动结合起来，与学校教育教学实际联系起来，把各项工作落到实处。充分发挥学校党组织的战斗堡垒作用和党员教师的先锋模范作用，切实做到开展学习教育活动和推进学校工作两促进、两不误。

6. 创教育教学佳绩

坚持抓提高质量这个中心工作不动摇，发挥领导班子的引导作用，确立明确目标，树立先进理念，引导教师科学育人；积极培树典型，积极发挥教学骨干的引领作用，转变教学观念，改进教学方法，提高教学效益；要发挥教研组长和援藏优秀教师的引领作用，深入研究教育教学中遇到的问题，探索适合我校实际的教育教学方法；要发挥优秀学生的引领作用，坚持面向全体学生，广泛开展手拉手活动，整体提高学生素质。真正实现"抓党建、促教学，增内涵、促发展"的总体目标。

四、援藏教师"研究课"

为了促进天津援藏教师与昌都二高教师的深度融合及其在教学理念、教学模式上的沟通交流，充分发挥天津援藏教师的引领示范作用，激发藏区教师探索高效课堂的积极性，促进二高乃至昌都市整体教学水平的提升，2016年10月11—13日，天津援藏团队率先面向全市开展了主题为"营造学校科研氛围、打造精品高效课堂、助推教师专业发展"的天津援藏教师"研究课"展示活动。

为做好此项工作，团队制订"研究课"展示活动实施方案，举行启动仪式。启动仪式由天津援藏干部杨贵祝副校长主持。参加仪式的领导有昌都市教育局领导及政工人事科、教科所等处室负责人，昌都市职业技术学校负责人，参加仪式的教师包括当地四所高中的教师及天津、重庆、福建组团援藏教师。在启动仪式上，昌都二高党支部书记黄武昌、天津组团式教育人才援藏队领队周耀才、昌都市教育局领导先后发言。

（一）昌都二高书记发言

二高书记黄武昌的发言主题为"构深度融合平台，促学校内涵发展"。黄书记深入浅出地分析了二高的校情、教情、学情。黄书记指出，当地教师比较封闭，教学理念陈旧，不能很好地把握课标要求，也不能轻车熟路地驾驭教材，教学方式单一，教与学严重脱节，教学效果较差；二高的学生大多来自边远地区的农牧民家庭，受交通及经济条件的限制，他们视野较窄，在汉语阅读和理解能力上存在不足，在基础知识、能力水平及学习习惯、方法上与其他地区孩子都存在较大的差距。基于此，黄书记表达了对新课程教学理念的期待，对引进先进教学方法、高效教学模式的渴求，对学习天津援藏教师高效课堂的期盼，又从"搭建天津援藏教师与二高教师深度融合的平台""抓实常规教学的课例研讨，构建学科高效教学模式""营造科研氛围，助推教师专业发展"三个方面深入阐述了本次活动的目的和意义，旨在促进津藏教师在教学理念与教学模式上进行沟通交流，推动当地教师对课堂教学有效性的探索，激发他们提升教学专业技术的潜能，积极打造精品高效课堂，构建适合当地学生的教学模式，提高二高教学质量的同时，提升当地教师的业务能力。

（二）援藏队领队发言

作为领队，我介绍了天津基础教育的发展情况、团队的师资优势、天津援藏教师研究课的活动安排及其目的，希望通过展示课交流活动搭建一个平台，阐述天津教师对高效教学的理解，激励藏区教师积极探索学科教学的高效模式，让津藏两地教师在交流的基础上取长补短、共同提高，从而促进津藏文化融合。下面是我讲话的主要内容。

天津是北京的门户，又是首批开放的14个沿海港口城市之一，因为特殊的地缘优势，天津这座城市经长期积淀形成了自己独特的地域文化，独特的文化又孕育了独特的教育思想，天津基础教育在教育理念、教学方式、课堂结构等方面与其他省区略有不同，具体体现在三个方面。

一是天津教师的角色转换到位。教师的任务是指导、帮助和促进学生对话。天津基础教育的课堂注重以学生为主体，引导学生"学进去"、要求学生"写下来"、鼓励学生"说出来"。天津教师在课堂上是如何完成这一任务的，请大家在观摩的过程中慢慢体会。

二是天津教师的课堂结构很清晰，注重以学生为中心、以"如何学"为主线，以学情和学习目标为依据设计教学。天津教师是如何设计课堂的，请大家仔细推敲。

三是天津教师的教与学的关系很明确。天津教师做到了教是为了学、教要促进学、教是为了不教，力求做到指导学生学会学习，培养学生的学习能力，提高课堂效率。天津教师是如何通过导学案、小组合作等方式实现"教要促进学"的，请大家用心研讨。

我们举行天津援藏教师"研究课"展示活动，就是要搭建一个平台，借这个平台与大家充分交流、分享。不同的教育思想相互碰撞和交汇，会迸发出新的火花、产生教育创造力。我们相信，通过此次活动，两地教师在交流的基础上能取长补短、共同提高，进而促进津藏文化融合，这就是我们举办此次活动的初衷。如果这次活动能带给大家一些新意、一丝触动，进而对与会者有所影响、有所激励，那是最好不过的。在此，我预祝此次活动圆满成功，衷心感谢各位领导对天津教育工作者的支持、对二高工作的支持。

（三）昌都市教育局领导发言

昌都市教育局领导为启动仪式做了总结。局领导指出：要深刻认识"组团式"援藏人才工作的重要意义，充分发挥援藏教师的引领、辐射、带动作用；要搭建各种平台，通过开展各种活动促进援受双方的交流、交往、交融，促进、推动受援校教师专业水平的提高，进而提高受援学校的教学质量。二高在促进天津援藏教师与当地教师逐步融合及引进教育理念和构建教学模式等工作上，进行了深入的探索，做了大量的工作，走在全市的前面，发挥了很好的示范作用。希望其他学校也行动起来，协助所有组团式教育人才援藏队尽其所能地发挥示范作用。天津援藏队率先面向昌都市开展示范课，这是一个创举。相信天津援藏队一定会在二高培育出绚丽之花，为昌都教育这个百花园增添一道亮丽的风景。

启动仪式结束后，天津一中的牛建国老师率先面向全体与会专家和教师做了题为"人是一根能思想的苇草"的精彩展示，赢得了与会专家和教师的满堂喝彩。随后，韩宝刚、暴亭硕、张倩、邢楠、陈文强、王雷、杜晨光、朱虹等先后进行精彩的展示，与会专家、当地四所高中的教师及天津、重庆、福建组团式援藏的教师进行深入的研讨和交流。展示课活动取得了空前的成功，开创了援藏教师面向全市集中展示的先河。多家媒体对"研究课"展示活动进行宣传报道。

教师研究课名单：韩宝刚的"焦耳定律"、暴亭硕的"铁及其重要化合物"、张倩的"生长素的生理作用"、邢楠的"集合的基本运算"、陈文强的"Women of Achievement"、王雷的"汉唐政治"、杜晨光的"地球的圈层结构"、朱虹的"树立正确的消费观"。

五、切磋技能，共同提高

在率先成功举办天津援藏教师研究课后，团队因势利导、顺势而为，向昌都市教育局建议面向全市举行优质课大赛，随后推动落实并配合二高承担举办了昌都市首届高中教师教学大赛的组织任务。昌都市教师教学大赛由此开始并逐步延续下去、推广开来，吸引越来越多的教师参与，逐步实现"以赛促教、以赛促学、以赛促改、以赛促建"的目的。

昌都市教育局发布《昌都市成功举办首届高中教师教学大赛》❶一文，具体内容如下。

为全面落实"五个100%"教育目标，交流和展示课改实践中的新思路、新方法和新成果，促使教师专业化成长，2017年8月27—29日，昌都市首届高中教师教学大赛在二高举办。

本次大赛从开幕式、正式赛课到闭幕式历时3天，汉语文、数学、藏语文、英语四个学科共32名教师参加，集中展示了昌都教师过硬的教学基本功和良好的精神风貌。大赛评选出侯亚军等8名优胜者，并授予其"昌都市教学能手"的荣誉称号，他们代表昌都市参加2017年全区高中教师教学大赛。

举办教学大赛，对于进一步贯彻落实新课程理念，交流工作经验、切磋教学技能，全面提高整体师资水平具有重要意义。活动传递了新的教学思想，更新了教学观念，促进了教学研究，提升了师资水平，对教育教学水平的提高起到了积极的推动作用。

---

❶ 昌都市教育局. 昌都市成功举办首届高中教师教学大赛 [EB/OL].（2017–08–31）[2022–10–12]. https://mp.weixin.qq.com/s/nwl6BJQ33BQuWvNpjEmciQ.

六、实验教学改进及实验室建设

团队对二高实验室的硬件设备、软件建设、药品器材、开课情况等进行考察，发现二高的实验教学存在一些问题。

（一）实验教学存在的问题

一是认识不足，重视不够。由于条件所限，一些理科教师存在"做实验不如讲实验，讲实验不如背实验"的思想，因此实验课开出率比较低，要么将分组实验改为演示实验，要么以讲实验代替做实验。由于对学生的实验能力培养不够，所以他们动手能力差，控制实验条件、使用仪器操作的能力基本不具备，观察能力、记录处理实验数据、根据数据分析和推理的能力更弱。

二是实验师资短缺。因一线师资紧缺，并且师资首先保证文化课教学需要，实验教师更是缺乏，急需一批业务强、管理经验丰富的专职实验员。兼职实验员有大量的授课任务，没有充足的时间管理实验室，对器材规范使用的程序也不甚了解，不具备开发、维护、维修实验器材的能力。

三是实验室建设需要进一步加强。实验室种类、间数、面积不足的问题比较突出。二高实验室建设面积不足，只有两个电学实验室，没有力学实验室、光学实验室；实验室、器材室、准备室建设不配套；实验台、凳不标准，实验室电源不符合要求；现有器材老化严重，完好率偏低；器材缺乏，但因没有场地，新进的一些器材没有拆封使用，多配、错配的现象存在。

四是实验室管理规范化工作落实不够。实验室管理制度不健全，没有建立一套完整的实验室建设管理制度，规范管理水平偏低，还存在管理混乱、仪器设备闲置损坏的情况。实验教学管理松散，重"建、配"但轻"管、用"的问题也比较突出，仪器设备的资源效益没有得到很好的发挥，没能最大程度地利用实验室开展教学工作。

（二）明确实验教学改进的方向

一是转变观念。引导当地教师认识到实验教学和实验室建设管理工作在教育教学中不可替代的育人作用，规范教育行为，积极采取有效的措施和办法，加快推进落实实验教学和实验室建设工作的科学化发展。

二是重视仪器设备的使用。引导当地教师清晰地认识到仪器使用是实验教学的手段，仪器设备是用于开展教学、发挥作用的，不应被闲置。

三是重视实验室建设工作。结合学校整体规划建设实验室，确保实验室种类、间数、面积达标，实验室、器材室、准备室建设配套，仪器配备齐全，专职实验员配备到位。协助学校建立健全仪器设备各类账册，做到账账相符、账物相符，使仪器设备陈列、摆放、标注科学规范等。

四是规范实验室管理工作。引导学校将实验室管理纳入常规教学管理，建立健全系统化、规范化的管理体系，不断提高学校的实验室管理水平，确保学校资产安全和使用安全。建立监督、检查、考核评价体系，明确任务和要求，严格实验教学程序和环节的管理。

五是扎实推进实验教学工作。引导学校落实管理责任，以管理抓建设、以管理促教学、以管理提效益。严格按照课程标准，依据《昌都市普通高中阶段理化生实验课开课标准》和《昌都市初中理化生实验课开课标准》，制订学期实施实验教学计划和工作进度，结合实验目录，创造条件开足开齐实验课，确保实现"中学理化生实验课程开出率100%"。

（三）援藏教师全力投入实验室建设

针对学校实际情况，秦德强、苏兴、国军、刘静、刘建驹、李益彩、郑德鑫、邵俊辉、程广、曹连友、孙金专、尹建壮、张汉泉、冯郁、周立男、朱俊等所有理化生援藏教师纷纷投入实验室建设工作。大家利用业余时间，为实验室建设出谋划策、出人出力，彻底改变实验教学的现状，实现二高实验教学"从无到有、从有到精"的改变，为学校的内涵建设奠定了基础，为二高顺利通过西藏自治区高中示范校评估验收工作做出突出贡献。对于实验教学，天津援藏教师做了以下工作。

（1）完善实验室建设，建立完整的理化生实验室制度。

（2）重新整理、归置实验器材，能修复的修复、能改进的改进、该淘汰的淘汰。

（3）充分利用身边的材料自制教具，广泛开展实验教学，通过动手制作、现场实验操作潜移默化地影响学生，引起学生对实验的重视，激发学生的实验兴趣、培养学生的实验能力。

（4）对学生进行分组实验培训，手把手传授、面对面引导，使学生明原理、会操作。

（5）对当地教师进行实验能力培训，把天津先进的实验教学技能及管理经验倾囊相授，培养了当地教师的实验意识和实验能力。

（6）建议、帮助学校选配专职实验员从事实验室管理工作，进一步提升软件建设。

（7）推动学校为实验室扩容，帮助学校列出新课程要求开展的实验及所需实验器材明细，千方百计地添置实验器材，推动实验室硬件建设更上一层楼。

尤其是秦德强、冯郁、孙金专等老师在学校示范评估验收中负责学生实验培训工作，圆满地协助完成了评估检查。

基于二高的实际条件，为了推动实验教学更好地开展，我和其他教师专门开设"自制教具努力实现中学物理实验课程开出率100%"等讲座，引导理化生教师利用身边的"瓶瓶罐罐"自制教具，通过自制教具演示现象、模拟现象、探究和揭示各种规律，从而优化实验教学。

（四）实验教学取得长足进步

由于自制教具可以根据材料不断地改进，从而形成新的器材，推动老师们不再囿于书本上的固定实验，而是思考如何利用新技术、新材料、新方法来改进教具，尝试通过不同的器材推动实验课程的开展，所以自制教具的不断更新也推动了器材的不断升级。在自制教具过程中，师生需要不断地思考创造以适应教学的需要，教师的教学理念和教学方法也在不断地改进。自制教具提高了教师的教学能力，培养了学生的科学素养，促进了学校教学改革的发展，二高的实验教学也取得了长足的进步和可喜的成绩。天津援藏教师白连波获得2016年全区中小学实验教学说课三等奖，这是此次活动中昌都市唯一个人获得的自治区级奖项。在2017年昌都市组织的理化生三科实验技能大赛中，二高参赛的9名教师全部获奖，获得4个一等奖、2个二等奖、3个三等奖。其中，赵延华在昌都市践行"五个100%"中学教师实验教学技能竞赛中获得二等奖。

七、考务工作

每年4月，二高进入考试季，高密度的各种考试工作接踵而来，从高三的一模到期中考试、从初三的"三诊"到模拟考试、从高考到中考，还有学业水平考试、实验考查、期末考试、毕业考试等。无论哪种考试，团队都严格落实昌都市委"精神好、形象好、组织好、秩序好、考场好、考试好、效果好"的重要指示精神，协助学校切实做好高考、中考、常规检测等各项组考工作，确保为考生创造一个安全和谐、公平公正的考试环境，主要做好以下工作。

（1）严格要求，规范做好各项考务工作。所有监考人员、考务人员熟练掌握操作规范要求，确保每场考试关键"时间、地点和事件"的统一。

（2）统筹协调，形成工作合力。教育引导全体监考和考务人员齐心协力、紧密配合，切实履行应尽职责。

（3）严肃考风考纪，确保考试工作万无一失。团队带头严守工作纪律，坚持率先垂范，全力以赴抓好工作落实，确保考试安全责任落实到岗到人，为各项考试工作平稳顺利组织保驾护航。

（4）建立毕业班学业考、高考资料汇编制度，为今后毕业班工作的有效开展奠定基础。

（5）严格安排、合理考试，有效检测学情、反馈教情，及时调整教学对策，改进教学措施，达到效果优化。

（6）加强诚信教育，狠抓考风考纪，以考风促学风。

尤其需要提到的是，陈锋主任为抓实考务工作，牵头成立了考务工作组。作为工作组的重要成员，吕达老师配合陈主任开展系列工作。针对每一项考试，陈主任提前谋划、主动协调、科学组考，实现安全、规范、有序和"零"误差的工作目标。特别是高考，陈主任精心组织，明确工作任务、强化考务培训、落实工作职责，其工作可圈可点。

一是精心挑选工作人员。坚持选派政治素质好、责任心强、业务水平高、身体健康、有一定监考经验、符合文件要求的教师承担监考和考务工作任务。为了明确工作人员职责，陈主任坚持定岗、定职、定责原则，与每位监考员及考务人员签订目标责任书，明确指出具体环节由相关责任人负责。同时，建立监考员档案，将监考员在监考中的工作表现直接与职称评聘、评优评先挂钩。

二是开展考前培训。为了保证考务工作"零差错"，陈锋主任先后多次组织监考教师和考务工作人员参加培训，组织学习《二高考点考务工作手册》《监考员职责》《教育部关于修改〈国家教育考试违规处理办法〉的决定》《刑法修正案》等有关文件和规定，从试卷安全管理、考试实施管理、组考人员管理及有关事项说明等方面对全体监考员和考务工作人员进行规范而细致的培训。同时，针对每一环节精心制作了规范的操作视频，强调并演示了考务细节，确保考务各环节严丝合缝，确保考试安全、规范、有序和"零误差"的工作目标的实现。

三是严格考务管理。陈主任严格落实"细、实、全"的工作要求，强调所有的记录表有序地挂在固定位置，每一位考务人员坚守自己的岗位随时待命；

强调考试指令，把考务工作中的每一个环节安排得井然有序，从试卷的交接到宣读监考员职责、从领取试卷到考务人员清点试卷、从发试卷到开始答题，直至停止答题等。对此，陈主任创新性地提炼出高考过程中的关键时间节点，汇编形成《西藏自治区普通高考昌都考区二高考点监考工作程序》。这一创新得到了昌都市领导的高度认可和大加赞赏。

第四节　师资培训

近年来，昌都二高生源急剧增加，由2009年的1000余名学生迅速增至现在的3300多名学生，但师资没有相应增加，尤其紧缺数学、物理、化学、生物教师。同时，大批刚毕业的大学生被分配到二高，其中很多不是师范专业。由于师资紧缺，他们没有经过培训直接上岗，每年来自东北林业大学的大学生志愿者也踊跃前来支教，加上特殊的气候、环境，当地的教师退休较早，有经验的在岗老教师较少。当时的教学教研，部分教师不具有统揽全局的知识结构，没有章节承上启下的概念，不会根据学情删繁就简，不能准确把握重、难点；对于以何种方式引入新课、怎样设置问题、如何探究解决问题等教学环节研讨甚少；集体备课仍停留在说教学进度、说考试范围和听课的层面；教室里的多媒体更多地成为摆设，没有发挥应有的作用。二高缺乏有效教研和针对性的培训是问题所在。

为了让培训具有针对性，团队制作《昌都二高青年教师培训需求调查问卷》，从年龄、性别、学科、教学中最需要的知识、较欠缺的教育教学专业能力、班级管理需要的培训、最感兴趣的教育科研能力培训内容、希望参加的集中培训教学形式、培训中最喜欢的授课教师类型、最认可的考核评价的方式、影响培训满意度的主要因素、参加培训的动因、参加培训的期待等多个方面进行调查，以准确掌握当地教师的需求。基于教师专业发展的特点，根据教师的实际需求，学校的师资培训侧重于年轻教师，主要是新入职或教龄在8年以内的青年教师，根据教龄可划分为1年、2~5年、5~8年、8~15年、15年以上五个阶段，让培训具有阶梯性。为了便于培训工作的开展，学校专门成立培训工作领导小组，负责校本培训计划的制订与实施工作。

一、师资培训

（一）培训理念

学校整体构建教师培训体系，为教师创造和谐发展的环境，帮助教师解决在教育教学与专业发展中遇到的问题，引导教师不断地进行自我评估与教育改进。

（二）培训目标

学校以"一切从教师的需要出发、一切为了教师的专业发展"为重点，以转变教师教育观念、提高业务素质和实施素质教育的能力为目标，针对不同层级的教师制定相应的培训目标。

根据教师职业生涯的阶段特点，学校将教师划分为职初型教师（从教1年以下）、青年教师（从教2~5年）、成熟型教师（从教5~8年）、研究型教师（从教8~15年）、经验型教师（从教15年以上）五个类型的培养系列。每个类型均有明确的培训侧重点。

1. 职初型教师的培养目标

新教师进入一个全新的环境，从学生到教师，面临角色转换问题。对其培训的目的是帮助他们梳理学科知识，加深对课标、教材逻辑结构的认识，熟悉基本教学法的运用和常规工作要求。对职初型教师的培养目标如下：

（1）尽快进入教师角色。

（2）适应教学工作环境。

（3）熟悉学校的教学常规和教学管理要求。

（4）学会教学反思。

（5）学会结合现代化的教学技术开展融合课。

（6）过教学基本功这一关。

2. 青年教师的培养目标

青年教师已经适应学校的环境，并且对自己的工作能较熟练地安排。这个阶段的培训内容侧重于先进教育理念，学习梳理学科教学难题，研究应对策略，形成破解策略参考集，积累有效的课堂教学案例。该类教师的培养目标如下：

（1）熟练驾驭课堂的应变能力。

（2）具有落实学校各项教学常规的独立操作能力。

（3）熟练运用先进的教学理论指导教学，形成自己的教学设计，有自己的教学实施策略。

（4）分析自己的教学优势和不足，扬长避短，明确自己的教学特色，初步形成教学风格。

3. 成熟型教师的培养目标

这一阶段的教师对教育工作开始有自己的见解，有一定的提出问题、分析问题并解决问题的能力。该阶段的培训内容包括学会研发适合本校学生学习的学科教学资源、独立的教育科研能力、成熟的教学风格、形成自己的教学模式。该类教师的培养目标如下：

（1）形成自己的教学风格，有自己的教学特色和教学模式。

（2）养成终身学习的习惯。在援藏教师和学科带头人的帮助下，较好地进行教学研究和独立承担命题任务，积极开展"师带徒"工作。

（3）培养较强的教研意识和科研能力，能确定切合实际的教研课题，独立承担研究课题，能独立开展如何选题、如何开展课题研究、如何撰写结题报告等工作，并形成可推广复制的成果。

（4）鼓励引导教学成效突出的教师，通过课堂教学过程的优化研究提升教学能力，培养成学校骨干教师、学科带头人、昌都市名师和骨干教师。

4. 从教 8 年以上的教师的培养目标

改变这类教师固有的"填鸭式"教育观念，积极引领使其向研究型、学者型、专家型教师转化。

（三）培训思路

我们将一月一次的集中校本研训与日常的教师教研、集体备课相结合，将规模化的集中培训与一对一规范化的指导相结合，立足昌都二高实际，以青年教师成长的阶段性特点为基础，分段制定培养目标；以青年教师的成长过程为依据，关注其成长经历；以青年教师的课堂为切入点，从学科知识、教学基本功到信息技术与课堂教学的深度融合逐步深入，切实提高课堂教学质量。

"一个基础"：立足于二高大讲堂，充分发挥援藏教师的引领示范作用，广泛深入开展培训。

"两个依托"：一是依托天津市组团式教育人才援藏团队，聚焦课堂，落实教师基本功培训和常态课评核活动，进一步优化二高校本培训工作，提升青年教师的教学基本素养，促进教师专业水平不断提高，推动学校教研及教学工作达到新水平；二是依托昌都市教育局组织的常规教育教学科研活动，构建常态课评核体系，完善常态课评核机制，健全教学质量监督，提高教育教学质量。

"三项工程"：一是指导落实好昌都市基础教育教学质量提升工程；二是指导落实好学校课程体系建设及课程实施管理；三是指导推进学校具有民族特色、地方特点的办学特色建设工程。

（四）培训内容

团队明确二高校本培训以"新理念、新课程、新技术"为主要内容，通过学习包括天津援藏教师在内的优秀教育思想和成功经验，形成自己的教学风格和特色。

1. 新课程研修

新课程研修以学习研究新课程标准为重点，主要钻研教材、吃透教材、解读课标、探索教法。

2. 现代信息技术应用培训

该培训帮助教师熟练掌握现代信息技术应用的基础知识和技能，提高信息技术与学科整合能力，为其运用先进的教学手段创设环境。

3. 教育科研能力研修

教育科研能力研修是树立教师的教研科研意识，把研修和教育科研紧密结合，围绕新课程的实施，结合课堂教学，进行教学方法和教育科研基本方法的研修，以有效研究为切入点，做到教学即研究。

（五）培训组织

1. 校本集体教研

教科室每月通过二高大讲堂的形式组织全体教师开会，集中组织培训；将各学科组提交的问题整理归类后再通过教研组、备课组实施；每月组织召开校本研修例会，布置或商讨相关工作。

2. 教研组、备课组的常规活动

学校广泛开展听评课活动。各教研组、备课组每周固定时间组织一次组内教研，解决本组教师提出的重点问题，商讨并落实相关课题等教研活动的内容和要求，分担相关工作任务。

3. 自主学习

学校倡导采用线上学习和线下学习相结合的方式，以自己研修为主，不规定时间、地点，通过自主学习、自我评价、自我体验、自我反思完善的办法提升自己，促进教师的专业发展和能力提高。

（六）培训实施路径

团队将价值引领与制度相结合，通过思想引领、实践指导、示范带动三个途径全面开展研修培训工作。

1. 思想引领

团队致力于激发当地教师的内生动力、破除"等靠要"思想，为调动广大教师参与校本研修的热情，发挥其自主探究能力，保障校本研修的顺利进行，建立了教师全员培训制度和分类、分层、分岗培训体系，立足于二高大讲堂，全面开展培训工作。团队坚持改革创新，突破传统的单一教学研究方式，制定"六个一"的学习教研制度：每周一次集中培训、备课组教研，每月一次教研组研讨会，每学期撰写一篇教学论文、上一节研讨课、完成一本学习笔记。团队制定全方位的教学规章制度，提出"七条反思建议"，使老师们统一思想、明确任务。团队还建议学校将教师参与校本培训和继续教育学习情况与评职晋级、评先选优挂钩，并建立相应的奖惩制度，使每位教师以积极的态度参与校本研修，切实地为教育教学服务。

2. 实践指导

（1）大力推进"一三五八"青蓝工程。团队积极做好"传、帮、带"工作，从教育理念、教学方法、教材分析、教学手段的运用等方面全方位开展"一对一""一对多"帮扶。

（2）以"关注常态课、提升普通课质量"为重点，以规范引领年轻教师的日常教学行为。团队指导教师利用问题探究教学模式开展教学、精心设计学习活动，让学生在温馨的氛围中完成学习，预期效果可评价。

（3）以"关注教学问题、提供解决办法"为根本，及时帮助年轻教师分析出现的教学问题，指导研究问题直至解决问题。

（4）团队指导教师研修团队建立小项目、小课题，开展行动研究，引导开展学科特色教学模式的实践研究，形成一些学科教学美育化的新模式，帮助在常态课评核、教学模式创建、有效教学上作出成绩。

3. 示范带动

（1）团队坚持以示范促进提升。

（2）团队坚持以科研引领学校发展。

（3）团队积极承担蹲点督导工作，发挥区域示范辐射作用。

（七）昌都市教育局教科所的功能发挥

（1）聘请教科所教研员审定学科开发的国家课程校本化的教学资源，包括学科知识深解、学科教学难题梳理及破解策略、学科教学资源开发。阶段成果按月提交市教科所审定，根据指导意见，学科组组织开展进一步修订。

（2）聘请教科所教研员担任研究型教师的专业发展导师，帮助其形成教学风格，完成教学风格成果的书面材料。

（3）邀请教科所教研员参加学科带头人、骨干教师的研究课和展示课的评课，进行指导评价。

（4）聘请教科所教研员对教科研年会的相关成果进行点评，指导提炼出可复制、可推广的理论成果。

（八）研训成果交流

（1）利用讲坛、展示课、科研年会分阶段展示学科研训和团队研训成果，在校内开设专栏展示研训成果，或将交流的优秀成果推荐给《藏东教育》《西藏教育》等刊物，面向全市、全区展示交流，大力宣传优秀教师。

（2）广泛组织开展、参加优质课大赛、说课比赛、"一师一优课"比赛、自治区教学大赛，利用各级各类大赛的契机，宣传优秀青年教师，同时激励更多的教师承担"一师一优课"，打造自己的"优课"品牌，形成自己的教学特色，整理成二高的"一师一优课、一课一名师"影像集、成果集。

（3）以"关注优秀典型、推广分享经验"的方式，鼓励支持研究型教师出版个人教学专著，协助经验型教师完成经验回顾集，实现从教学实践到理论成果的转化，再以其指导实践。

（九）研训激励机制

学校成立评价检查小组，校长任组长，教科室对青年教师的教育教学能力培养负责，并进行定期和随机跟踪检查。检查项目包括学习体会、教案、汇报课、教育教学论文、学术交流、学生反馈、同事和领导评价、学习资料等。学校在每一阶段都制订相应的考核方案，通过说课、展示课、优质课评比等途径建立考核激励机制，每学年对青年教师的培养情况做出评价，对优秀者进行表彰，并记入本人业务档案。学校将教师培训过程和培训成果纳入教师职称评定和岗位设置考核方案，借评聘分离的契机强化培训成果的运用，增强培训实效。

二、二高大讲堂

团队以打造高素质教师队伍为目标，将价值引领与制度相结合，制定教师培训规划，完善教师全员培训制度和分类、分层、分岗培训体系，依托二高大讲堂对全体教职工开展分类、分层、分岗培训。

一是对全体教职工进行育人培训，以提升教职工的教育理念、规范教职工的教育教学行为，让所有教职员工在各自岗位上均能充分发挥育人作用。二是对管理者进行培训，从管理者的角色定位、制度建设、校园文化建设、学科组建设、青年教师培养、教学质量监测、过程管理与考核等方面进行培训，以提升管理者的素质和管理效能。三是对班主任进行专题培训，充分利用每周五的班主任例会时间，全面提升班主任的教育、管理水平，充分发挥班主任的育人作用，规范班级管理、指导学生成长。四是面向一线教师进行业务培训，从备课、上课、课后辅导、说课、试题命制、学科教研、课题研究等方面进行专业培训，以开阔教师视野、提升教师的业务技能。

在二高大讲堂系列活动中，针对新入职教师，陈锋主任做了"如何说好一节课"的岗前培训；援藏教师夏德源面向全校骨干教师做了"怎样科学地命制一套试卷"讲座，面向青年教师做了"漫谈有效课堂""扼住有效教学的咽喉——思维"等讲座；援藏干部杨贵祝副校长做了"认清形势、务实工作、开创二高教学工作新局面""精细化管理，助推教学质量提升""做最好的自己"等讲座；王盛主任做了题为"如何听评课"的讲座；简冬生主任为青年教师做了"加强学生管理和学生德育教育""如何加强班级管理"等系列专题讲座；张崇贵做了"如何进行学科教研"讲座；韩宝刚在毕业班管理交流会上做"毕业班管理若干条建议"的讲座；崔帆、朱虹面向全体班主任、团员工作者开展"全国中学生资助系统录入""团队建设"等培训。这些讲座拓宽教职工的视野，更新其教育教学观念。

其中，夏德源老师的"怎样科学地命制一套试卷"讲座，深入浅出地从一套好试卷的四个标准、命制试题的理论依据、命制试题的八个环节、试题的五大功能、关于高考命题的那些"内幕"五个方面进行阐释，帮助教师掌握试题命制的要领，学会科学命制试题，让试题更加科学、规范，更适应教育教学的需要，能更公平、公正地反映学生的学习效果和任课教师的教学水平。

我的讲座"建设现代学校制度、促进教育内涵发展"，围绕为什么要推进学校制度建设、如何推进学校制度建设、在学校制度建设中应注意的事项三个方面展开，从制度的重要性、制度的产生、制度的执行、学校处室设置、办公室人员组成、办公室主任权责清单、具体工作、人事干部权责清单、保卫干部权责清单、办公室档案员权责清单、办公室考勤员权责清单、办公室主任月目标考核、任期工作考核评价制度、用人铁律等15个要点就校本制度建设进行详细培训和深入阐释，对二高如何立足本校实际做好校本制度建设工作的前期诊断与改进方案、构建内部质量保障体系，具有较强的针对性和指导意义。

三、"一对一"师带徒结对

"一对一"师带徒结对活动坚持以科学发展观为指导，以素质教育为目标，以新课程理念为先导，以课堂教学为重点，为补齐短板、较快提高受援校师资队伍的整体素质，特制订援藏教师"一帮一"结对活动方案。

本活动充分利用天津援藏教师的丰富教学经验和资源优势，以优化教学管理为抓手、增强课堂教学有效性为目标，切实发挥援藏教师对当地教师的指导作用，增进援受双方教师之间的业务交流，达到相互学习、共同提高的目的。

结对双方的确定。学校征询相关教师意见，由教科室提供"一帮一"结对名单，经校务会议研究确定。活动采取"一对一"师带徒结对形式，由学校组织签订师徒结对协议。

学校明确师傅、徒弟的职责，严格按要求落实结对帮扶工作，并建立领导小组和评估考核激励机制。

（一）师傅的职责

（1）全面关心徒弟的成长，加强与相关年级组、班主任、学科组的沟通，了解徒弟的日常工作情况，指导徒弟及时调整工作目标和工作方法，每学期认真制订师徒结对工作计划。

（2）向徒弟传授成长经验。指导导学案的编写，熟悉信息技术的应用，帮助提供教学资源，推荐学习书目，推动徒弟接受先进的教育思想和新课程理念。带动和指导徒弟开展各级课题研究，做好阶段性小结。

（3）指导徒弟抓实教学常规。指导徒弟拟订教学计划、准确把握教学环节，特别是备课、上课、作业布置、作业批改、课后辅导等环节，精心指导徒弟备课、上课，认真查阅教案，给予悉心指导并签注指导意见。

（4）每周听徒弟的课至少1节，按照一节好课的评价标准评课，评议优、缺点，写出指导意见，切实做到"课前指点、课堂指导、课后评价"，指出徒弟在教学中的不足，提出改进方法，促进徒弟教师教学能力的提高。

（5）每学期指导徒弟至少上1节校级公开课，撰写1份教学反思报告，完成1篇质量较高的教学论文。

（6）认真查阅徒弟批改的作业或试卷，判断是否达到质量要求、讲评是否有针对性，提出改进意见。每月重点查阅批改情况至少1次。

（7）鼓励、指导、帮助徒弟教师积极参加各级各类活动，让其得到更多的锻炼和提高。

（二）徒弟的职责

（1）在师傅的帮助下，对自己的教学情况和业务水平进行认真全面的剖析，明确提升的方向和成长路径。

（2）每学期与师傅一起认真制订师徒结对工作计划。

（3）认真钻研教材、设计教学环节。主动请求师傅指导，虚心接受师傅意见，对师傅指出的不足要认真对待、及时改进提高；主动邀请师傅到课堂指导自己的教学。

（4）虚心向师傅学习，随时接受师傅检查，及时改进工作和教学方法。在师傅的指导下积极参加各级课题研究工作，并认真做好总结。

（5）在师傅的指导下积极参加各级各类竞赛活动，导学案、校本教材的编写。

（6）主动听师傅的课，每周至少1节，并撰写心得体会。

（7）每学期上公开课至少1节，虚心听取师傅的意见并写好教后记。

（8）加强学习并注意积累资料。每学期至少读1本教育方面的书籍，并写好读书笔记。注重教学反思，学期末上交师徒结对工作心得体会1篇，撰写1份教学反思报告，完成1篇质量较好的教学论文。

（三）建立师徒结对工作领导组

师徒结对工作由分管教学副校长负责，教科室实施常规管理，教务处、各教研组配合实施。教科室建立师徒结对档案，记录徒弟的成长历程，作为考评徒弟工作的参考依据。

（四）建立评估考核与激励机制

学校中层以上干部、各学科教研组长、年级组长都要进入徒弟的课堂听一定数量的随堂课，以深入了解徒弟的教学情况和师徒结对效果；学校定期开展研讨活动，听取师徒结对工作的反馈，以了解师徒结对工作的开展情况；学校每学期开展民主评教和评学活动，及时掌握徒弟的进步；学校每学年组织一次教师技能大赛、备课大赛，凡结对的徒弟必须参加。根据师徒结对实施方案和协议要求，学校分阶段、多渠道（自评、学科组评、领导评、查资料、看成效等）对师徒结对工作进行目标考核；强化对师徒进行捆绑式的管理、考核与评价，对师徒结对工作实行动态管理，对不称职的师傅予以调换，对不认真履职的徒弟及时提出批评教育并限期改正；综合考虑结对工作，评选优秀结对师徒，并给予表彰。

四、落实校本研修

团队重视校本研修的组织和管理，采取教师自学、二高大讲堂、专题学习研讨、课题研究、观摩课汇报、研讨课交流、课程资源开发等组织形式，通过各种活动的开展，推动全校教师凝聚成一个团结的集体，形成一种互相切磋、研讨、协商的合作氛围，相互学习、分享经验、彼此支持、共同成长。

（一）校本研修主题的确定

1. 展开研究，发现"我的问题"

教师对某一教学周期内的教学困惑进行实时记录，提出自己在教学中遇到的问题，有意识地将其归类，填写校本研修问题搜集表，然后以教研组为单位提交。

2. 汇集整理，提炼形成"真的问题"

以教研组为基本单位，依据校本研修问题搜集表，以教师日常教育教学中的问题为导向，提炼出具有层次性和逻辑性的真正意义上的问题。在收集归纳全组教师提出问题的基础上，援藏团队、学校各教研组长、备课组长及全组教师一起提炼出"真的问题"，并将其作为研讨主题。

3. 集中研讨解决问题

以"真的问题"为研究对象，也作为学科教学的突破口，围绕某一典型案例或教学细节，用专业化学科核心素养的理念和观点对其进行剖析，改进教师的教学行为并形成理性认识。

（二）校本研修的组织形式

团队先后推出新分新调教师成长系列培训、津藏教师结对帮扶活动、教研组备课组教研、二高大讲堂、四校联盟教研体系等项目，促进教师的专业成长。

1. 集中培训

学校立足于二高大讲堂，按不同的教龄时段面向一线教师分别开展培训，培训内容包括新课程理念、新教材处理、信息化技术与学科融合等，以及面向全体教职工的育人培训和班主任专题培训。

2. 组建学习团队

由 1~2 名援藏优秀教师分别担任职初型教师、青年教师、成熟型教师、研究型教师和经验型教师团队的导师，指导制定个人职业发展规划，推荐选读教育学方面的书籍，建设教师发展的校本培训制度并提供丰富的学习课程，推进国家课程标准校本化，创建适合学校学生的学科教学资源体系，负责团队的培训课程开发、培训、研训成果的申报等。

3. 学科组

由学科组长牵头负责本学科青年教师的规范化培训工作，学科国家课程校本化、班级化、个人化的教学资源开发及选修课程开发、实施工作。

（三）校本研修活动的落实

1. 集中培训，更新教育观念

依托二高大讲堂，更新教育观念。学校组织全体教师学习新的教育理论，新课程改革的指导思想、目标及相关政策等；面向新教师开展入职培训，引导其确定"立足平台、认识自我、做好规划、落实方案、终身坚持"的专业发展路径；面向骨干教师开展关于"如何选题"的培训，介绍选题的建议、研究内容的确定依据、选题的原则、选题的要求等，开展了课题申报、课题研究、结题等系列培训。

学校多数教师在教育信息技术的认识和运用方面存在不少问题：一是仅局限于把信息技术作为简单的、一般性的辅助教学手段；二是教师的信息化技术能力较弱，信息化教学水平不高。针对这些问题，学校在全体教师中开展以信息技术为主要内容的现代教学技能培训，组织系统学习信息技术知识，如教育资源的获取与评价，演示文稿设计与制作，数字教育资源管理，信息技术支持的课堂导入、课堂讲授、总结提升、方法指导、测验与练习，微课程设计与制作，探究型学习活动设计，基于数据的个别化指导，数据可视化呈现与解读，评价量规的设计与应用，评价数据的伴随与采集等；组织动画制作、屏幕录像等多媒体课件制作培训，使每位教师掌握扎实的信息技术教学基本技能，提高其运用和处理信息的能力。学校在不同的学科中评选出具有代表性的教学设计、教学案例、教学反思进行公开展示，通过优秀教师的公开课教学，对教师的信息技术教学技能和开展校本研修产生示范引领作用。

2. 课改实验，指导行动研究

团队指导解读课程标准，制定学科课堂教学实施标准，形成学科课标实施方案；指导编辑相应的校本教材；指导教师创造性地对教学内容进行系统的设计，将课程标准转化成具体明确的适合学生的学习目标，形成学科课标实施方案，并据此设计与目标匹配的评价，再设计学习活动，以问题为活动的主线，通过探究的方式来解决问题。教师在设计教学活动时明确每一个学习目标的行为动词、行为条件与表现程度，使学习目标具体可行。

团队指导全体教师广泛开展关于课改实验的行动研究，让教师就一节课中的某一个环节、教学过程中的某一个问题，探究活动中对某一个细节的质疑，提出教学操作优化的建议和方案，及时解决问题。这一举措在教学中确实解决不少问题，有效地提高教学效能，推动学校形成和谐的教研学习交流氛围。

3. 教学研讨，提高学科集体备课实效

我们以教研组、备课组为单位，深入开展校本课堂教学教研，包括备课教研、听课教研、评课教研。在每一个教研环节里，我们坚持做到有负责人、有主题、有内容、有过程、见成效，并形成备课组活动的主要流程：个人初备、提出文案—集体研讨、形成预案—完善教案、课堂实施—互动点评、效果反馈—课后反思、提炼升华。通过开展有效备课、小组合作实效性、提高教师听评课能力等研讨，减少教师重复性、低水平的劳动，前展后延、集思广益，形成科学、规范和生动的教学案例，实现资源共享、经验共享。通过组织学习讨论、研讨交流，检查考核学习情况，使每位教师在教研活动中有自主权和主动权，形成互动交流的氛围。组织学科教师进行教学反思专题研讨，帮助教师树立反思意识，通过对教学实践的反思活动，检验、审视自己的教学行为，从而提高教师的教学预测能力、教学调控能力、总结能力和评价能力，使教学经验理论化，进而发挥强有力的指导作用。通过教研发现的问题和反思改进教学工作，将其提炼成课题开展研究，从而增强教师的科研能力。结合援藏教师与当地教师"传帮带"活动，促进教师将先进的理念内化为教学行为，专业"教"的优化推动学生顿悟的"学"的转变。

第五节　校本课程开发

　　学校使用的数学、物理、化学、生物等教材都是人教版教材，对当地学生而言教材内容跨度大、难度高，远远超出当地学生的接受水平，即使教师授完新课后，部分学生也感觉像是"雾里看花"；使用的汉语文教材是区编教材，而非人教版教材；使用的教辅练习册对于学生而言难度普遍偏大，即使新知识点学完后，学生也练习不够、知识落实不到位。当地高考使用的是全国卷，天津市高考实行自主命题，两地高考的难度和考点也不同。对当地中学来说，降低教材难度，开发切合学生实际水平的校本教材并引导学生学习，势在必行。

　　了解情况后，团队制定明确的校本课程建设规划，包括开发具有本校特色的、适合学生水平的、与最新理念结合又符合西藏自治区高考特点的校本教材、导学案及检测题。于是，编写"学生看得懂、教师用得上、专家评得过"的校本教材和导学案，成为教研组、备课组的重点工作之一。随后，团队引领教学工作以新高考改革为方向，以积极实施课程改革为主线，充分利用天津援藏教师的专业和资源优势，成立各学科的课程开发团队，由经验丰富的援藏教师牵头规划教材编写方案，安排部署编写分工。援藏教师拿出大量的课余时间，纷纷投入校本教材和导学案的编写工作。各教材开发小组成员密切配合，或调研当地学情，或咨询当地教师，或汇总全国高考卷的重点难点，或编写知识点，或精选例题，或详细解析，或选择练习题，或排版校对。大家依据课程标准，对教学内容进行再创造、再组织，最终形成难易适中、接地气的各学科校本教材体系。

　　在校本教材开发同步时，学校党支部开发党员学习课程，团委开发"团校"学习课程，德育处开发"家长学校"相关课程，逐步构建"以学生为主体，国家、地方课程为基础，党校、团校、家长学校三线共育，研学课程、活动课程、实验课程、社会实践课程四翼并进"的"一体两基三线四翼"课程体

爱心、责任、奉献
——天津市首批组团式教育人才援藏队的支教岁月

系。其中，国家课程是教育部统编的人教版教材，地方课程是西藏自治区教育厅主编的藏文和汉语文等教材。

一、六种典型的校本课程

（一）导学案

援藏教师牵头组织同年级、同学科、同类班级的教师编写导学案，针对学生的实际情况，将学科的知识点融入创设的一个个具体的材料情境或课堂活动，通过一些具有探索性的问题，引导学生进入自主的学习，通过"学线"和"问题线"达到教学目标，引导学生完成学习。这种方法包括课前有预习、课中穿插探究活动、课后有拓展环节，学生上课前就了解要学习的内容，课后又能较好地巩固、运用，对二高的学生很适合。最经典的导学案是天津滨海新区援藏教师王雷主编的高一历史、高二历史导学案。所有年级、所有学科都落实导学方案，学生反馈良好。

（二）校本教材

援藏教师将人教版教材校本化，通过删繁就简、调整内容顺序等方法编写成适合当地学生学习的校本教材。最有代表性的是南开中学黄炜、刘建军团队主编的高中《物理（必修一）》《物理（必修二）》，滕文卿主编的高中《数学（必修一）》《数学（必修二）》，还有《初高中衔接校本教材系列丛书》《二高校史》《惠民政策》《校园文化》《学生手册》等系列校本教材。此外，为了更好地开展数学教学和激发学生学习数学的兴趣，穆恒老师主编《运用教学理论和学习理论指导昌都高中数学教学实践》《高考数学2000—2016年试题全面解析汇编》，王丹老师编写《少数民族学生汉字书法文化传承现状与对策的研究报告》《培养少数民族学生汉语应用能力研究报告》。

（三）第二课堂

根据当地学生"会说话就会唱歌""会走路就会跳舞""身强力壮""多才多艺"的特点，团队面向初一、高一学生开展丰富多彩的第二课堂，如毛笔字、外国语言与文化赏析、藏族舞、芒康弦子、乒乓球、科学与人文、五行连环拳、影视欣赏、象棋、弦子舞、十字绣等，鼓励学生根据自身特点和实际情况选择合适的课程学习。每周一下午4:40~6:10为初一年级第二课堂活动时间，每周四下午4:40~6:10为高一年级第二课堂活动时间。第二课堂的开设让学生继承、发扬民族传统文化的同时，开阔视野、丰富知识、增长智慧，也强健体魄、陶冶情操。

（四）实验课程

团队从配备专职实验员入手，安排援藏教师指导实验员从规范实验室建设开始，建立了一套较完整的实验室建设管理制度，从器材数量登记、损坏登记、使用登记、需购置器材数量、器材摆放、实验开展计划、提前申报实验到课后实验记录等逐步规范。没有现成仪器时，我们鼓励老师自制简单的仪器，推动学校购置新仪器，指导当地教师广泛开展实验教学，使理化生实验课基本满足教学的需要。

（五）研学课程

团队在援助二高前，二高没有开展研究性学习课程培训，当地教师对研究性学习不知从何入手。为此，团队开展专题培训，手把手地指导当地教师，从教师的挑选、课题的设置、学生的选课、分班等的指导，推动研学课卓有成效地开展起来。学生可以在研学中了解昌都的历史文化，感受家乡的发展变化，树立热爱家乡、建设祖国的远大理想。"天电和地电""卡若遗址与卡若文化"等研究性学习课程受到学生的普遍喜爱。崔帆开设的研学课之一——昌都市首例青少年模拟法庭剧在昌都市中级人民法院大法庭公演，后又

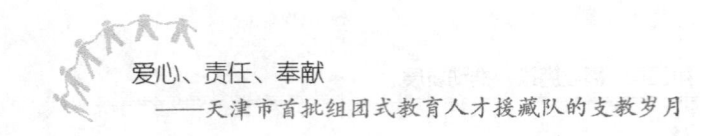

在市级各所学校巡演，受到广大师生和专业人士的好评，并在西藏卫视被专题报道。

（六）社会实践活动课程

昌都地域广阔，但山高谷深、交通不便，学生到校后无法经常回家。二高作为全寄宿制学校，位于一个小镇上，周边没有任何文化设施。每到周末，学生无处去、无事做。团队紧紧抓住推行全国中学生志愿服务示范学校创办的绝好机会，成立二高志愿服务队，充分利用周末和节假日，开展废旧电子产品回收、植树造林等系列活动。我们每个周末带领志愿服务队的学生前往特殊教育学校，为残疾儿童送去玩具、衣物，陪他们做游戏、识数认字，帮他们理发、洗衣物；组织志愿服务队的学生前往敬老院，为老人送去水果、雨伞、书报，帮助打扫卫生、洗衣服，陪老人聊天，陪护生病的老人。因为志愿服务队的突出表现，二高被共青团中央授予"全国中学生志愿服务示范学校"的荣誉称号。

二、黄炜主编的校本教材

来自天津市南开中学的黄炜老师积极响应团队号召，与刘建军、郭国仓、门开方、闫国权等6位老师，牵头成立高中物理校本教材开发团队，确定"以当地学生情况为本，求务实、求落实"的校本教材开发指导思想，构建"从基础抓起，讲练结合、点题结合，形成知识点、例题、讲解、练习"的立体框架，力争达到学生每学一节内容就能落实一节的效果。

作为主编，黄炜老师对物理校本教材开发团队进行明确分工。黄老师主要负责整体规划、知识点的编纂、例题的选取及解析、排版及封面设计等工作，刘建军老师负责练习题选题及答案的汇总工作，郭国仓、门开方两位老师负责习题答案的校对，闫国权老师负责格式的校对工作。

为了尽早让学生使用这本教材，物理教材开发团队几乎花费所有业余时间，紧锣密鼓地开展所有环节的编辑工作。比如，知识点的编纂，仅有教科书上的定义，学生依旧不能很好地消化、理解。为了使学生易于接受，黄炜老师仔细收集天津各校名师讲课实录，从中精简、提炼出每节课的知识重点难点，想方设法用通俗易懂的语言进行表述。再如，例题的选取、编写和解析更是烦琐。由于力学的解析图复杂，但物理画图软件的质量普遍较低，因此黄炜老师想方设法通过配合画图使图片达到较为清晰的效果。虽然画一个解析图少则需要半小时，而且每节课需要画的图常多达十几个，但黄老师不遗余力，对每张图都精雕细琢，确保图片清晰简洁。例题的解析是本书的关键内容，是学生打开思路的钥匙。为了达到事半功倍的效果，黄老师反复斟酌每句话、每个词，力求做到严谨精练、浅显易懂。在练习题的选取上，刘建军老师更是煞费苦心，在庞大的习题库中反复筛选，舍弃偏题、难题、怪题，留下学生可以接受的基础题，并把练习题由易到难排列，统一格式，便于不同层次的学生选做。郭国仓等4位老师负责对教材的精准校对，对每章、每节、每段、每句、每字逐一校准，以保证教材内容的科学性、准确性、针对性及格式的规范。在很长一段时间里，黄炜带领团队老师每天晚上在办公室工作到八九点钟，有时只是一个封面的制作就熬到凌晨三点钟，周末还要和团队老师废寝忘食地研讨，忙起来就是一整天。

期间，我和杨贵祝副校长对校本教材的开发工作非常重视，多次询问工作进度，协调解决遇到的各种困难。陈锋主任作为教务处负责人，几乎每周都与团队成员探讨内容。在大家的共同努力下，高一《物理（必修一）》历时3个月终于与学生见面。

编写校本教材，首先，需要编写者认真研究新课程理念和课程标准、学习课程理论、研究学生，还要给当地教师留下引领的空间，所以校本教材的编写极大地促进了教师的专业提升；其次，校本教材要体现以学生为本的思想，要给学生提供高质量的课程和学习内容，还要给学生留下思考和探究的空间，所以校本教材更好地促进了藏区学生的学习；最后，校本教材填补学校教辅资料不足的空白，弥补当地教辅资料的不足，为学生提供相匹配的学习资料，提高教学的有效性，也为藏区的课程建设积累丰富的经验。为此，西藏电视台专门采访援藏团队的优秀教师代表黄炜。在采访中，黄炜老师说："我们响应国家的号召来到西藏，我们要在西藏留下知识，更要在西藏留下希望。"这也充分体现天津援藏教师致力于改变藏区教育面貌的情怀和决心。

第六节　教学研究

为推进教育教学改革和发展，发挥教育科研的引领和支撑作用，我们通过科研引领带动二高教学水平的提升，从而推动教学质量的提高。援藏教师边学习、边思考，将发现的问题提炼成课题，深入开展教学研究，努力践行"以研促教"。

一、"学、思、研、爱"深度推进援藏工作[1]

天津组团式援藏团队认真贯彻党的十九大精神，立足于受援校实际情况，关注细节援藏、重视日常援藏，久久为功，深入推进援藏工作。

（一）把"学"融入日常生活

天津援藏团队自开展工作以来坚持不懈地抓业务学习，积极协助受援学校打造一支学习型教师队伍，留下一支"带不走"的人才队伍。受援学校从有限的经费中拿出一部分为教研组和老师们订购教学刊物，购买了一定数量的专家讲座或课例光盘，同时为学校图书室、阅览室购买新课程相关图书，以满

---

[1] 昌都市教育局.天津援藏团队"学、思、研、爱"深度推进援藏工作[EB/OL].（2017–11–17）[2022–07–10]. https://mp.weixin.qq.com/s/26SiWQr6UKxT2Q72fBuiAg.

足教师的学习需求；重视网络资源的利用，充分利用微机室、学校工作网上交流平台，帮助教师挖掘网络资源，拓宽学习视野；援藏教师积极倡导全员读书，大力开展"每周一书"活动，要求撰写读书笔记和教育随笔，定期进行检查，组织交流。广大教师不甘落后，买书、读书成为时尚，畅谈感想，自觉反思，谈学习、爱读书已成为援受双方教师的共同话题；为了深入了解西藏地区的生活和文化，援藏教师课上当老师，课下当学生，主动找学生学习藏文、藏话、藏族歌舞等。

（二）把"思"融入日常管理

为了充分发挥援藏教师在学校管理中的主导作用，围绕迎接、学习、宣传、贯彻党的十九大精神，切实推进组团式援藏工作再上新台阶，天津援藏团队扎实开展以"贯彻十九大精神·我为援藏工作献策"为主题的大讨论活动。讨论活动中，援藏教师积极发言献策，涉及受援学校教学、管理、校园环境、人才培养、师资队伍建设、校园文化建设、后勤服务、提升援藏外延内涵、援藏交接工作等多方面内容，共计52条。第一批天津组团式援藏教师表示：在剩余的70天里，会自觉遵守政治纪律、组织纪律、工作纪律，进一步强化政治担当、使命担当、责任担当，力争为二高留下适合藏族学生发展的现代化教育理念和教育教学方式，与当地教师结下深厚的友谊，为学生留下学习生活中的美好回忆，自觉维护好天津形象。

（三）把"研"融入日常工作

我们完善集体备课，严格落实集体备课程序：个人初备—集体研讨—完善教案—效果反馈—课后反思；重点研究教材、教学方法、学习方法、高考考纲；完善听评课制度，要求受援校校长每学期听课不少于25节、教务教科主任不少于30节、教研组长不少于20节、任课教师不少于15节，课后要及时座谈点评，进行评议和指导。团队积极参与组织受援校十门科目的"菜单式"听评课活动，援、受双方教师积极参加组内听评课。各教研组按照大科目3名、小科目1名的标准推荐组内优秀教师参加校级赛课，团队45名一线教师全部参加学科组内听评课。学校强化课题研究跟踪，援藏教师积极申请并参与教育教学课题研究，努力践行"以研促教"。2017年，昌都二高援受双方教师共有90余人参与课题研究，天津援藏教师参与的课题研究中有2项获批区级课题、10项获批昌都市级课题。16名援藏教师还申报了个人自主课题，各项课题研究工作有序开展。5名天津援藏教师在省级以上刊物上发表论文共计9篇。

（四）把"爱"融入日常教学

团队扎实开展"三联三进一交友"活动，通过联系班级、学生、家长，进入教室、学生宿舍、学生食堂，与学生交朋友，切实融入教育教学工作，加强与当地学生及家长的交流，努力做到用心援藏、用情援藏；积极发挥桥梁纽带作用，自发和天津援藏大后方联系发起募捐，购买了20台热水器，其他捐赠物资全部到位，让学生可以随时喝上开水，援藏教师的爱心让学生从口里暖到心里。

二、引领科研

杨贵祝副校长负责指导，教科室牵头，援藏教师张崇贵负责具体落实日常科研工作。大到课题定位、课题选题、中期推动、结题等环节的组织管理，小到论文的选题、关键词、摘要、论点、论据、论证、参考文献等的介绍，以及如何开展课题研究、教研员在科研过程中发挥的作用、课题的支撑材料、结题报告的撰写等，张崇贵老师都事无巨细、倾囊相授，极大地推动了西藏教育科学"十三五"规划课题、昌都市自主课题等的申报、研究工作，带动援受双方教师完成了市级和区级课题174人次，撰写、发表省部级教育教研论文256篇，使二高教师的职业素养不断增强、师资队伍的科研能力不断提升。

（一）主持昌都市系列自主课题

援藏教师陈文强、邱志明、杨贵祝、苗雨、焦健、滕文卿、田海春、张悦、高志永、王雷、孟祥龙、国军等分别主持申报昌都市自主课题，带动当地教师申报多项昌都市自主课题。其中，苗雨主持"中学化学有效教学策略研究"；陈文强主持"昌都地区高中英语选修课建设研究"；焦健主持"初高中地理的知识联系与教学衔接研究"；王雷主持"昌都市高中历史现状调查及应对策略"；杨贵祝主持"培养学生问题意识的策略研究"；滕文卿主持"在昌都地区高中数学教学中提高学案导学模式有效性的研究"；邱志明主持"分层次教学与走班制教学相结合"；孟祥龙主持"西藏高中历史教学中学生记忆能力培养的研究"；田海春主持"初中英语阅读理解初探"；国军主持、秦德强等参与全国教育信息技术研究课题"信息技术对促进昌都市高中学生化学学科核心素养的实践研究"，国军还主持"昌都市高中化学教学质量提升策略实践研究"。

（二）主持或参与国家级、省部级系列课题

援藏教师勇攀高峰，主持一系列高规格课题。其中，国军主持全国教育信息技术研究课题"信息技术对促进西藏地区高中学生化学学科核心素养的实践研究"；陈文强主持西藏自治区"十三五"规划课题"西藏高中生英语阅读困难来源探索与干预"；朱俊主持天津市教育科学研究院课题"信息化环境下生物教学模式研究"；周耀才主持天津"十三五"规划课题"天津'组团'教育人才援藏的探索与实践"；滕文卿参与西藏自治区"十三五"规划课题"'组团式'教育援藏团队的管理及优质教育资源'本土化'研究"；田海春参与西藏自治区"十三五"规划课题"如何开展农牧民地区英语教学课题研究"；秦雪梅参与南开区课题"数学写作助力高中数学教学的实践研究"；暴亭硕参与市级课题"高中化学复习课有效教学模式的研究"；刘艳春参与"高中阶段化学教学方法及改进措施"；关长通参与"中学化学有效教学策略研究"；曹连友参与"昌都市学

生物理学科'自主学习'的策略研究"；秦德强参与"信息技术对促进西藏地区高中学生化学学科核心素养的实践研究"。

（三）课题取得的系列成果

于丽英主持的中国教育学会"十三五"教育科研规划重点课题"教育模式创新的实践与研究"的子课题"高中语文学生核心素养培养路径研究"顺利结题，并被评定为优秀教研成果一等奖；王丹主持的西藏自治区教育科学"十三五"规划课题"青年教师职后专业化培训策略研究——以昌都二高为例"，以培训目标的具体化、培训内容的精细化和培训流程的专业化，有力助推昌都二高青年教师的培训工作，多名教师在自治区级教学竞赛中获得佳绩；张健完成市级课题"学案导学教学模式的创新研究"的结题工作；张超完成"十三五"市级课题"互联网对学生学习方式变革的实践研究"的研究工作；张汉泉作为主要成员完成中国管理科学研究院"十三五"教育科研规划课题"初中物理浮力综合题的案例研究"的研究工作等。各学科教学模式先后构建，新的教育主张不断出现。

（四）高质量论文的发表、获奖

杨志国的论文《西藏高中语文作文教学优化策略》发表于《教学与研究》，《藏区高中语文教学中如何提高学生的核心素养》发表于《课程·教材·教法》。邱志明的论文《学导式教学法在高中化学教学中的应用》于2017年9月发表在《课程教育研究》上。

苗雨的论文《以情境设计与问题引领促进知识方法复习目标》于2017年9月发表在《化学教育》上，《基于"能量观"的学科素养培养——以"化学反应中的热量变化"为例》于2017年10月发表在《化学教与学》上。

于丽英的论文《高中语文小说阅读教学的优化措施》发表于《教学与研究》2019年第2期，经中国教育学会专家组评定，在全国优秀论文评选活动中荣获一等奖。

张睿猛发表论文多篇，其中论文《浅析高中数学教学中存在的问题及解决方法》发表于《新课程》2017年第11期，《培养学生数学自主学习"简单化"能力》发表于《西藏教育》2017年第3期，《科学高效课堂学习的策略研究》发表于《教育现代化》2018年第3期。

麻向阳的论文《直观教学下的高中数学课堂的构建》发表于《知识文库》，并荣获论文评比一等奖，《高中数学课堂中探究性学习的困惑与思考》发表于《新课程》，《倡导积极主动的高中数学课堂》发表于《课程教育研究》。

尹建壮的论文《浅谈开展物理学史教学促进学生素养提高》于2018年3月发表在《东方教育》上，《刍议如何在课堂教学中培养学生的科学素养》发表于《课程教育研究》第21期等。

张润强的论文《初探关于初中语文文化传承教学活动的开展》于2018年5月发表在《教学考试》上，被评为优秀论文一等奖，《让初中语文教学挑起传承民族文化的重担》于2018年6月发表在《软件·教育现代化》上，并获得首届教育科研优秀论文一等奖。

曹连友的论文《关于测量干电池电动势和内电阻的实验探究》于2016年10月荣获全国中学物理教学论文二等奖，《自主学习下高中物理课堂的构建》于2017年3月发表在《学周刊》上，《高中班主任如何实践德育管理》于2017年10月发表在《考试周刊》上。

刘昱含的论文《基于"互联网+"背景下高中英语自主学习策略探究》获天津市河东区论文一等奖。朱俊的论文《信息化环境下生物教学模式研究》发表于2019年的《当代教育实践与教学研究》。王竹强的论文《培养地理空间概念 突破地理教学瓶颈》《把实验引入地理课堂》发表于《学校教育研究》。高志永的论文《如何在语文文本解读中凸显学生主体性》发表于《新课程》，并获优秀论文一等奖。朱虹的论文《对提高偏远地区中学生心理健康教育的创新性探究》《运用信息技术创新政治课堂》于2017年9月分别发表在《锦绣》上。

爱心、责任、奉献
——天津市首批组团式教育人才援藏队的支教岁月

翁大为积极向学校党总支刊物《党建之光》投稿，其中《信仰》一文被收入第8期。关长通撰写《浅谈化学教学中的情境设计》《构建和谐班集体的一些做法》两篇论文。陈文强、国军、赵延华、张崇贵、滕文卿、吴学政、吴玉荣、韩健、张汉泉、苏兴、刘艳春、李培明、刘静、周耀才等都撰写、发表系列论文。

三、"二非常、二更加"❶——对昌都二高学生的民意调查

为进一步做好教育人才组团式援藏工作，切实发挥援藏教师的引领示范作用，在昌都二高的精心组织下，学校援藏办工作人员与学生真诚交流，通过访谈方式向学生了解情况。高三学生珠姆西等5人牵头，在高三年级50余名学生中进行充分的民意调查，以"我心目中的援藏好老师"为主题，总结天津援藏教师"二非常、二更加"的突出特点。

（一）"二非常"

"二非常"，即援藏教师业务技能非常扎实精湛，求知欲和学习能力非常强。

援藏教师在教学中对知识点的把握更具体系化和模块化，能注重讲练结合、举一反三，能较好地培养学生"温故而知新"的学习能力，课上引导学生积极思考，课后引领学生勇于探索。

援藏教师对西藏地区的生活和文化充满好奇，课上当老师，课后当学生，经常向学生学习藏文、藏话、藏族歌舞等，学校组织活动时也能跟当地教师、学生一起跳锅庄。在积极主动学习的同时，他们又表现出非常适宜的分寸感，不该问的就不问。

---

❶ 昌都市教育局.天津组团式援藏教师的"二非常、二更加"[EB/OL].（2017-09-26）[2022-07-10]. https://mp.weixin.qq.com/s/vS5V61Lw4Qw31-uffn3Fqw.

（二）"二更加"

"二更加"，即援藏教师在教学中更注重课堂教学与历年高考真题的有机结合，更加重视学生的主体地位。

与当地部分教师相比，援藏教师在处理高考试题方面更有经验，在平日的教学中能适时地穿插高考试题相关的知识点，使学生在高二就能接触大量的高考真题和解题方法。这对当地学生来说是非常难得的。

在平时的学习中，援藏教师更加重视学生的主体地位，对于知识的传授，不是简单地灌输，而是引导学生主动学习，切实发挥学生的主观能动性；在生活中，援藏教师能平等地对待学生，实现了从"严肃的老师"到"亲切的老师"的转变，在交谈中既热情和蔼又亲切尊重。

总的来说，学生特别喜欢这些援藏教师，他们为学生带来了新知识，打开了一个新奇的世界。因为这些可爱的援藏教师，二高很多学生的理想大学是天津大学或者南开大学。

第七节 教法创新

西藏自治区地广人稀，学生从小生活在大山里，与外界接触少、交流少，对外面的世界知之甚少，视野不够开阔,学习水平参差不齐。部分学生存在自卑、羞涩、自我表现意识差的问题，上课时不敢大声回答，学习准备、学习方法等习惯没有很好地养成。学生只能在学期结束后离开学校回家，普遍缺少生活体验，语言表达能力相对较差，有时无法理解老师的语意。学生基础知识较差，数学运算的能力普遍不高，分析推理能力较弱，抽象思维能力欠缺，实验探究多是无从下手。

学生的实际情况影响了援藏工作的开展。一是师生的语言交流存在障碍。学生只会藏语，很少会说普通话，而援藏教师大多不懂藏语，不能用藏语辅助

爱心、责任、奉献
——天津市首批组团式教育人才援藏队的支教岁月

教学。二是文化交流障碍。援藏教师对当地生活、文化了解不多，较少能用学生熟悉的事物辅助教学，而教师所说的事物，学生又不熟悉。三是情感上存在一定距离。由于援藏教师和当地学生缺少共同的生活经历、文化基础，所以他们之间难免会有生疏感。四是学生的基础教育存在缺失。多数学生小时候没有上过幼儿园，部分学生没有上过完整的小学，初中的一些课程没有学。学生接受的基础教育不完整，直接跳跃地学习高中知识，势必影响教学的进度。五是学生思维能力欠缺，学习习惯没有养成。发现这些问题后，援藏教师纷纷尝试优化教学设计、改变教法以适合当地学生。

援藏教师穆恒在教学开始前，制作了60多页的初高中衔接课课件，并就初、高中数学教材知识结构的变化、内容梯度的变化、学习方法的适应性调整及学习习惯和学习品质的养成等方面为学生做学法讲座，引导学生端正学习态度、培养良好的学习习惯、掌握实用的学习方法。穆老师针对学生课后学习制作的《学生自我介绍反馈单》，激发了学生强烈的学习兴趣，也从侧面反映了学生的地区差异和基础状况，为更好地开展教学奠定了坚实的基础。

于丽英等语文老师边教学，边教普通话。从语言基础开始，对于陌生的字词，他们带领学生从拼音、声调学起，重新认识声母、韵母，整体认读音节。从认拼音到识字、组词、造句、段落理解、文章的中心思想，于老师编写系列口诀，帮助学生识记。为了达到预期的教学效果，于老师采取"五步批改法"批阅作业。一是鼓励学生独立完成作业，不会的可以空着，没把握的题可用铅笔书写；二是教师批阅后统一讲解作业；三是针对个别问题，教师单独面批、当面辅导；四是教师归纳总结作业中出现的共性问题再次统一强调；五是作业中的错误答案由学生第二次独立完成，以巩固知识。"五步批改法"虽然耗费了于老师大量的时间和心血，但对落实教学效果起到不可替代的作用。"亲其师，信其道"，学生纷纷走近老师，她的教育教学收到"随风潜入夜，润物细无声"的效果。

针对多数学生之前很少学习英语，到了高中26个英文字母还不会读写的情况，冯登为等英语老师采取了一套行之有效的教学方法，即读—记—练。冯老师从最基本的英语字母开始，充分刺激学生的口、耳、眼等感觉器官，让学生大声读出来，让学生练习相互对话，然后默写巩固，直至记在心里，大大激发了学生学习的兴趣和信心。张悦老师则对提高学生的英语学习水平进行了大胆的创新，增加对学生朗读的训练，以提高学生的口语表达能力，还创新性地开展"以培养英语广播员为目的"的校园文化活动。

王贺老师及时调整思路，把天津教学工作中的经验和方法加以调整运用于新的教学环境，降低难度要求，把重要知识点细化，规范做题步骤直到每一步的加减运算，引导学生大胆尝试等。同时，王老师对学生进行思想教育，及时表扬学生的点滴成绩，帮助学生树立信心，及时指出学生在学习中的不良习惯和错误方法，甚至对待生活和人生的错误态度，让学生在成长的关键时期能够正确把握自己。

化学老师刘建驹为了推动化学教学生动活泼地开展，坚持"低起点、密台阶"的策略，以基础知识为根本，进行了"你讲我听、你写我做"的教学尝试，将课堂还给学生，收到了事半功倍的效果。马宝臣老师根据学生的实际情况，自制学案，精心制作PPT，利用多媒体全力打造开放、和谐、高效的课堂，让学生在轻松、愉快的氛围中学习数学。为了增强教学效果，马老师还特别重视形成性评价在数学教学中的运用，及时鼓励学生，尽力让不同层次的学生体会到数学学习的快乐，树立学习数学的信心。

窦春波、国军、张丽波等老师则采取了激励性教学策略，根据学生的上课表现及学习效果选出学习小组长，对全班学生进行分组，每位组长对4~5名组员进行学习带动，组与组之间形成竞争，然后给予完成任务较好的小组适当物质奖励。教师总揽全局，注意听取学生的意见，及时掌握学生的学习情况，并有目的地对学生进行点拨指导。激励性教学策略很好地培养了学生自主学习的意识和习惯。政治老师朱虹为了提高学生的主动性，开展"男、女双方比赛计分法"互助教学活动，课堂上鼓励学生开口说话，只要回答问题就给予奖励，并制订比赛规则。经过一段时间的尝试，学生渐入佳境，从最初的硬着头皮参与到后来争先恐后抢答，政治课堂上形成你追我赶的良好氛围。

生物老师冯郁、数学老师陈维胜、化学老师关长通、国军等为了解决学生对学科专业术语理解的困难，采取低起点、小步子、勤练习、快反馈的教学策略，坚持自己编写学习提纲，根据"导、学、讲、练、评"五个环节教学模式有效组织教学。为了帮助学生克服语言障碍，教师采取放慢语速、使用短句、多次重复、延长停顿时间等办法，同时充分利用多媒体教学手段，辅以动画、视频等形式帮助学生消化理解概念，收到了事半功倍的效果。

为了增强课堂教学效果，韩健、齐熹、马宝臣、焦健、邢楠、白连波、陈维胜、王丹、秦雪梅、穆恒等老师立足于藏区生活、文化、风俗及学生的学习习惯，就地取材，从贴近教材、贴近学生、贴近生活出发，将西藏的文化特色和现实生活融入学科教学情境，提炼出适合学生的教学内容，促进了学生对知识的领会和掌握。董根元、董海涛、关长通、邱志明、苏兴、刘艳春、张朋、苗雨、暴亭硕、秦德强等化学老师则按照"课前选择生活主题—课上解决生活问题—课后研究生活范例"的步骤广泛开展生活化教学，让学习与生活密切联系，努力使每一节化学课成为"师生人生中一段重要的生命经历"，使教学在无声处有慧、无痕处有情、无语处有爱。

学校实验室的器材老化严重，完好率偏低，能使用的太少。焦健、杜晨光、韩玉楷、王竹强等老师取材于身边的材料，动手自制教具，如利用篮球制作地球仪、用书本纸张构造地形、利用手电和废塑料瓶模拟昼夜更替等。物理老师闫国权、郭国仓、陈鹤、刘建军、郑德鑫、程广等自制水流星、挂衣钩、喷水梳、潜望镜、水位报警器等实验仪器，既丰富了实验教学资源，增强了演示实验内容的亲近感，又激发了学生的学习兴趣，提高了学生的动手能力和学科素养。

来自少数民族地区的周立男老师对藏区学生的语言障碍感同身受。为了提高教学的有效性、针对性，周老师创新提出"双我教学法"。备课时周老师为自己设置两个角度：一是站在援藏教师的角度备内容，二是站在当地学生的角度备教法。她时刻想着怎么用学生能够理解的、言简意赅的汉语表达，并突破教学内容的重、难点。经过长期的实践，该方法取得了令人意想不到的效果。秦雪梅老师为了了解西藏高考数学考查的内容与难度，使教学更有针对性，做了近五年的全国高考全部数学二卷，同时大胆取舍教材，构建适合二高学生的认知体系，并积极与学生沟通，留心观察了解他们对知识掌握的程度，做到以学生为学习的主体，因材施教，取得了良好效果。

针对当地学生学习基础差，语言表达存在一定障碍的实际情况，张汉泉老师创造性地开发使用了"五指反馈法"，通过问卷星等方式适时了解学生现有知识水平，监测学生的最近发展区，灵活地调整教学的进度，组织更高效的教学，受到了师生的交口称赞。郭国仓、董海涛等老师坚持教师为主导、学生为主体、训练为主线的教学理念，坚持把课堂还给学生，讲练结合，通过练习反馈巩固所学知识点。郭国仓老师为了提高学生学习物理的兴趣，采用了"表现性教学方法"，努力调动学生的积极性，让学生在愉悦的氛围中学到知识、提高能力。

牛建国老师为了尽快与学生打成一片，到昌都仅用三天时间就记住了所任教班级全部学生的姓名，并对号入座。在教学过程中，牛老师发现学生在学习上缺乏条理，下发的讲义资料、随堂练习、笔记和作业经常被学生弄丢。针对这一现象，牛老师每周拿出时间帮助学生整理学习资料，归好类并用订书器订起来，以帮助学生养成整理的学习习惯。同时，牛老师借机狠抓学生的习惯养成，引导学生制订学习计划，培养课前预习、课上专心听讲、举手答问、独立完成作业、规范答题、有错必纠等习惯，获得了学生的信任。

多数学生形象思维能力强，抽象思维能力弱。他们对概念常常从字面上记忆，不能完整地描述和理解；对于公式，不知用来解决什么问题；对于具体问题，正用公式、定理还可以，逆向思维、变换角度思考相对欠缺，习惯"由因导果"。针对这一情况，郑德鑫、滕文卿、邢楠、赵延华等老师在教学中坚持使用导学案教学，结合二高学生的实际学情，不断地编写和修改每一节的学案

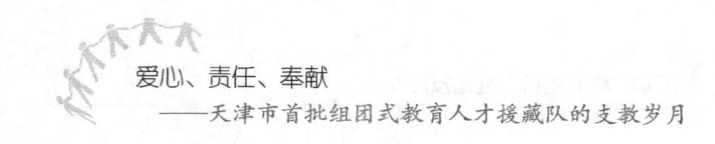

爱心、责任、奉献
——天津市首批组团式教育人才援藏队的支教岁月

以满足学生的需求；大胆采用分层教学的方法，分层次要求、分层次教学，尽量让不同层次的学生得到发展，帮助学生树立学习信心，以达到教学最优化。

针对学生层次不齐的情况，邢楠等老师改变整体推进的教学方式，采取分类指导、分层评价的教学模式，根据每个学生的特点进行有针对性的辅导。一是由成绩好的学生负责组建学习小组，在小组内开展学习辅导，落实"以生帮生"；二是教师利用课余时间对听不懂汉语的学生进行单独辅导，采取逐步推进的方式帮学生逐步提高。张倩老师则独辟蹊径，教学中有意放慢节奏、不赶进度，让学生用静下心来看书代替大声朗读、用独自描述概念代替齐声回答、用单独上台演算代替集中检测，利用教具帮助学生及时理解概念，删掉过难、过繁的知识点和习题使学生掌握知识主干，让学生独自演算、及时练习和反馈，践行"以学促教"，收到良好的效果。

王凯歌摒弃"唯分数至上"的做法，坚持遵从教育的初衷以提高学生的数学素养，面向全体学生，充分重视学生的主体地位，立足于学生能力的培养，从基本的四则运算学起，逐步拓展学生的思维。翁大为老师在教学中积极探索培养学生语文核心素养的途径，着重从语言、思维、审美、文化等四个维度培养学生的能力，重点尝试对学生思维能力的培养。教学中，翁老师不唯进度、结构、内容论，抓住契机，用充足的时间引导学生思考问题、拓展思维、培养能力，同时注重培养学生的阅读兴趣，给学生提供阅读书目，每周专门拿出一节课作为阅读课，让学生在阅读中开阔视野、增长见识、拓宽思路。

历史老师王雷认为，历史课堂不仅讲历史知识，更要讲人生、理想。王老师兼具历史老师和精神传递者两种身份，不仅传播知识智慧，而且传递精神、信念、真理、道德品质和正能量。王老师时常借历史知识为学生做励志演讲和心灵按摩，引导学生明理、立志、勤学、成才，鼓励学生遇到困难也要坚持坚强。历史老师孟祥龙则结合学科知识特点，通过言传身教帮助学生养成良好的行为习惯，引导学生树立正确的世界观、人生观、价值观，帮助学生更好地理解"四讲四爱"的内涵，引导学生更清楚地认识到加强民族团结的重要性。

董根元、朱虹等老师深刻认识到人文素养对学生综合素质提高的重要性,坚持以立德树人为导向,注重教书育人、德育渗透。从进藏的第一天起,两位老师就高度重视师德修养,努力树立师表形象,坚持课下与学生接触,通过"言传""身教"向学生渗透思想道德教育,并以规范的言行、良好的师表形象影响、感染学生。在平时的教育教学中,他们抓住一切机会对学生开展爱国主义教育,激发学生的爱国情怀,让他们珍惜学习机会、把握青春年华、刻苦学习文化知识。

地理老师韩玉楷站在促进民族团结的高度,将学科知识与民族教育素材紧密结合,给学生介绍不同民族的特色、人口分布、风土人情、地域文化,让学生了解各个民族,及时对学生进行民族教育,使他们认识到各族人民大团结的现实意义和重要性。王竹强老师则充分利用地理学科的特点,对学生进行环境保护教育,培养学生环保意识的同时,让学生了解国家的可持续发展,激发学生的爱国情感,增强学生的社会责任感。

李项林老师严抓课堂教学,跟进课后辅导。为了上好写作课,李老师大胆开展"思维导图"教学,培养学生的发散思维。针对文体不明问题,强化文体训练,明特征、辨文体;针对文章思想不突出的问题,强化审题立意训练;针对写作缺乏思路的问题,强化编写提纲训练;针对材料缺乏、内容干瘪的问题,引导学生加大阅读量、积累素材。通过构建"知识树"、让文字与图像互换,对学生产生了极大的视觉冲击,较好地训练了学生的写作能力。

夏德源老师在语文教学上构建卓有成效的"3三6一六"教学体系。"3三",即生本、文本、读本三种理念,科代表、大组长、主持人三级组织结构,一本《现代汉语词典》、一本《成语词典》、一本爱不释手的经典著作三本书。"6一",即每天板书一条名言警句,每周一次读书报告会,每位学生每月上交一本书参与互换,每周批改学生周记一次,每周一节作文课,每周作文讲评一次。"六",即任命6位语文单项负责人——读书报告会主持人、同步训练负责人、试卷负责人、朗读小组负责人、练字小组负责人、名言警句负责人,他们从不同的角度积极协助老师开展语文教学工作，推动学生广泛深入地参与教学活动，很好地发挥学生的主体作用，促进学生快速成长。

第八节　德育工作

一、督导德育

（一）政教处工作

在工作中，简冬生主任坚持学校处处皆德育的理念，牵头制订政教处工作计划，指导各年级、班级制订学生德育工作计划和班主任工作计划；全面贯彻党的教育方针，通过学校各种宣传平台，结合社会主义核心价值观与每月的教育主题，积极开展学生的思想政治教育；建立完善相关教育管理制度及措施，负责各年级德育工作的指导管理及班主任队伍建设和培训工作；建立健全德育全员的考核及评估制度，负责对年级组长、班主任及政教处人员进行考核；负责安排年级会、班会主题，结合学校工作重点、教育主题开展德育工作和月主题教育活动；负责全面抓好学生文明行为习惯的养成教育工作，创造性地开展以"创建文明校园，争做文明学生""平安校园行"为主题的系列活动，做了"扣好人生第一粒扣子"等系列讲座；负责组织对学生的心理健康教育，面向广大学生积极开展心理健康教育活动及个别学生的教育辅导工作；负责学校教育与家庭教育、社会教育的联系协作工作，整合学校、社会和家庭的德育力量，形成教育合力；负责组建家长委员会，定期召开家委会听取建议，积极发挥学校法制教育辅导员的重要作用，对家长和学生进行法治安全、交通安全等教育；制定并落实学生宿舍管理的各项制度，维护学生宿舍的良好秩序和生活环境及各种设施，确保学生宿舍的安全有序。

（二）团委工作

崔帆主任坚持以党建带团建的工作思路，建立健全党建带团建工作机制，牵头制订校团委工作计划，建立完善团委相关教育管理制度，确保各项工作目标、任务与要求有效贯彻落实；规范发展新团员，加强团籍管理、建设工作，通过严格规范的程序选举组建新一届团委委员；定期组织团员进行思想政治学习和相关团务知识的培训，帮助团员坚定信念、明确努力方向；规范对各团支部工作的监督和考核，提升团支部的工作水平，充分发挥优秀学生的示范作用；建立校园广播台，创新广播内容，通过校园广播促进良好校风、学风的形成；扩大志愿者队伍，推进志愿者活动，组织开展了各类志愿者服务活动，让道德通过活动升华并内化为学生自觉的行为习惯；创新工作思路和举措，采取理论与实际相结合的方法，由团委老师提供思路和方案，学生干部具体负责活动的组织和落实，通过思想引领、行为指导提高学生的组织能力，引导学生把参与团工作的热情转化为服务同学的行动；开阔普法新思路，以各种活动为载体，寓思想教育于活动中，通过活动陶冶学生情操、培养学生习惯、提高学生素养，从而把学生引入正确的人生航道，提高学生综合素质的同时，也营造积极向上、健康和谐的校园氛围。

二、"四个结合"落实立德树人根本任务[1]

团队牢牢把握立德树人的根本任务，着力"四个结合"，强化教育引导和实践养成。

（一）与依法治教相结合，加强德育工作策略

学校扎实推进"七五"普法工作，通过讲座和完善的规章制度不断规范

---

[1] 昌都市教育局.昌都市"四六四"工程落实立德树人根本任务[EB/OL].（2017-11-30）[2022-07-10]. https://mp.weixin.qq.com/s/mrKp16FCPId5_OIhJIf_9Q.

教育教学行为，引导教职工遵纪守法、依法执教、廉洁从教。学校制定并落实法治副校长、法治辅导员工作制度，聘请公检法专业人士担任学校法治副校长和法治辅导员。学校邀请校外辅导员、法治副校长对学生开展"法律进校园"主题教育活动，将青少年法治宣传教育与道德教育有机结合，联系实际，用翔实、生动的案例告诫学生远离网吧、毒品、赌博等不良因素，进一步对青少年进行法治教育；与公民素质教育有机结合，指导学生提高自我控制及明辨是非的能力，增强学生的法治观念；与维护青少年权益有机结合，在遭遇不法侵害时，引导学生通过法律途径维护自己的合法权益，增强学生的安全防范意识；与社会治安综合治理实践活动有机结合，教育引导学生做一个学法、知法、守法、用法的好公民，增强学生自觉参与、群防群治的意识，营造综合治理氛围。

（二）与队伍建设相结合，打造过硬德育队伍

创新班主任选派和管理机制，调动班主任的积极性，吸引更多优秀的教师从事班主任工作；充分发挥党员的先锋模范作用和党组织的战斗堡垒作用，广泛开展"五比一创"年级组帮扶活动，基层党组织的战斗力、号召力和凝聚力明显提升，优秀党员教师纷纷主动承担德育工作，形成党建与德育高度契合的良好局面；建立长效的业务学习机制和考核机制，把班主任假期集中培训、日常班主任例会和自学有机结合起来，不断提升班主任育人能力；持续评选"优秀班主任""十佳班主任""最美班主任"等，通过先进事迹的宣传打造一批有个性、有风格、有成就、在学校乃至全市小有名气的优秀班主任；积极推行学生自主化管理，把学生干部队伍建设作为德育部门的重要工作来抓，重视学生干部的选拔、培训，学习掌握个别生的教育和管理技巧等，培养他们自我约束、自我教育、自我管理的能力，然后卓有成效地开展学生服务工作。团队带头引领当地教师在教学中确定明确的德育目标，寓德育于学科教学，落实《中小学教师队伍管理暂行规定》，开展师德师风集中教育。教师队伍的稳定性和敬业度明显提高，德育工作队伍建设大大加强。

（三）与提高学校管理水平相结合，提升师生道德素质

团队注重把德育工作与校园文化建设相结合，坚持"发展有规划、建设有特色、管理有制度、文化有平台"的原则，突出文化育人、环境育人。学校持续开展"创建文明校园，争做文明学生"主题教育活动，倡导从言行举止到卫生习惯、从尊敬师长到孝敬父母、从学习态度到品德情操，人人做到"一个签名、一个承诺"，高标准要求自己，做一个合格的中学生、做一个乖巧的好儿女、做一个文明的二高人；持续开展"书香校园"读书活动，通过阅读涵养心灵、陶冶情操；坚持组织三好学生、文明学生、最美学生、行为规范示范生、优秀学生干部、学习标兵、学习进步之星、文体之星、社会实践积极分子、新时代好少年、美德少年、孝心少年等模范学生评选活动，充分发挥学生身边榜样的示范带动作用，引导学生学习身边榜样，崇德向善、见贤思齐，促进学生全面发展。

（四）与家庭、社会育人相结合，构建协同育人体系

团队认真贯彻落实《关于推进中小学生研学旅行的意见》，主动联系乡政府、派出所、村委会等成立校务委员会，广泛借助社会力量构建育人框架、参与德育建设。学校通过邀请有特长的家长到校讲学、邀请老前辈到校"忆苦思甜"、举办家长培训班等方式，积极构建"家长、学校、社区"三位一体的德育格局；广泛开展"三热爱三创建""三爱三美""热血青年爱国成才创业工程""一管四联三结"等主题实践活动，对学生进行文明礼仪教育、理想信念教育、道德情操教育，培养学生的高尚情操；积极探索和推进"互联网＋德育"的新方式，充分利用微信、QQ等沟通手段，发挥"互联网＋"的优势开展德育；定期发送家长信，及时提醒家长关注学生的饮食、心理、作息、情绪变化，积极营造良好的社会育人氛围。

爱心、责任、奉献
——天津市首批组团式教育人才援藏队的支教岁月

三、"七个举措"让学生受到良好的教育

（一）启迪学生的思想

好的教育触动心灵。学校坚持德育为先，结合学校的实际情况，倾力打造校园文化特色，充分利用"开学第一课"、主题班会、国旗下讲话、宣传栏、文化长廊等多种形式，广泛开展爱国主义教育、民族团结教育、感恩教育和"四观""两论"教育等；按时间节点布置每个月各班的主题黑板报，组织"西藏的过去与今天""中国梦和我""民族团结一家亲"等系列主题班会，通过多种形式启迪学生的思想。

（二）规范学生的行为

学校开展丰富多彩的讲座，如以"法治进校园，安全伴我行"为主题的系列安全讲座，邀请派出所所长和法治辅导员对学生进行法治安全、网络安全、防电信诈骗等方面的教育。讲座嘉宾结合具体案例进行讲解，联系昌都市未成年人教育面临的问题，分析青少年犯罪的心理性格特点，深入剖析违法犯罪给个人、家庭带来的巨大影响，要求大家增强法律意识，严格要求自己，学法、懂法、守法，学会用法律武器保护自己。学校举办防震演练、饮食健康、传染病预防等系列讲座，从不同的角度全方位规范学生行为的同时，提高学生的防范能力。

（三）开展心理健康教育

学生从初一就开始住校，远离父母，部分学生存在焦虑、自卑、恐惧等心理问题。针对这一情况，团队高度重视心理教育，积极为学生的成长成才保驾护航。学校建设完善心理辅导室，规范心理健康教育和个别生管理；建立新生入学心理档案，对全校学生进行筛查，并建立心理健康档案；设置心理信箱和心理热线，充分利用业余时间积极做好学生的心理调适工作，对存在心

理问题或心理障碍的学生进行耐心、科学的心理辅导；加强心理健康教育的宣传，大力开展心理健康教育活动，开设心理健康教育讲座，引导学生健康成长。

（四）丰富学生的课余生活

学校持续开展"书香校园"活动，倡导借书读书，推动学生在书籍的海洋中汲取营养、涵养性情；注重"第二课堂"建设，开设书法、音乐、美术、体育、棋牌等多种兴趣班；与藏族文化有机结合，融入校园生活，创编自己独特的校园舞蹈，创建具有藏区特色的校内博物馆和配套教材；建立校园广播站，开展丰富多彩的校园广播活动，促进良好校风、学风的形成；深入开展阳光体育和校园足球活动，推进高雅艺术进校园。文化艺术节从单纯的文艺活动到深入开展电脑打字比赛、叠被子比赛、实验操作比赛、内务整理比赛、书法比赛等，以活动为媒，促进学生发展。

（五）培养学生的好习惯

学校组织"创建文明校园、争做文明学生"活动，从文明礼貌、行为规范、卫生习惯三个方面对学生进行行为习惯养成教育。学生没有喝开水的习惯，援藏教师为他们买来水杯，坚持每天为学生打开水。援藏教师买来理发工具给学生理发、剪发。老师随身带针线，孩子的衣服破了就给他们缝补好；分拨组织学生轮流到教师宿舍洗澡；不定期检查学生的仪容仪表，帮助学生养成良好的习惯。

（六）陶冶学生情操

基于青年志愿者协会第二高级中学分会，学校组织安排志愿者赴特殊教育学校开展"爱心蓝精灵"慰问活动，为残疾儿童送去生活必需品、玩具，陪孩子做游戏、识数认字；组织学生到敬老院开展帮扶活动，陪老人聊天、打扫卫生、帮老人换洗衣物；赴独立营为官兵做"岁月静好，青春无殇"五四文化讲座；充分利用博物馆、纪念馆、军史馆、爱国主义教育基地、民族团结教育基地、文物古迹等资源，广泛开展民族团结宣传教育和进步创建活动。通过亲身参与系列活动，学生在实践中浸润、在体验中内化，丰富内心世界，陶冶情操，将品德教育真正内化为良好的道德行为。

（七）解除学生的后顾之忧

学校深入开展"三联三进一交友"暨党员结对帮扶活动。援藏教师自发地与贫困学生结对。大家在经济上帮助、学习上指导、思想上引领这些贫困生。一是与学生进行面对面的交谈、心贴心的交流，详细了解他们在生活、学习上所面临的主要困难和问题；二是制订切合实际的帮扶计划，持续给予学生帮助、关心和资助，并鼓励他们树立信心，克服一切困难努力学习；三是在资金、物质方面提供帮助的同时，对学生加强精神的关怀与心灵的慰藉，让这些孩子真正地感受到人生的美好和生活的温暖，激励他们安心学习、积极上进，长大之后报效祖国、建设家乡、回馈社会。

四、组织第三届校园文化艺术节

在援藏团队的协助下，经过校团委精心策划，主题为"亮艺术风采·显二高品位"的第三届校园文化艺术节于2016年11月21日正式开幕。本次艺术节以丰富多彩的形式展示二高师生的风采。

初一年级开展"小百灵"班级合唱比赛。学生以嘹亮动听的歌声唱出对祖国、家乡、亲人的浓浓真情。

初二年级开展"格桑梅朵"歌唱比赛。选手们身着藏装，载歌载舞，清脆的歌声唱出心中美好的向往，表达乐观向上的情愫。

高一年级开展"梦想未来"课本剧比赛。学生自编自导，将生活、学习、童话故事等融为一体编成剧本，通过不同角色的台词生动形象地表达对未来美好生活的期盼。

高二年级开展"爱祖国、爱家乡、爱学校"主题演讲比赛。学生通过充满激情的演讲歌颂对祖国的崇敬、对家乡的热爱、对学校的感恩、对先辈的敬仰，以及对自己美好未来的展望。

教科室组织全校师生参加"七彩阳光"书法绘画摄影作品展，不仅有教师的软笔书法作品、西藏风景摄影作品、藏区人物静物特写摄影作品，还包括学生的硬笔书法作品、藏文书法作品、静物绘画作品、人物素描作品等。这些作品从不同方面充分展示二高师生的艺术特长，着实为本次文化艺术节增光添彩。

本次艺术节的成功举办，既为师生展示个人才艺与风采搭建舞台，又为增进师生情感搭建良好的平台；既繁荣校园文化，营造求真、向善、臻美的校园文化艺术氛围，又培养师生的艺术欣赏能力和艺术表现能力。

五、组织第四届校园体育文化艺术节[1]

2017年11月8日，昌都二高隆重举行以"强健体魄·陶冶人生——唱响中国梦"为主题的第四届校园体育文化艺术节开幕式。昌都市教育局主要领导参加开幕式。

校园体育文化艺术节为期3天，举行学生田径运动会，美术、摄影、书法作品展、优秀作文展、演讲比赛、文艺汇演、优秀影视作品展播等活动，集竞技性、健身性、教育性、人文性、观赏性和娱乐性于一体，让广大师生感受浓厚的人文氛围。

---

[1] 昌都市教育局. 市第二高级中学第四届校园体育文化艺术节顺利开幕 [EB/OL]. （2017-11-08）[2022-07-10]. https://mp.weixin.qq.com/s/XkEH0TI-SLmfac5V8xtikw.

爱心、责任、奉献
——天津市首批组团式教育人才援藏队的支教岁月

六、开展志愿服务 ❶

为推动教育人才组团式援藏工作深入开展，不断丰富援藏内涵，天津组团式援藏团队将昌都二高于2012年成立的青年志愿服务小队扩充建设为昌都市青年志愿者协会昌都市第二高级中学分会，依托校内，辐射校外，围绕四条公益主线开展志愿服务活动，积极创建"全国首批中学生志愿服务示范学校"服务品牌，充分发挥示范带动作用。

（一）关注特殊群体，组织常态化服务活动

一是关注校内学优贫困生，协调为其捐赠、资助。昌都二高学生大多来自农牧民家庭，家庭困难的学生很多，尤其是初中学生更突出。天津援藏团队积极采取行动，多方协调联系，为二高贫困学生筹集衣物近300件，及时分发给他们。除物质关怀外，志愿者分会更关注学生成长，援藏教师与相关学校联系，为学生捐赠书籍近6000册，既充实学校图书馆藏书量，也给当地的孩子们送来丰富的精神食粮。

二是关注校外特殊学生，定期登门提供服务、帮助。志愿者分会自成立以来，定期安排志愿者（老师或学生）为昌都市特殊教育学校、昌都市第一福利院、昌都市第二福利院的残疾儿童或孤儿送温暖，长期开展"阳光周末""爱心蓝精灵"等活动，帮助他们整理内务、辅导功课，一起做游戏等。

三是助推昌都二高与"手拉手"学校天津市第三中学密切联系。在天津援藏团队的协调下，天津市第三中学在切实了解二高学生需求的基础上，组织发起学生"手拉手"义卖活动，并将义卖收入全部捐给二高初中部的11名品学兼优的学生。同时，两校还开展互赠手抄报、优秀学生志愿者网络书信交流、两城异地团支部视频同步重温入团誓词等活动，开辟援受双方学生联系互助的新路径，为共创民族团结和谐创造更多的契机。

---

❶ 昌都市教育局.天津组团式援藏团队坚持"四个关注"打造服务品牌 着力丰富援藏内涵[EB/OL].（2017-06-28）[2022-07-10]. https://mp.weixin.qq.com/s/NUuwbP4S7SzXJYS5UCXQFg.

（二）关注绿色环保，加强宣传教育活动

一是关注校内环保，增强学生的主人翁意识。天津援藏团队定期组织学生志愿者清理学校卫生死角，进行公益劳动，美化校园环境，增强学生的主人翁意识，为其他学生做好表率。志愿者分会利用每周一国旗下讲话，积极倡导"绿色环保，从我做起"，开展废弃电子产品回收行动，与上海"更绿中国"环保组织联系，建立环保活动宣传和鼓励机制。

二是拓展校外环保，发扬学生志愿服务精神。志愿者分会不定期带领师生走出校园，为社区、街道清理卫生死角，进行义务劳动。援藏教师和志愿者还组织并发起以"保护母亲河"为主题的义务植树活动。

（三）关注普法教育，创新法治宣传活动

一是关注校内普法，积极开展禁毒知识竞赛。天津援藏团队带动二高团委积极响应国家禁毒委员会、教育部、中国共产主义青年团中央委员会的号召，认真贯彻执行《关于组织开展 2016 年全国青少年禁毒知识竞赛活动的通知》精神，精心组织策划，开展禁毒知识讲座及一系列展览活动，并安排昌都二高学生积极参加网络禁毒知识竞赛在线答题，评选出答题优秀的学生给予奖励，增强学生的识毒、防毒、拒毒意识，调动青少年参与禁毒工作的积极性。

二是关注校外普法，精心策划组织昌都首部青少年模拟法庭剧。为改变以往校园普法教育单一的说教形式，志愿者分会教师组织策划一部青少年模拟法庭情景剧，精心挑选、编写符合学生实际生活的案例，并从学生志愿者中遴选出 16 名学生参演。活动得到昌都市中级人民法院的大力支持，在昌都市中级人民法院大法庭圆满完成"青春与法同行——昌都市首例'青少年模拟法庭'活动"的精彩汇报演出，并在西藏自治区电视台《新闻联播》中播出，为新形势下的普法教育打开新思路。

（四）关注文化传承，开展文化讲堂活动

一是利用重要时间节点，在校内开展文化主题教育传承活动。3月28日，志愿者分会面向全校组织开展以"忆苦思甜，感恩幸福生活"为主题的系列活动。援藏教师团队组织邀请当地的知名人士达娃扎巴村主任为学生讲述西藏往事，同时精心组织西藏图片对比展，让学生直观感受西藏的变化。为引导学生树立正确的人生观、价值观，培养其爱国精神，营造充满正能量的校园文化氛围；"五四"青年节时面向全校学生组织开展"五四爱国精神传承"主题讲座，传承和弘扬每一代青年都应具有的奋斗精神、爱国情怀。

二是带领教师志愿者开展校外文化讲堂公益讲座。志愿者分会自扩建以来，积极按照计划的四条主线开展各项公益服务活动，其中文化传承的主线活动亮点频频。在开展"五四爱国精神传承"主题讲座后，援藏教师受邀到部队做"五四"爱国主题系列活动公益演讲，鼓舞军队的士气，进一步激发士兵的爱国情怀。天津援藏团队会带领志愿者分会把文化传承主线的活动进行到底，全力打造服务品牌，"一带一路""孔子""长征"等一系列文化主题传承活动也在筹备。

第九节　欢送首批

一、不负使命站好最后一岗 ❶

天津首批组团式教育人才援藏队援藏以来，努力做到讲纪律、讲学习、讲实效、讲融合、讲奉献，在援藏工作交接之际仍坚持大胆行动、不负使命，站好在藏最后一岗，充分体现天津援藏精神。

---

❶ 昌都市教育局. 天津第一轮教育组团式援藏队不负使命站好在藏最后一岗 [EB/OL].（2018-01-03）[2022-07-10]. https://mp.weixin.qq.com/s/_V5yXj_mf4qeXFzJij2B8A.

（一）助推教学水平提高：不忘师初心，方得生未来

为全面提高昌都二高的教育教学水平，天津援藏团队创造性地开办二高青年教师专业技能发展学校，举办"做最好的自己""如何说课""漫谈有效课堂"等一系列高质量的专题讲座，鼓励受援校教师进一步解放思想，从学校实际出发，根据各学科特点，循序渐进，加快课堂教学改革的步伐，大力提升教育教学质量。天津援藏团队积极组织并参与昌都市第二高级中学2017年秋季学期现场备课教案展评活动，现场抽签确定课次、书写、密封装订，请校外专家评判，最终评出前6名，进一步提升二高教师的教学能力，推动各学科教学水平的提高。

（二）助推学校品牌建设：打铁自身硬，踏石方留痕

一是天津援藏队大力弘扬昌都二高的"爱心、责任、奉献"精神，积极围绕教育教学中心，将"抓党建、树师风、增内涵、促发展"的工作思路落到实处，扎实推进"五比一创"（比爱心、比责任、比奉献、比细节、比落实，创教育教学佳绩）活动，将其打造成二高的党建品牌。二是紧抓全国中学生志愿服务示范学校创办的绝好机遇，扩建二高原有的志愿服务小队，拓宽公益服务领域和平台，密切关注特殊群体，组织常态化服务活动；关注绿色环保，加强宣传教育活动；关注普法教育，创新普法宣传活动；关注文化传承，开办文化讲堂活动，围绕四条公益主线开展志愿服务活动。2017年12月15日，天津组团式援藏干部、昌都二高团委书记崔帆参加在石家庄组织的全国中学生志愿服务工作现场推进会，代表昌都二高接受全国中学生志愿者服务示范学校授牌。这意味着昌都二高成为昌都乃至西藏第一所获得全国中学生志愿服务示范学校称号的单位。三是积极协调促成中国人民银行昌都中心支行与昌都二高诚信文化教育示范基地合作协议签约仪式，并正式在昌都二高挂牌"昌都市诚信文化教育示范基地"，推动校园诚信文化的发展，树立学生的诚信意识。

（三）助推津昌持续交融：一次援藏行，一世津昌情

一是在昌都市天津组团式援藏教师欢送座谈会上，昌都市委、市政府领导给予天津援藏教师高度评价，指出天津市第一批组团式援藏管理干部和教师展示了天津教师良好的精神风貌，圆满完成组织交给的各项工作任务，具体工作体现出"四个有"（有担当、有作为、有包容、有收获）。二是天津援藏队在最后一个月仍坚持不忘使命、发挥作用，书写津昌情。天津组团式援藏管理干部牵头举办以"迈进新时代，唱响中国梦"为主题的学习、宣传、贯彻党的十九大精神活动，纪念"一二·九"学生爱国运动 82 周年歌咏比赛，借党的十九大胜利召开的契机，唱出报国志、民族情，唤醒有志青年的爱国之心，激励学生为中华崛起而奋斗，展示他们朝气蓬勃、奋发进取的精神风貌。

二、欢送座谈会[1]

2017 年 12 月 1 日，昌都市召开天津组团式援藏教师欢送座谈会，昌都市委、市政府领导出席会议并讲话，昌都市教育局领导及各科室负责人、天津市第一批组团式援藏教师参加座谈会。

昌都市委领导指出，天津市第一批组团式援藏管理干部和教师展示了天津教师良好的精神风貌，圆满完成组织交给的各项工作任务，具体工作体现出"四个有"：一是有担当，团队成员团结一心，和当地教师亲如一家，全力促进"三个融合"；二是有作为，援藏团队在短短一年半时间里充分发挥带管理、带班子、带教研作用，深入学校开展结对帮扶和蹲点式指导，主动开展各类培训，促进昌都二高教育教学质量大幅度提升，全力推动昌都教育实现"六个显著提升"；三是有包容，援藏教师积极响应党中央号召，克服高寒缺氧、远离亲人等重重困难，舍小家、顾大家，不远千里来援藏，用实际行动践行"老西藏精神"

---

[1] 昌都市教育局.昌都市召开天津组团式援藏教师欢送座谈会[EB/OL].（2017-12-03）[2022-07-08].
https://mp.weixin.qq.com/s/z-THVVRB2Iy_1SYSdsYhJA.

和"两路"精神；四是有收获，援藏团队得到昌都各级组织的关心，这会成为一笔宝贵的人生财富，激励援藏教师加倍努力做好教育工作。

昌都市领导对天津组团式援藏团队的工作给予高度评价，指出援藏教师与昌都人民同呼吸、共命运、心连心，付出辛勤劳动，谱写光辉篇章，体现出四个特点：一是把同事当朋友，安心援藏；二是把工作当事业，尽心援藏；三是把职务当责任，潜心援藏；四是把学习当需要，虚心援藏。同时，市领导指出援藏团队和教师无愧于党和人民的信任，无愧于天津市委、市政府和派出学校的重托，无愧于昌都各族干部群众的期盼，体现了援昌教师极高的思想境界和崇高的敬业精神：一是讲纪律，牢记使命、恪守职责；二是讲学习，互通有无、共同进步；三是讲工作，稳步推进、讲求实效；四是讲生活，和谐共处、亲如兄弟；五是讲梦想，亲近教育、力求奉献。

昌都市教育局领导、援藏教师、昌都二高部分教师和学生代表在座谈会上发言。

第十节　总结反思

两年来，按照教育部"建好一所学校、代管一所学校、示范一个地区"的总要求，天津组团式教育援藏队与昌都二高结对帮扶，在师资培训、教学交流、资源共享、科研教改等方面广泛开展"手拉手"帮扶活动，实施"青蓝工程"，促进援藏教师与当地教师的深入交流和共同成长，建立援助学校与受援学校共享优质教育资源、共同培育学生机制，大胆尝试联校模式，探索出组团式教育援藏的新思路。但是，团队在创造性开展工作方面做得不够，一些做法按部就班，没能聚焦"独树一帜"；对昌都基础教育工作调研不够、认识不到位，没有充分考虑昌都教育工作实际，指导工作开展的具体措施有待进一步完善。团队工作存在的问题有以下方面。

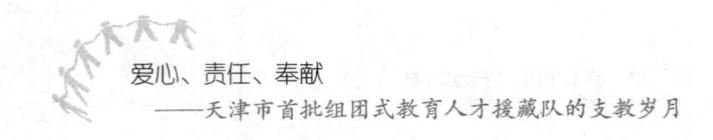

一、增进交流交融

援藏教师来自不同区的学校，年龄跨度较大，对援藏工作的重要性认识也参差不齐，对当地情况的了解、认识不同。津藏两地在教育理念、教育方法上也存在较大差异，两地教师在处理问题的方式方法上存在不同，还需要更多交流，尤其要重视援藏教师与当地教师的交流交融。

二、援藏教师的培训工作

团队关注当地教师的培训，但对援藏教师的培训偏少。在"教什么"与"怎么教"上，少数援藏教师的教学与以前没有明显区别；在学生主动探究、自主发展上，少数援藏教师与以往相比没有明显改变，因此其教学效果不够理想。分析原因发现，他们理论有余，实践不足；专业有余，管理不足；苦干有余，巧干不足。教师个人较高的专业素养与学生自身的基础之间存在较大的差距；教师过分强调课本与课堂，与学生的生活、接受能力脱节，埋头苦干但没有更好的收获。针对这些问题，团队应加强对援藏教师的培训和引导，进一步增强其质量意识，切实调整教学方法。

三、开展的工作更应该关注"落地"

团队对教育教学常规管理提出了很多硬性要求，建立健全《昌都市第二高级中学制度手册》，这些制度是教职工行动的准则和依据，一方面鼓励大家遵守纪律、干好工作，另一方面也制约教职工的行为，但一些制度在落实中还存在抓地不严、落地不实等问题。比如，在结对帮扶工作中，有方案、措施、考核细则，但有个别被帮扶对象的积极性、主动性还不够。少数援藏教师直接把自己的教学经验用于二高课堂，教学存在不接地气的情况。当地教育发展水平比较落后，教育方法也较简单，天津的先进理念在藏区落地需要一个潜移默化的过程。援藏需要考虑当地教育的实际情况，创造性地开展工作。

四、注重"输血"，"造血"不足

由于藏区基础差、底子薄，特别是二高学生大多来自农牧区，师生受传统观念影响较大，多数家长对教育认识不足。在二高开展教育援藏工作，效果并非预想中那样一蹴而就，组团教育援藏工作任重而道远。仔细思考，一方面，只有进一步提高思想认识、政治站位，切实增强做好组团式教育援藏工作的责任感和紧迫感，坚持不懈、持之以恒、全力以赴，全面提升二高的教育教学质量和管理水平，才能让二高实现"质"的飞跃，才能扎实办好"家门口的西藏班"，使西藏各族群众的教育获得感进一步增强、教育服务经济社会发展的能力进一步提升。另一方面，只有全面提升藏区教师的教育教学水平和能力，才能为当地打造一支"带不走"的教师队伍，对藏区的教育发展持续发挥作用。因此，在充分发挥援藏教师带动作用的同时，注重援藏"造血"功能的发挥，改"单一援助"为"双向交流"，坚持"请进来"与"走出去"相结合，组织天津教育领域专家援藏的同时，积极组织二高骨干教师"走出去"，让他们亲身感受、了解天津教育，增强自身发展动力，着力夯实昌都教育发展基础。为此，我们制订第二轮援藏工作计划。

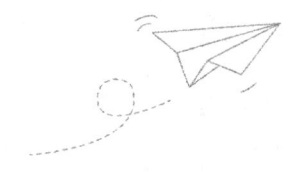

第三章

升级加力　着眼长远

第一节　迎来二轮，深化援藏

对于新一轮援藏工作，天津组团式教育人才援藏团队在总结第一轮援藏工作的基础上，深入贯彻落实党的十九大精神，牢固树立"帮扶更有效、对接更精准、交融更深入"的思想，坚持"帮在自信上、扶在赋能中"的理念，健全援藏体制机制，从大处着眼、细微入手，以创办西藏自治区示范高中为契机，找准援藏工作方向，以着力提升高中教育质量为核心，理思路、定措施、建机制、抓落实，集中更多的时间和精力研究如何提高受援地的"造血"功能，以切实提高受援地的自我发展、自我积累能力。

一、第二轮援藏计划❶

（一）抓站位，构建援藏工作新格局

团队全面贯彻落实教育部、国家发展和改革委员会、财政部、人力资源和社会保障部《"组团式"教育人才援藏工作实施方案》和西藏自治区党委、政府《关于深入扎实推进组团式援藏工作的实施意见》，坚持把教育人才组团式援藏作为一项重大的政治任务，认真落实西藏自治区教育厅《关于进一步推进教育人才组团式援藏工作的"十条具体意见"》的具体措施，制订工作台账，落实"按周向昌都市教育局提交工作反馈，按月向天津市援藏前方指挥部提交工作小结，按季度向天津市教育委员会、西藏自治区教育厅提交工作汇报，按学期向天津市委组织部提交详细总结"的信息报送机制，形成全方位、多层次、立体式援藏工作新格局，确保工作高效有序推进。

（二）抓方法，明确援藏工作新思路

创新工作方法，努力提高学校教育教学质量，让当地学生享受优质的教育

---

❶ 昌都市教育局.昌都市组团式教育人才援藏工作成效明显[EB/OL].（2018-05-03）[2022-07-08]. https://mp.weixin.qq.com/s/XgEVF2IV7z7Gar4fPMqZgg.

资源。一是围绕三个目标，即深化教学改革，实现教育质量大提升；深入推进"传帮带"，实现师资队伍能力大提升；健全制度，实现规范管理水平大提升。二是建强校本培训网络。扎实推进援藏教师和当地教师结对帮扶，健全学校、教研组、备课组三级培训机制；借助"二高大讲堂"开展专题讲座，形成校本培训"一校一品牌"。三是深入开展知识技能比赛、说课比赛、评优评先等各类活动，通过教师教学技能大练兵活动，组织示范课、公开课和专题讲座，带动昌都市教学水平提升。四是继续深入开展"1358"工程，完善教师培养培训规划和青年教师成长计划，充分利用青年教师专业发展学校进行集中培训，强化对新分新调教师的课堂教学指导。五是积极搭建桥梁，助推交流合作，推动天津市各学校与昌都二高建立"手拉手结对"关系，通过跟岗学习、教研观摩、教学研讨、师生互访等方式，扎实推进办学互动。六是积极践行改革，开创教研新局面，创新教改新模式，有效促进援藏教师和当地教师的深度融合。

（三）抓队伍，激发援藏工作新活力

团队按照"建好一所学校、代管一所学校、示范一个地区"要求，从深化教育教学改革、健全激励保障机制、严格管理考核、强化投入保障、关心关爱教育人才等方面健全机制，形成合力；制定组团式援藏教师管理办法、组团式援藏教师安全责任制度、组团式援藏教师纪律管理条例、组团式援藏教师期满考核制度等，确保各项工作有章可循；坚持压担子、搭台子、结对子、树样子相结合，将因岗设人和因才设岗相结合，合理安排专任教师和管理人员岗位，确保人尽其才；围绕讲纪律、讲学习、讲工作、讲生活、谈梦想等主题，发挥援藏党支部作用，每周召开援藏教师工作例会和支部会议，激发其工作新活力。

（四）抓管理，促进援藏工作新规范

团队继续把援藏教师充实到各岗位，促进受援学校教学管理走向规范化、科学化。援藏校长直接参与学校重大事项的研究和决策；其他援藏管理人员负责对学校的直接管理；优秀援藏教师担任教研组、备课组组长，负责教学管理；有经验的教师担任班主任，负责班级管理。结合实际，学校大力推广天津的先进管理经验，提升整体管理水平；继续深入开展"五比一创"活动，突出党建引领援藏工作新特色。

（五）抓示范，引领援藏工作新实践

一是通过展示课、辅导青年教师上汇报课、辅助优秀教师上示范课等方式凸显校本示范作用，推动二高教师的课堂教学水平明显提高。二是通过组织备课、开展大教研和同课异构、课题研究、指导撰写论文等方式凸显教研示范作用，推动二高办学效益明显提升。三是通过参加蹲点视导、送教下乡、区域讲座等方式把脉教育问题，凸显示范作用。

（六）抓交接，确保援藏工作新发展

按照压茬轮换、无缝对接要求，依据《关于做好教育人才组团式援藏教师及管理干部轮换考核工作通知》精神，团队与二高一起对期满援藏教师开展考核，编制援藏教师教学交接表，要求期满教师认真填写并转交给轮换教师，帮助第二批援藏教师了解校情、班情和学情，尽快进入角色。

（七）聚焦重点，精准发力

学校梳理重点工作，如建校30周年校庆、自治区示范校验收、自治区校本研修示范校验收、国家创文创卫城市验收等，牢牢把握重点工作的时间节点，提高援藏工作效率。团队紧抓天津市委、市政府党政领导班子视察援藏工作的契机，聚焦重点，凝心聚力，推动组团式援藏工作向纵深发展，努力开创组团式教育援藏工作新局面。

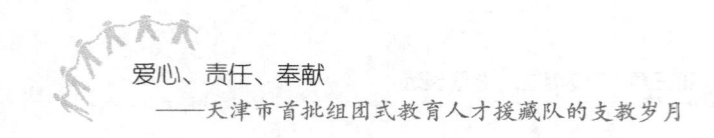

（八）建立联盟，共享资源

在建立二高、四高教研科研联合体的基础上，团队总结经验，建议推动成立高中学校发展联盟，推动学校走出自我封闭的老路，融合各校的教育优势，搭建联盟学校共同发展、齐头并进的教育平台，在校与校之间建立加强交流与协作的长效工作机制。通过联盟，各联盟学校在交流与协作中实现资源共享、优势互补、取长补短、共同发展。

（九）辐射区域，整体提升

团队深入开展结对认亲工作，加大帮扶力度，扩大送教下乡规模，将示范引领作用覆盖整个昌都，提升区域的整体办学实力，促进民族大团结。学校通过开放日、30周年校庆、示范校展示等多种形式，邀请周边学校来参观、交流，切实感受二高日新月异的变化，学习天津援藏队先进的办学理念、严谨的学校管理和研究精神，以提升自己的办学水平。

（十）搭建桥梁，创新援藏

深化津藏学校共享优质教育资源常态化机制建设，团队继续主动发挥桥梁纽带作用，积极协调联系优质学校与二高结成"友好校"，从强化校际教师的交流学习、校际网络交流及开展教科研合作等方面深入开展"手拉手"结对帮扶活动，以开创援藏工作新模式，深化教育援藏工作新内涵，拓宽组团式教育援藏工作新渠道，更好地帮助二高提升整体办学水平。

二、创新举措，凝心聚力

为了更好地开展援藏工作，让团队精力更集中、目标更突出、管理更精细，推动援藏计划落实、落细、落地，团队经反复调研商议，创新采取系列措施，不断提高工作的创新性和执行力。

（一）摸清底数，精准选人

随着学生要求上学的呼声越来越高，新生人数比计划招生数多，但二高教师缺40多人，主要是教师队伍结构性短缺问题突出，需要进一步增加教师和教室。针对这一情况，在申请7位教师延期、1位干部因工作需要提前离藏的基础上，团队精准援教，配合市教委按需选派了1位新干部、38位新教师。第二批50人团队中，男教师39位、占78%，女教师11位、占22%，中共党员26人、占52%，平均年龄39岁，平均教龄16年，中学高级教师11位、占22%，中级教师39位、占78%，全部为本科及以上学历，各学科教师中，数学教师10人、物理教师10人、语文教师7人、化学教师6人、地理教师5人、英语教师3人、政治教师3人、生物教师3人、历史教师3人。

根据工作需要，团队中执教高中的有46人，执教初中的有2人。河东区刘昱含担任班主任，红桥区刘娟、北辰区李益彩、宝坻区朱俊、武清区秦德强、河北区苏兴、河北区张超、河东区刘昱含、西青区邵俊辉、河西区冯郁等担任备课组长。

（二）培训前置，统一思想

在总结首轮援藏工作的基础上，按照压茬交接的要求，为保证前后两批援藏教师能够充分沟通交流，做到人才不断档、工作有衔接、经验可传承，2018年3月，在天津师范大学会议室，团队专门对第二批援藏教师进行入藏前培训。天津市教委领导、人事处负责人出席会议，并做重要讲话。

培训会上，紧紧围绕组团和精准两个基本点，我进一步梳理相关配套政策，明确权责关系，确保政策落地生根，进行关于西藏文化、风俗及教情等全面培训。我介绍了昌都的地理、气候、文化、风俗，介绍受援校的具体情况及学生的语言基础、学习基础、思维习惯、行为特点；明确组团式教育援藏队的任务和职责；明确援藏教师的定位，援藏教师不是顶岗上课、补缺，援是为了建，为了开展教师队伍建设，在承担学科教学和班级管理任务的同时，指导开展教研、培训和教学改革等工作；明确团队坚持以规范管理、完善程序和健全制度为保障，在分组管理、考勤管理等基础上，实施援藏期满考核办法，提出生活管理、考勤、请假、考评等工作要求。

杨贵祝副校长强调援藏教师的身份，指出团队通过多种途径加强内部融合，为当地做好行为示范；对交流交往进行提醒，明确只有深入了解，才能发挥好示范带动作用。市教委领导充分肯定第一批组团式教育援藏工作取得的成绩，同时站在讲政治、顾大局、促发展的高度，强调充分认识承担的神圣使命，明确德育比分数重要，爱党、爱国、爱家乡比分数重要；提出援藏工作的成绩不仅是教学出成绩，更要提高当地的"造血"功能，要为当地留下一支"带不走"的队伍；要求大家统一思想、提高认识、履行职责、踏实工作，并提出殷切的期望。

团队与每个人签订援藏干部人才安全责任书。责任书在明确"十点"要求的同时，增加"责任追究"内容，旨在统一思想，加强援藏干部人才队伍的安全管理。责任追究内容包括各工作组组长要切实履行安全第一责任人的职责，实行安全检查日志制度，定期检查和不定期抽查责任书落实情况，发现问题及时处理、报告；各援藏干部人才要履行自我监督职责，严格执行纪律要求，敬畏高原、珍惜生命，维护天津援藏队的整体形象；对违反纪律规定的援藏干部教师，按程序报请相关部门追究责任。援派干部教师及时完成轮换工作交接。

（三）深化党建，强化站位

团队以贯彻落实党的十九大精神为契机，严抓基层党组织标准化建设，组织贯彻落实《昌都市关于开展基层党组织标准化建设的实施方案》；积极组织党风廉政建设暨反腐败工作专题会议，组织党员教师层层签订履行党风廉政建设目标责任书；着力落实师德师风建设，组织全体援藏教师听政治纪律教育专题辅导报告，通过多种途径强化党员在思想上进一步绷紧讲政治的"弦"，行为上进一步校对讲政治的"标",坚定信念,以案为戒,吸取经验,继续奋斗,勉励大家"以德立身、以能促行",并要求撰写学习体会。团队除坚持集中学习、参加学校组织的学习外,坚持在"学习强国"平台上学习,通过全面学习习近平总书记关于改革发展稳定、内政外交国防、治党治国治军的重要论述,了解国际国内大事、时事要闻,提高自己的思想水平和党性修养。通过系列举措,团队推动教师进一步明确讲政治的"责",强化责任担当,以"天津援藏教师形象"为标杆,进而带动全体教师爱岗敬业、严谨治学、廉洁从教、为人师表。

（四）规范管理,行为示范

在团队管理上,我带领大家明确职责、分工合作,继续分小组管理,建立问题定期反馈机制。每周五,各组长将收集的小组问题反馈给我,我召集管理干部协商解决,确保每位援藏教师都能安心地开展工作。团队制订天津组团式教育人才援藏管理办法、天津市组团式援藏教师评优评先方案,通过管理和考核激发团队活力,使团队成员各尽其责,充分发挥自身作用;坚持中心组学习、"三会一课"、集中学习等常态化学习制度;制订半年学习计划,利用周末时间组织援藏教师进行专题理论和优秀人物先进事迹的学习,通过团队内外优秀教师的榜样引领,在全体援藏教师中开展"学先进典型,比党性、比作风、比业绩"竞赛活动,号召大家立足本职,强力推进援藏工作任务落实;进一步加大宣传工作力度。孙金专、李项林等担任团队信息专员,深入挖掘援藏教师的事迹及时宣传报道,给当地教师以示范引领。

（五）打造团队文化,形成合力

我们通过举办各种活动、召开座谈会、学习交流等方式促进援藏教师的团结与合作,打造教师认同的团队文化,建设务实进取的团队,铸就拼搏奉献的师魂。团队中的一个典型代表翁大为老师坚持读书,援藏期间共读书50余本,撰写随笔日记2万余字、读书体会2.7万余字、下水文5000余字,做阅读

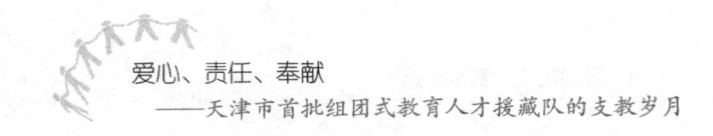

笔记 1.4 万余字，创作诗词 20 余首，通过自己的阅读、写作、交流与分享，丰富团队的业余生活，提升教师的思想境界。团队加大宣传力度、拓宽宣传渠道，及时宣传援藏教师的感人事迹，凝心聚力，不断提高团队战斗力，积极营造支持援藏工作的良好氛围。尤其需要提到的是，团队的孙金专、李项林等老师作为专职宣传员，为及时宣传天津援藏团队的人和事做了大量工作。孙金专于 2018 年 3 月来到昌都二高，自觉发挥摄影和写作能力，在大鱼号自媒体平台"高考的小鱼"上发稿，累计义务为援藏团队撰写文章 60 余篇，为团队的发展和建设默默地贡献自己的力量。孙金专的许多文章和图片还被天津援藏、藏东教育、青春昌都等公众号和其他媒体引用转发，他为团队的宣传工作做出了突出贡献。

三、领导莅临，推动援藏工作

2018 年 7 月，天津市党政代表团赴西藏考察对口支援工作。在考察期间，天津市领导强调：天津要在习近平新时代中国特色社会主义思想的指引下，增强"四个意识"，坚决履行党中央赋予的神圣职责，紧密结合新阶段西藏发展的新需求，科学把握"供血"与"造血"等关系，创新援藏思路举措，助推当地实现新发展；要坚持升级加力，加大援藏资金、项目投入力度；要坚持"多层全覆盖、有限无限相结合"，构建市、区、街道（乡镇）全方位援藏对接机制，用好有限的财政资金，想方设法联系企业等社会力量积极参与；要坚持精准扶贫、精准脱贫，聚焦农牧民增收和生活改善，坚持扶志与扶智相结合，发挥天津支教优势，做好教育、文化、医疗援藏；要坚持以提升当地生产力水平为目标，结合西藏的生态优势和天津的港口、智能制造等优势推动产业发展；要坚持交流、交往、交融，注重心与心的沟通，增进津藏人民的情谊，推进津藏深入交流合作。同时，天津市领导专门强调教育援藏的重要性，旨在提高当地教师的素质和能力，对组团式援藏工作进一步明确方向，推动团队更长远、更深入地思考援藏工作。团队决定结合实际推动顶层设计在实践中落实、落地、落细，以无限的热情和感恩之心继往开来、拥抱新时代。

团队认真落实天津市领导"升级加力、多层全覆盖、有限无限相结合"的工作要求及"前方工作队要做政治工作队、教育工作队和习近平新时代中国特色社会主义思想宣传队"的重要批示精神，扎实做好习近平新时代中国特色社会主义思想的学习宣传贯彻工作，立足教育实际，注重将教育特色转化为教育教学研究成果，践行新思想。

团队一致表示，继续以逢山开路、遇水架桥的开拓精神，撸起袖子加油干，进一步修身律己，展现援藏人的责任担当，用心、用情、用力推进组团式教育援藏工作，用"办好人民满意的教育"的实际成效让当地人民知道"惠从何来、恩向谁报"，用实际行动引导学生"感党恩、听党话、跟党走"。团队以天津市领导结对认亲为榜样引领，深入开展"爱心捐赠""送教下乡""三联系、三进入、一交友""结对认亲"等活动，在奋斗中实现新作为。

第二节 有特色的艺体教育

一、明确办学主旨

学校拥有音乐和美术专用教室、琴房、画室、练功房和运动场等专业设施，具备较好的音乐、美术艺术专业和体育教学的设施条件。学校成立合唱队、舞蹈队、美术课外活动组，开设音体美特长班，音体美教育长期积极开展。近30年来，学校先后被评为"全国学校艺术教育先进单位""全国群众体育先进集体""国家级青少年俱乐部""北京2008奥林匹克教育示范学校""贯彻《学校体育工作条例》优秀学校"等，积累了深厚的艺术、体育底蕴，打造了一支具有丰富的音体美教育教学经验的师资队伍，形成了一套音体美专业课教学卓有成效的课程计划方案和教学内容与方法，为实现音体美教育可持续发展提供重要保障。

爱心、责任、奉献
——天津市首批组团式教育人才援藏队的支教岁月

立足学校已有的优势，我们继续深入地将音美艺术教育和体育教育纳入课程体系和教育生活，通过校本选修课、活动课、研学活动及课外实践活动等多种渠道，对学生进行较系统的音美艺术课程教育和体育教育，旨在为学生全面而有个性地发展营造良好环境，培养具有良好的音美艺术素养或体育特长的"合格+特色"的高中生，促进素质教育的深入开展，明确艺体教育的办学特色。

由于音乐的主要特征是通过声音抒发人的情感，特别是情感态度，能拨动人的心弦、陶冶情操，使人产生联想，蕴含丰富多彩的美感。美术的主要特征是通过视觉直观形象地传达信息，包括作品外显的形式美、深层的意境美，也能使人产生美的情感。可见，音美艺术是一种较为自然的美育活动，都能增强人的审美感受力，而审美感受力的培养又能激发、提升审美能力。美育就是通过审美感受力的培养提升学生的审美能力，增强对美的情感体验。可见，艺术教育是实施美育的重要途径。艺术教育的深入开展为学校的美育工作奠定了良好的基础。

运动能让人的心灵充满阳光，也能改变体型使人健康。可见，体育不仅可以塑造内在的心灵美，还能塑造外在的体态美。运动中体现出的勇敢、坚韧、团结协作等品质和良好的心态也具有美的内涵；而体育比赛中的"友谊第一、比赛第二""团结起来、振兴中华""冲出亚洲、走向世界"等口号，也成为激励人们团结一心、奋发向上的宝贵精神财富。正是由于艺术和体育中均蕴含丰富的美，在明确艺体教育办学特色的基础上，我们积极设计美的课程、创造美的课堂、建设美的校园，促进美育与德育、智育、体育的有机结合，提高师生的审美和人文素养。

二、整体构建特色育人体系

团队遵循方向性、整体性、重内涵、重创建的原则，整体构建艺体教育特色育人体系，初步拟定学校的三年发展规划，明确未来三年要达到的主要目标和发展途径，提出实现目标需要优先解决的问题及办法、行动计划和措施。

（一）构建目标

学校坚持以立德树人为根本任务，将音体美教育全面系统地融入教育教学和校园生活，面向全体学生实施大美教育，使学生在完成中学学业的同时，形成美的品德、美的心灵、美的情操、美的人格，具有良好的艺术素养，成为智力因素与非智力因素和谐发展、适应现代社会发展需要的人才。

（二）构建内容

特色育人体系的内容包括特色班级建设、特色课程建设、特色学科建设、特色师资培养、特色模式探索、特色文化创造。

1. 特色班级建设

结合素质教育和高中课程改革的深入推进，学校在普通高中年级设立音体美特色教学班，相应地完善合唱队、舞蹈队、美术课外活动组、训练队的建设，配备相应的设施、开辟相应的场地，将理论学习与亲身实践充分结合，切实提高特色班级的办学质量。

2. 特色课程建设

学校发挥艺体学科的资源优势，构建以音乐、美术、体育为主的连续性、多层次的艺体教育特色课程体系，把艺术作为一种思维渗透到必修、选修课程的教学过程，多渠道开展音美艺术课程教学，在课程学习的过程中进一步完善课程的艺术品质，提升师生的艺术修养。每周的校本课程，每年的校园文化艺术节、体育节等活动，是特色课程建设的有效载体。

3. 特色学科建设

学校将美术、音乐、体育等特色学科创建工作纳入年度工作计划，作为全年教学工作中的一项重要任务，为特色学科创建工作提供思想保障；大刀阔斧地开展特色学科教学工作改革，完善特色学科建设评价机制，把二高打造成西藏自治区教学工作改革的"试验田"，探索形成自己的学科品牌。

4. 特色师资培养

学校加大对特色学科学术研究和教师培养经费的投入力度，加强对特色学科教师的培训，分批次协调特色学科教师和管理人员到天津市的学校学习；加大特色学科教师的引进力度，为特色学科创建工作提供坚实的人才保障；深化师资培训，通过制度建设、培训讲座、聚焦课堂、活动评比、师徒结对、论坛沙龙等多种形式，提升教师的艺术气质和修养。

5. 特色模式探索

学校提炼形成本土化的教学模式，激励教师形成自己的教学风格、教学特色、教育主张；积极探索与高等院校教育培养合作衔接的可行方式，为学生以后的学习发展和学校特色化、多样化办学更好地铺路架桥。

6. 特色文化创造

学校基于办学理念，全方位构建精神文化、制度文化、行为文化、环境文化，以特色项目、特色课程、特色班级为依托，从学科优势出发，由点及面地扩散到整体办学，形成独特的文化底色。

基于这一目标，学校全面推进和落实"构建一个体系"（艺体教育的特色育人体系）、"推进五个美建设"（美的教育、美的课堂、美的环境、美的生活、美的师生）的特色建设发展的总体格局。

（三）实施路径

学校将"五比一创""书香校园"和"青年教师专业发展培训学校"的特色品牌活动纳入近期和长期发展规划，以阶段性的措施让师生在校园的特色活动中共同成长；借助校园广播、国旗下讲话、全体会、年级会、班会等多渠道发动师生踊跃参与特色文化创建；坚持基础设施建设、环境美化、课程建设、课堂建设、师资培训等全方位同步创建的策略，利用校园广播和校园电视台积极宣传文化创建，通过校园艺术节、体育节等充分展示创建成果，利用西藏自治区示范校评估验收的契机以评促建，以评估引领促发展。

学校面向全体学生普及音体美教育，把艺体教育纳入教育的全过程。开齐开足艺术和体育课程，突出艺术学科与其他相关学科的有机融合；通过国家课程校本化和开发开设多类校本艺体选修课程，在各年级普及音美艺术和体育课程教育；将艺体教育有机融入学校文化生活，通过课外兴趣小组、学生艺术社团活动、各类艺术创作或竞赛活动，培养学生良好的审美情趣和文化艺术素养；建立毕业生艺体素养达标评价机制，使每个学生通过在校学习都能在艺体素养上具有一项兴趣爱好和能力特长，切实促进学生全面而有个性地发展，更好形成办学优势及育人特色；坚持师资培训与学校特色建设的科研工作相结合，以科研课题为引领，积极探索落实艺体教育的特色文化建设，开展艺体教育系列化实践与研究，以"艺体教育特色高中建设"为课题，确立总体目标，充分挖掘校本资源，分课题地进行特色班级建设、特色课程建设、特色师资培养、特色环境创造、特色模式探索、特色文化创造等方面的研究，积极探索科学规律、发展路径及有效的内容模式。

（四）做好规划

学校确定援藏工作"路线图"、绘好"时间表"、制定"任务书"、明确"责任人"，确保援藏成果可检验、可评估。

2017年，学校着手落实校舍墙体的美化工作，即校舍穿衣戴帽工程，积极筹备建立校园广播站，加强微机室、多媒体设备、录播室、图书室、阅览室、心理咨询室等建设，新增实验器材，完善实验室、校园网建设。

2018年上半年，学校重点完成校园主干道标志性文化建设和墙体文化及科技走廊建设，同时完成校园路面黑色沥青化建设，在原有基础上完善德育室、禁毒室等功能室建设；2018年下半年，主要完成各功能室文化建设，同时完成篮球场、足球场、塑胶跑道、主席台、操场高清显示屏的建设。

2019年，学校继续完善校园文化建设，做好路灯工程、开水房工程、热水工程的建设，重点做好校园文化的内涵建设和特色建设；各学科形成本学科教学模式，优秀教师具有自己的教育主张，积极构建美的课堂。

学校通过组织一年一度的校园文化艺术节、体育节等系列活动提升文化建设，于 2018 年 10 月举办 30 周年校庆面向社会集中展示文化建设成果，借助 2019 年 5 月迎接西藏自治区示范校评估的契机作为特色文化建设的全面验收，以创建全国文明城市的标准深度提升特色文化建设水平。

（五）开设艺体教学区

为了更好地为音体美教育提供保障，学校专门开辟艺术教学区和体育教学区，不断加大资金投入，设立专项资金，全力保障音体美教育的硬件和软件建设。学校高标准建设音乐教室、器乐演奏及练习室、舞蹈及形体训练教室、美术专用教室、西画室、中画室、篮球场、足球场、室内运动馆等，同时大力宣传民族特色舞蹈和民族文化，尤其是特色鲜明的藏族舞蹈。在艺术教学区，学校展示各种西洋乐器、民族乐器的实物，特别是学生熟悉的藏族乐器，或悬挂著名藏族演奏家、歌唱家的肖像及其代表作品，通过充满神韵的国画、细腻精美的油画、精美的唐卡增进学生对艺术的了解，开阔学生的眼界，又让其领会艺术的博大精深，激发其对文化艺术的兴趣。

（六）全面创建和谐的环境 ❶

学校重新设计规划整个校园布局，教学区、运动区、生活区等功能分区布局更加合理，并形成独特的建筑风格；选址新园丁小区，拆除一幢旧的宿舍楼，规划两栋宿舍楼，设计新大门和一座综合楼、停车坪，增建厕所、文化长廊，校内网络全面升级；从硬化、绿化、净化、美化等方面分步完成基础建设及下

---

❶ 昌都市教育局. 昌都市教育系统校园文化建设成果展示之昌都二高 [EB/OL].（2021–09–24）[2022–05–08]. https://mp.weixin.qq.com/s/pvo7D_qzUJgEkTOVl9rLKg.

水道疏通、路面硬化、墙壁粉刷、植树、路灯和 LED 显示屏安装、楼道文化长廊（如宣传展板，教室、会议室、餐厅、宿舍规范化布置，德育室、禁毒室、心理咨询室）等建设。

1. 建

学校重建校门，新建园丁小区、两栋学生宿舍楼，完善德育室、健全禁毒室，在教职工生活区、学生宿舍楼的公共区域安建一组组全民健身器材，运动场旁修建卫生间，规划建设一栋包含学术报告厅、师生演艺中心、理化生实验室、机房、图书馆、会议室、教工之家等配套设施齐全的综合性大楼，使学校面貌焕然一新。学校大力开展校园数字化建设，实现班班通互联网，做到每一间教室都能高速访问校内资源和互联网资源；更新录播教室，增加教室和办公室的信息点位，在办公楼等区域覆盖无线网络，为教师提供教育教学资源、优化课堂教学创造条件；完善人防、物防、技防措施，建立维稳工作责任制，建立健全安全管理制度，构建校园安全稳定新格局。

2. 亮

在"建"的基础上，学校规划路面硬化工程、外墙粉刷工程、足球场重铺工程、绿化工程、路灯工程等系列工程，让学校整体"亮"起来。残破的水泥地面变成沥青路面和地砖；斑驳的外墙被重新粉刷成红白相间的颜色；足球场重铺塑胶跑道。学校实施校园明亮工程，选用智能灯具系统，使灯光根据师生作息时间自动开关；不断投入经费加强校园的绿化美化工作，选种适合高原、四季常青的植被，大力做好桃李园、竹林绿道、怀玉亭、宿舍玫瑰园等绿化工作，让学校一年四季都有优美的环境，成为当地一道亮丽的风景。

3. 净

学校划分年级、班级卫生责任区，实行学生自我管理。学校每周进行卫生评比，以"评"促"净"；配备"可回收"和"不可回收"垃圾桶，教育引导师生做好垃圾分类投放，提高环保意识；划定年级、班级就餐区域，倡导并落实"不挑食吃干净、收拾餐桌保持环境干净"的"净"行动。

4. 立

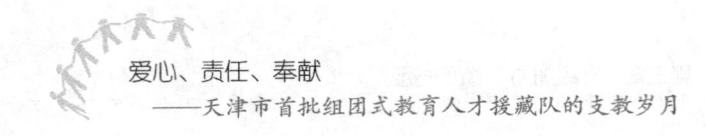

学校在路灯杆、教室里插上五星红旗，让师生在潜移默化中树立核心意识、自觉增强"两个维护"，用简单的方式表达最真挚的最朴素的情感，坚定师生永远跟党走的信念，同时宣传"不忘初心、牢记使命、办好人民满意的教育"、二高精神、办学宗旨、校训等，时刻提醒全校师生将其内化为共同的精神价值追求。立在竹林小道边的还有华罗庚、鲁迅的雕塑，悬挂五星红旗的灯塔，彰显社会主义核心价值观的雕栏，传承红色基因、赓续精神血脉的宣传栏。

5. 范

学校在走廊、办公室、教室、宿舍等场所依次张贴规范用语、文明用语等标识，教育引导师生做到文明用语规范化；严格按照功能室和西藏自治区教工委"德育七大块"的设置要求，科学、规范地建设德育室等功能教室；明确校内机动车的行驶路线、限定时速、规划停车坪，按标准划定所有机动车辆的停放位置，使全校车辆停放规范有序。

第三节　实施文化管理

支教初期，团队协助学校制定系列制度，通过制度治校，对落实目标、强化责任、提高效率、创造公平、量化考评产生巨大的推动作用，促进学校的长足发展。然而，学校管理的目的是发展人，制度在制定的过程中往往对事不对人，忽略人的存在，缺乏人本思想，在制度实施的过程中也不断遇到新情况，需要不断丰富和完善。因此，我们尝试通过学校文化的培育、管理模式的推进，让教职工形成共同的价值观、共同的行为规范，从而实现有效的学校管理。

具体来说，就是通过建设高品位的学校文化、形成共同的价值观、建立共同的愿景等策略，不断增加学校的文化底蕴，用文化影响、引导教职工和学校的发展，在潜移默化中实现没有管理的管理，达到文化管理的理想境界。基于这种理念，团队协助学校研究制订昌都二高文化建设方案、校园文化建设行动计划，通过凝练办学理念、整体建构规章制度、构建人性化管理模式等落实文化创建，突出文化管理执行的实质，变被动管理为主动约束，初步实现以文化管理学校的目的。

一、凝练办学理念，提振师生的精气神

知识是推动发展的最重要工具。在当地的特殊环境中，天寒地冻、地广人稀，大山阻隔、交通不便，人们接受教育的层次偏低，视野不够开阔，知识面偏窄，致使区域社会发展受限，急需知识改变人生观、价值观和世界观，进而改变处世方式，直至改变精神状态和生存状态。学习成就未来，勤奋创造奇迹，改变命运的机会就掌握在自己手中。基于此，在传承优良传统的基础上，学校借助国家"脱贫攻坚""组团式教育人才援藏"的大好形势，经过理性思考和慎重研讨，凝聚办学思想，共同确立"知识改变命运"的办学理念，以先进的理念引领整体建设和发展，激发师生整体行为的自觉性和目的性。

与时俱进的办学理念来自师生的集体智慧，凝聚人心，成为指引全校师生前进的一盏明灯，引领教职工形成"文化立校"的价值观，解读学校所应具有并达到的学生观、教育观等的先进程度，形成"追求品位、追求境界、学有特长、全面发展"的育人目标和育人特色，实现对教职工的价值引领和精神境界的提升，并成为全体师生员工的共识和自觉行动的指南，推动全体教职工继续发扬艰苦奋斗的创业精神、追求卓越的团队精神。这种精神是学校文化的核心和灵魂，对师生行为的影响是潜移默化的、持久的，对行为文化的形成具有引领作用。

在办学理念的引领下，学校深入阐释"修德、明理、求实、出新"的校训，

爱心、责任、奉献
——天津市首批组团式教育人才援藏队的支教岁月

升华"爱心、责任、奉献"精神，坚持"教好一个农牧民子女，造福一个农牧民家庭"的办学宗旨，确定"严、恒、细、实、全"的精细化、专业化管理方针，提倡"敬业、严谨、细心、耐心"的教风和"文明、勤学、好问、精思"的学风，抓实"低起点、密台阶、勤辅导、多练习、常检查、当日清"的教学原则，制作体现学校特点、办学理念和学校精神的校徽、校旗、校歌、校服。

学校的招生对象主要是昌都市的农牧民子女。学校希望通过教育、培养，用知识武装学生的头脑、用书籍涵养师生的品格、用文化滋润师生的心灵，形成自己独特的校本文化，帮助学生树立正确的世界观、人生观、价值观，延伸到由学生影响家长的世界观、人生观、价值观，从而造福每一个农牧民家庭。基于这个宗旨，老师们恪守职业操守，以海纳百川的胸怀接纳不同类型的学生，尊重学生的个性、理解学生的情感、包容学生的不足，坚持教书与育人紧密结合，以自己的行动感化学生、关爱学生，以自己的学识、阅历、经验引领学生对真善美的追求，引领学生健康成长。学生们在文化的熏陶下，充满了对学校教育的期待、对健康成长的渴望、对未来人生的憧憬。在办学理念的引领下，学校明确一系列符合办学理念要求的规章制度和措施，构建人性化的管理模式，创建高品位的校园文化，呈现欣欣向荣、蓬勃发展的良好态势。这个发展势头源于师生对学校人文内涵的热爱。这种爱是每个人热情工作、学习、生活的源头，也是学校可持续发展的动力，就像在一个天井里搭梯子，准确地找到方向，引导大家朝同一个方向攀登。

二、整体建构规章制度，规范师生的行为

植根于学校历史发展的脉络，紧抓组团式教育人才援藏的契机，为了体现人本管理的思想、突出学校发展的目标追求和价值观念等精神文化，经广大师生酝酿、沉淀，学校持续深入、整体建构规章制度，通过制度文化对师生的认识和行为产生导向作用，让师生明白可以做什么、不可以做什么，通过制度规

范师生行为。学校制定校领导包年级制度、领导干部 24 小时维稳带班制度、领导干部公开承诺监督制度、中层以上干部听课制度、校长岗位职责、教职工代表大会章程、中层以上干部理论学习制度、课表编排管理条例、班主任管理考核办法、运动会精神文明班集体评比办法等，制订《教师教学工作学期考核方案》，修改、完善《中高级职称评审方案》，建立毕业班学业考、高考资料汇编制度，图书馆管理系列制度、实验室管理制度汇编；细化维稳规章制度，落实维稳值班责任追究和倒查机制；落实门卫"三查"制度和登记制度；进一步修改、完善《昌都市第二高级中学制度手册》；坚持教职工大会、教代会、校委会决定学校基本事务的制度；进一步明确校长会、党总支会、行政会的区别。

各项制度进一步细化各部门的岗位目标责任，明确学校各项工作流程，严抓各项考核程序，建立全方位、全过程、立体化的目标管理体系。由于制度建设植根于学校历史发展的脉络，形成于制度的变革与创新的过程中，一经学校师生的高度认同，就能更好地促进师生良好品行和价值观的形成，制度意识也就逐渐植入师生的内心，引导师生由"他律"逐步走向"自律"。

为弘扬正气、歌颂真情、倡导真善美，学校用身边的榜样感动和引领师生，引导学生发现美、分享美、弘扬美，从平凡的小事做起，积极营造良好的学风、班风和校风，增强社会责任，结合学校工作实际，引入年度"最美学生""最美班级"和"最美班主任"评选制度，推动学校的美育工作深入开展。

在制度文化的熏陶下，教职工团结协作，学校的学术研究氛围浓厚；教职工富有爱心，对工作认真负责；中层干部的职责定位发生变化，从"上传下达"到咨询、参谋、协调、服务等，为了及时有效地落实学校的发展策略，他们提出"快捷、便捷、简洁、整洁"的工作原则，大大提高了工作执行力；老师们把"教师"作为一种文化的幸福追求，普遍具有奉献精神和责任担当，经认真思考、研讨提炼出"以美育人"基本规范，包括诚信之美、师表之美、礼仪之美、岗位之美、育人之美，意在时刻提醒自己、高标准要求自己；学生们具有强烈的上进心，经认真讨论提炼出学子形象标准，包括形象、举止、品德、心胸、交往、自律、态度、理想等各个层面，旨在规范、约束、提升自己，做一名高标准的学生。学校力求让制度逐步内化成师生的习惯，再把习惯逐步升华为师生的素质，然后把素质积淀成学校文化，实现文化管理学校的目的。

三、构建人性化管理模式，促进师生的发展

文化管理的精髓是管"心"，而不是管"身"。基于此，团队与时俱进，协同学校坚持同时自上而下和自下而上的原则，鼓励教师实实在在地参与学校的建设过程，积极参与学校的决策，从而构建一个民主的、动态的、立体的、互动的、人本的管理体制。

第一，在组织关系和管理权限上，为教师参与学校管理提供保障。学校设立校长信箱，畅通师生员工问题反应渠道；成立教代会、妇委会、校委会，为教师参与学校管理提供自由、平等的平台。第二，实行民主化管理模式。教代会实行提案制，建立财务公开、校务公开、党务公开制度，并设立民主信箱，对涉及教师利益、重大人事任免等实行民主决策，广泛听取教师意见。第三，协同学校做好科级、副科级后备干部的培养及民主推荐工作，让越来越多的优秀青年干部走上更高的管理岗位。第四，合并中层机构，综合其基本功能，成立创建文明办公室，协调推动文明校园的创建。第五，随着管理体制改革的深入，根据生源的实际情况改革管理模式，采取扁平化管理模式，管理重心下移，深化年级主任制，落实校领导包年级机制。

四、扁平化管理，深化年级主任制

（一）扁平化管理

扁平化管理就是取消复杂的管理架构，使信息传递的时间缩短，便于快速

反应与管理。扁平化的特点是渠道层级减少，渠道缩短，而渠道宽度大大增加；权力中心下移，决策在时间和空间上的迟延减少。扁平化组织与传统的科层制组织有许多不同之处：科层制各职能部门之间界限分明，这样的组织难以适应环境的快速变化，而扁平化组织需要打破原有的部门界限，绕过原来的中间管理层次，使纵向管理层次简化、指挥链条缩短、权力下放到基层。

（二）年级主任制

年级主任制是在自然年级的基础上建立的一种管理形式。不同于传统的垂直传递信息的组织方式，学校把年级作为一个与处室平行的实体进行管理。年级主任是学校的中层领导干部，由校长聘任；年级教师和年级管理人员由年级主任聘任。学校实行年级主任负责制，年级主任直接参加学校的行政会，参与学校重大决策；年级主任对本年级实行岗位责任制，对本年级教师以行政管理为主，兼顾业务协调。这样一来，学校的管理层级得到简化，学校管理网络相应成为两级体制，即校长室为第一层级，职能部门和年级部并列作为第二层级。管理重心得以下移，决策和执行融合为一个整体，整合与传递信息的速度加快，教育教学一体化，管理更直接、更有力，大大提高管理效率，加快学校发展的步伐。

学校进一步明确年级主任的职、权、责。年级主任负责组建年级部领导小组，包括年级学科管理队伍和年级班级管理队伍；负责建立年级部管理制度，在对本年级的教育教学质量全面负责的同时，对学校各项工作任务进行分解并积极落实，创造性地开展工作。

1. 年级部主任的职、权、责

年级主任负责制订本年级教育教学工作目标和计划，并具体组织实施；负责提出本年级任课教师、职业顾问教师、管理教师的聘用意见，对年级教师的德、能、勤、绩全面考核；有责任向学校提出对教师进行奖惩、评优、职务晋升或解聘的意见；负责具体组织开展年级学生德育工作，抓好年级学生日常教育管理工作；负责抓好年级常规教学、学生职业规划、学生选课等工作；有参与决策建议权等。

2. 年级部和职能部门之间的关系

年级部和学校中层职能部门在层级管理中都属于第二级管理，但年级工作要服从职能部门的宏观要求，并根据本年级实际认真抓好落实，职能部门则转变职能、集中精力更好地完成行政工作，为教育教学服务。

（三）年级主任创造性地开展工作

结合学校有关管理制度和年级部自身特点，年级部起草一系列有年级特色的制度和方案，包括年级教师考勤制度，年级教师跟班管理制度，年级部月考核制度，年级部升旗仪式有关规定，备课组考核方案，年级部关于学生作业的有关规定，师生结对考核方案，年级部课间、中午、晚自习执勤规定，年级部终端考核方案，年级部课堂教学基本规范，年级部学科教学美育方案等。

年级选配职业顾问教师，由其帮助学生选择"文理"。同时，年级部细化岗位责任制，根据每位教师的专长安排相应的管理任务，使每位教师都能参与年级的管理。这样一来，老师们都成为年级部的主人，做到人人都管理、处处有管理、事事见管理，发现问题及时纠正、及时处理。年级主任制充分挖掘老师们的潜力，激活老师们的能量。

（四）校领导包年级机制

校级领导下沉至年级（如我下沉至初一、高一年级，杨贵祝下沉至初二、高二年级），全面跟进年级的事务性活动与决策，经常检查各类分工的配合情况，准确了解年级教师的教学情况，及时发现年级课堂教学中存在的问题，掌握年级实际情况，帮助提高年级主任的决策水平，优化学校教育教学整体工作安排。我们参加分包年级的各种会议，指导年级总体工作部署；关注年级主任在工作中表现出的各种倾向，及时提醒、纠偏和完善，避免年级主任工作的随意性；

引领年级落实"五比一创"工作；督促年级主任站在学校发展的角度思考问题，形成全程观念、全局观念、全面观念，成为年级教师的贴心人和领路人；指导年级抓好教师队伍建设，协助抓好本年级部学生的培优工作和教育工作，进一步完善岗位责任制，给教职工提供方法，让每个人"正确地做事"，推动学校的整体工作有序开展。

第四节　引领创建"美的课堂"

一、充实教学指导力量

王盛主任的到来为团队注入新鲜血液，激发团队干事创业的活力。工作中，王主任创造性地落实团队的新一轮援藏方案，完善教育科研的管理与考核、奖励等系列制度，细化学校教研、教改工作计划；完善西藏自治区昌都市第二高级中学第二课堂活动方案，协助制订校本研修示范校创建方案，规划学校长远的深层次发展；搭建学校整体研训框架，完善校本研修机制，指导制定长远的教师发展规划，带领教研组长开展教育科研工作；深化全员育人，深化学科教师育人职责；建立包含教师发展规划设计、自我教育现状诊断、自我教育反思和教师成长成果总结、记录教师个人发展轨迹的教师发展档案；建立健全科学管用的考核评价机制，完善教师教学工作学期考核方案；立足于长远打算，建立管理团队，制定信息化整校推进的发展规划和校本研修方案、校本应用考核方案；组织落实昌都市第二高级中学青年教师专业发展学校的培训工作，并为青年教师做讲座；组织教师学习现代教育理论和科研基本知识，指导、管理各级各类研究课题，规范教研、教改行为；制订并落实昌都二高教学技能大练兵活动的实施方案，组织管理教师参加各级公开课、研究课、优质课评选和教学技能竞赛活动，并带头上示范课"集体生活邀请我"；搜集整理教学研究、教育科研、教学改革信息资料，为教师提供信息、教学研究和教改咨询服务，极

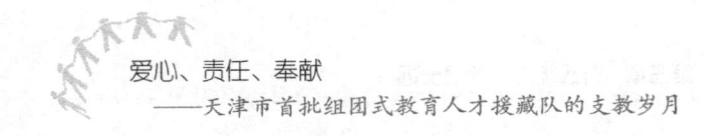

大地开阔老师们的视野；开展各种活动落实对年轻教师的帮助、培养工作，增强老师们的科研意识，提高教育理论水平；协助完成西藏自治区示范校验收工作，推动团队"一年起变化，两年见成效，三年上台阶"的援藏工作目标的实现。

二、积极建设"美的课堂"

真正的教育改革一定是在课堂上发生的。我们的一切活动都紧紧围绕课堂教学这个中心开展。学校明确"美的课堂"建设的基本要素，充分发挥课堂育人主渠道的作用，把有效性作为教学的生命，注重贯穿情感、态度、价值观教育，注重把学校文化转化为教与学的行为，通过目标引领、过程体验、发展提升三个环节突出学生的主动参与、交流合作，让美与审美渗透到教与学的各个环节、时刻影响和提升师生的一言一行，让师生的精神在教与学的过程中得到美的浸润、人格得到不断的提升，实现学生自主体验和主动发展，帮助学生形成审美素养，使课堂育人主渠道的作用得到充分发挥。

（一）建立并落实学科教学的美育目标

1. 深入挖掘学科教材及教学内容蕴含的美育资源

我们深入挖掘学科教材及教学内容蕴含的美育资源，如语文教材蕴含的文字美、意境美、结构美；物理教材中的图形美、严谨美、逻辑美；体育课中的队形排列美、动作示范美、朝气蓬勃的青春美等，结合学生的认知水平、知识基础、学习风格、个性特征，对教材内容大胆取舍、删繁就简，确定并落实学科教学的美育目标。

2. 合理分解教学目标并帮助学生落实

我们以导学案为载体，规范具有学科特点的教学环节，渗透学科思想，以学生的认知起点和认知水平为基础，尊重学生独特的认知水平和规律，面向全体学生因材施教，注重对不同的学生采取不同的方法，注重教师的引导和学生的主体地位。每个学生都会因目标的完成而享受成功的快乐,所以教师要学会欣赏每位学生,表扬越具体效果越好,尤其是对依赖性强、易焦虑学生的表扬效果要好于对自信学生的表扬效果;关注沉默寡言的学生,形成师生相互信赖与激励的良好期望氛围。

3. 以美的教育开展课堂教学

教师注重采用科学有效的教学方式方法,以美的教育开展课堂教学,包括教师美的仪表、美的情感、美的人格、美的师表、美的教学语言、美的教学情境、美的板书与设计等,使学科课堂教学活动美育化,使课堂教学本身成为一种美的存在;设计难度适中的问题,提高发问次数频率,保证学生有足够的候答时间,按一定顺序(如座位、学号)请学生回答代替随机叫答,让更多的学生有机会参与互动。

4. 学生的学习以能够及时转教他人的效果为最好

教师鼓励学生以"教师"的身份对他人进行教学。这样一来,学生不仅要对学习的内容相当熟悉,而且要通过个体思维将内容转化为让其他人能懂的表达方式,这一过程也促进学生潜在智能的发展。

(二)采用多种教学方式激发学生的学习兴趣

(1)利用声像媒体引入新课和呈现教学内容,以帮助学生获得感性认识,让各种感官得到充分利用,不同声像媒体的有效组合使学生产生美的刺激、感受,从而激发学生的学习兴趣。

(2)清晰、明确地表述问题。无论是书面语言还是口头语言,都做到生动形象、言简意赅、准确明快,富有情感和幽默感。教学语言力求有和谐的节奏、抑扬顿挫,注重轻重缓急,力争声情并茂,吸引学生的注意力。

(3)结合肢体动作、表情和姿势等方式传递信息,代替单一使用言语强化,对不同学生的行为表现表示赞赏和肯定,调动学生学习的积极性。

(4)引导学生改变学习方法,由被动听到主动学;引导学生使用多种感官,要耳、眼、脑、口、手并用，培养学生的综合能力。大力开展小组合作学习代替教师一言堂，让学生在参与中掌握知识、形成能力，让学生在合作探究学习中展示自我、体验成功。

（5）板书作为课堂话语的一种"脚手架"，提供整节课学习内容的要点或一节课的结构，成为学生回忆、复述、理解学习内容的重要线索和认知地图。教师做到随时随地观察学生对板书的反应，尤其是中、下水平学生的反应，从而决定何时板书、板书的详略及是否调整已经设计好的板书，做到布局合理、重点突出。

（三）借助教师丰富的情感激发学生的学习动力

落实教师的育人职责，借助教师丰富的情感激发学生的学习动力。教师通过展现美的课堂生态，让学生感受美的无处不在，时时得到美的启迪与熏陶，进而引领学生不断学会发现美、欣赏美、追求美和创造美；让每节课带给学生的是学有所得、学有兴趣、学有后劲，指导促进学生审美素养及学习能力的提高；让课堂成为学生成长的阶梯，促进学生的智力因素和非智力因素得到更积极和谐的发展，达到以美的教育启智的目的，从而更好地引领学生健康成长。

1. 课前做到"三个把握"

"三个把握"，即准确把握教材中蕴含的美育因素，力求用美的内容启迪学生的心灵；准确把握学生的审美心理特点，力求用美的教法激发学生的求知欲；准确把握美感的表达方式，力求用美的语言、美的字体陶冶学生的情操。教师应做到教学计划、教学方案别具一格，新颖可行，富有成效；书写规范，字体美观。

2. 课中做到"三个带进"

"三个带进"：一是把情趣带进课堂，改变单一的教学方式，采用多种教学形式，力求做到新课引入时能激发学生的兴趣，使其全神贯注地投入学习。二是把激情带进课堂，以饱满的热情和良好的状态上好每一节课，力求过渡衔接能环环相扣、别具匠心；转换自然畅达、波澜起伏、引人入胜，感染引领学生探求知识的真谛。三是把情感交流带进课堂，与学生充分交流情感，融洽师生关系，力求形成相互合作、相互尊重的氛围，在互动交流中茅塞顿开，点燃五彩缤纷的智慧火花。

3. 课后做到"三个关心"

"三个关心"，即关心学生的疑难问题，及时答疑解惑、排忧解难；关心学生的情感世界，及时排解不良情绪，愉悦身心；关心学生的发展，指导学生制定长远目标，引领学生健康成长。在具体的情境中，教师可通过归因训练解决学生的认知问题，改变学生的归因方式，调动其积极性。例如，学生由于考试成绩不好而灰心丧气，教师应帮助学生进行恰当的分析，如努力不够、试题难度大等外在原因，以使学生改变自己的归因方式、激发学习动力。

三、教学工作中期推进会 ●

为进一步推动教育教学管理，扎实开展教育教学工作，打造一支优秀的援藏队伍，全面提高教育教学质量，2018年5月8日，天津第二批教育人才组团式援藏团队在昌都市第二高级中学办公楼一层会议室召开期中教育教学工作推进会，全体援藏教师参加会议。

会上，我传达和解读受援学校评优政策，总结首批天津援藏教师在教育教学工作中取得的成绩和不足，并对后面的教育教学工作进行周密部署，同时强调对天津援藏教师在工作和生活方面的具体要求。

通过此次会议，天津第二批组团式援藏教师进一步明确下半学期的工作目标和要求，为圆满完成本学期教学工作打下良好基础。全体与会援藏教师

● 昌都市教育局.天津二轮组团式援藏团队召开教学工作中期推进会 [EB/OL].（2018-05-09）[2022-05-12]. https://mp.weixin.qq.com/s/f5RkYLmABDb0DHqZeWrE6A.

纷纷表示，一定会"不忘初心、牢记使命"，在反思中不断进取、在奉献中不断提高，以教好每一个农牧民子女为己任，为昌都二高的可持续发展贡献自己应尽的力量。

第五节　加快提升"造血"功能

团队聚焦"人才帮带"，完善培训机制，促进共享共建，加快提升"造血"功能，全面深化教育援藏工作。

一、坚持"输血"与"造血"并举❶

团队坚持"输血"与"造血"并举。一是严格落实集体备课制度，细化完善个人初备、集体研讨、完善教案、效果反馈、课后反思等环节，重点研究教材、教学方法、学习方法、高考考纲。二是完善听评课制度，要求受援校校长每学期听课不少于25节，教务教科主任不少于30节，教研组长不少于20节，任课教师不少于15节；有针对性地组织受援校开展主要学科"菜单式"听评课活动，课后及时座谈点评。三是强化课题研究跟踪。援藏教师积极申请并参与教育教学课题研究，努力践行以研促教。援受双方教师共90余人参与课题研究，天津援藏教师参与的课题研究中有2项获批自治区级课题、10项获批昌都市级课题。16名援藏教师申报个人自主课题，多名援藏教师在省级以上期刊发表论文数十篇。四是优化二高青年教师专业发展学校，从备课、上课、课后辅导、说课、学生教育、学科教研等方面对青年教师进行全程帮扶，针对青年教师开展"做最好的自己""如何听评课""如何进行学科教研"等系列讲座，搭建科研交流平台；积极组织二高青年教师参与昌都市首届高中教师教学技能大赛，其中

---

❶ 昌都市教育局.津渝闽组团式援藏团队聚焦"人才帮带"加快提升"造血"功能[EB/OL].（2018-11-14）[2022-05-08]. https://mp.weixin.qq.com/s/idemYRQqZofbBNjEOZdUdQ.

2人获一等奖、2人获二等奖、2人获三等奖，参加西藏自治区高中教师教学技能大赛的二高教师中，1人获二等奖、1人获三等奖。五是发挥二高大讲堂的作用，开展了用精细化管理助推教学质量提升，读懂自己、读懂学生、读懂教学——做一个善于动脑的懒教师，走向人文治理等一系列专题讲座。

二、建构校本研训框架

依据特色办学方案，团队协助学校构建教师和谐发展的"54321"研训体系，旨在通过校本研训打造一支师德修养高尚、业务素质精良、教学技能全面、教学基本功过硬，具有一定的教育科研能力、适应课程改革需要的师资队伍。

（一）教师职业发展的五个阶段

根据教师职业生涯的时期特点，学校将教师划分为职初型教师（教龄1年以下）、青年教师（教龄2~5年）、成熟型教师（教龄5~8年）、研究型教师（教龄8~15年）、经验型教师（教龄15年以上）五个阶段的培养系列。每个阶段都有明确的研修侧重点。

职初型教师：体验并落实教育教学常规，熟悉信息技术的使用，侧重于教学基本功的形成。

青年教师：侧重于基本教育思想、教育理论、教学原则的培训，养成自觉反思的习惯，积累高效的课堂教学案例。

成熟型教师：主动开展学科教学设计，指导、帮助年轻教师，发展课堂教学反思能力，承担教育教学研究，努力形成自己的教学风格。

研究型教师：发展自身综合能力，总结、思考教学实践成果，形成具有自身特点的教学模式和教育主张。

经验型教师：以专著、教育叙事等方式，总结从教以来的教育教学经验成果，回顾和阐述自己的教育主张。

（二）四个教师沙龙

教师的工作方向不同，从教经历不同，教师的群体文化不同。根据这些特点，我们组织四个教师群体沙龙：青年教师沙龙、骨干教师沙龙、学科带头人沙龙、班主任沙龙，通过教师的反思交流、思想的碰撞引发教师的思考和行动。

（三）三个平台

我们搭建三个以教师专业特长发展为主体的平台：青年教师专业发展培训学校、二高课堂教学研究展示课和二高教科研年会，以规模化培训和研讨的方式扩大教师的教育智慧受益面，树立教师榜样，营造学校的科研氛围，推动学校名师建设。

青年教师专业发展培训学校：以天津援藏教师为主体，学校学科带头人、骨干教师自荐为辅助，面向全体教师进行教育教学实践成果的宣讲或读书思考的讲座，达到转变思想、提升教学理念、形成统一教学文化氛围的目的。

二高课堂教学研究展示课：天津援藏教师和学校学科带头人、骨干教师、青年教师面向全体教师每学期分别做一节示范课、研究课、展示课、汇报课，目的是践行教学思考和读书思考，推动教学思想转化为教学生产力。

二高教科研年会：展示一年中教师在班主任工作、教学工作、科研工作和读书活动中的感悟、思考和实践成果，目的是树立榜样，彰显教师价值，激励、引导教师努力提升专业素养。

（四）两个系列教科研活动

一是多学科的教学资源校本化的团队教研活动，主要负责国家课程的校本化研究，形成学校自己的学科教学资源。

二是以多层面的课题研究为载体的教育科研团队活动，主要对教育教学实践中的问题开展教学科研活动，增强教师的科研能力和服务课堂教学的意识。

（五）一个学校研训组织团队

学校以天津组团式教育人才援藏团队为主，吸收处室主任、学科组长参与的研训团队，该团队负责日常研训管理、档案整理、研训成果汇报，通过研训活动整体推进，建立有序、有层、有效的校本研训体系。

三、教师成长档案

团队指导建设教师成长档案，通过建立教师成长档案对教师的发展实行持续、跟踪管理。档案袋由学校制定统一的格式，包括教师基本情况、教师个人发展规划、教学情况记录、科研情况记录、教育情况记录、学习情况记录、评价资料七个方面（见表1～表13），及时记录年轻教师的成长，呈现教师的发展轨迹。学校对档案袋同时进行电子化管理和纸质档案管理，所有教师的档案袋均按要求上传到校内网指定的文件夹，并根据教师成长、变化情况及时更新，以便学校领导对档案袋进行调阅，清晰看到教师发展的轨迹，及时采取相应措施，指导、帮助教师成长。纸质档案在教科室保存。

表1 教师基本情况

姓　　名		性　　别		出生年月	
民　　族		籍　　贯		政治面貌	
原 学 历		毕业时间		毕业院校	
现 学 历		毕业时间		毕业院校	
工作时间		现 职 称		评定时间	
身份证号		现 住 址		联系电话	
学　　位					
工作经历					
起止时间	单位名称及职务				

续表

教学业绩	
时间	取得的成绩（优秀课、研究课、论文、课题等）

获得的荣誉	
时间	荣誉称号（优秀教师、学科带头人、骨干教师等）

表2　教师三年发展规划

自我评价	基本现状分析：	
	优势与长处：	
	问题与不足：	
规划与展望	三年总体目标：	
	阶段目标	第一年阶段目标：
		第二年阶段目标：
		第三年阶段目标：
行动计划	即将采取的措施和行动策略：	
	可能存在的困难：	
	希望学校提供的帮助：	

表3　公开课情况

做课时间	级别	做课题目	听课人数	颁证单位	评价

表4　优秀课情况

做课时间	级别	做课题目	听课人数	获奖等级	颁证单位

表5　教学成绩记录（＿＿年级＿＿班）

学期	项目									总人数
^	优秀			良好			及格			不及格	
^	优秀人数	优秀率	赋分	良好人数	良好率	赋分	及格人数	及格率	赋分	不及格人数	不及格率	赋分	
××××学年度第一学期期中考试													
××××学年度第一学期期末考试													
××××学年度第二学期期中考试													
××××学年度第二学期期末考试													

表6　论文、论著获奖及发表、出版情况

获奖或发表、出版时间	论文、论著题目	获奖等级或发表刊物、出版单位	颁奖单位或主管单位

表7　主持或参与科研课题情况

承担课题的时间	课题的级别	课题题目	主持或参与	进展情况

表8　学术交流情况

讲座时间	级别	讲座题目	听讲座人数	颁证单位	评价

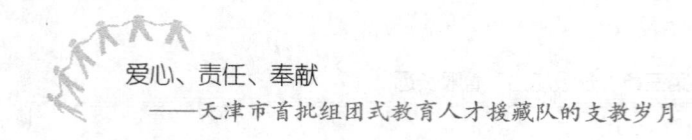

爱心、责任、奉献
——天津市首批组团式教育人才援藏队的支教岁月

表9 "三联、三进、一交友"活动计划

（____学年度第____学期） 教师：_____

贫困学生姓名	
贫困学生具体情况分析	
具体帮教措施和方法	
预期达到的效果	

表10 "三联、三进、一交友"活动总结

（____学年度第____学期） 教师：_____

对贫困学生所做帮教工作	
帮教工作取得的成效	

帮扶贫困学生情况

姓名	帮扶日期	帮扶内容	帮扶效果

表 11 学习情况记录

学习材料名称	学习形式	学习时间

表 12 获奖情况及颁奖单位

	获奖时间	获奖名称	颁奖单位
获奖情况			

表 13 教师评价

评价类型或意见	评语
自我评价	
同事评价	
学生评价	
家长评价	
学校综合评价	
被评价人意见	

四、建立促进教师专业化发展的评价机制

　　教师评价制度的设计与实施是引领教师专业发展的重要途径。团队坚持把"教师第一、学生为本、师生共同发展"作为学校教师评价的最终目标,推动教师在参与中体会进步、获得发展。

（一）明确评价原则

1. 评价要有利于促进学校的特色发展

团队立足于不断推进和实现教育的优质特色发展，整体构建形成的较完备的"以艺体教育为特色优势的高中课程体系和人才培养模式为核心的学校三年规划"成为促进教师专业发展的指导性文件。同时，学校在广泛征求意见的基础上把教师普遍认为必须执行的"有助于学校特色形成、学校文化创建、课堂教学质量提高及学生能力培养"等内容列入教师评价，保证教师的努力方向与学校发展的一致。由于教师能够主动参与学校活动的热情是学校活力和生命力的体现，所以教师评价应力求引导教师主动参与学校建设，以激发教师的主观能动性，如鼓励教师积极参加美化设计、布置建设校园环境活动；为营造彰显美育及文化艺术熏陶、展示师生文化艺术作品与成果的校园环境出谋划策；发挥教师自身优势，创作校歌、校徽，精心设计和组织开展校园艺术节、体育节、各类主题性艺术活动、校本综合实践活动等，从而给教师的职业生活注入活力、个性和创造性，真正使教育教学工作成为教师展示自我精神价值的方式和途径，实现个人价值的同时，推动学校发展。

2. 评价要有利于提高教学效能

学校采取量化考核和质性评价相结合、阶段性业绩评价与长期发展性评价相结合的方式，切实促进被评价者的专业发展，提高教育教学质量。一是业绩评价。学校在某个时间段内对教师的业绩和能力做出评价，通过衡量结果、评定等级、明确职责、奖优罚劣等措施激发教师的主观能动性，通过对教学质量的有效监督帮助被评教师发现自己存在的问题并主动改进和提高，从而提高教学效能。二是发展性评价。学校细致了解被评教师的生活经历、愿望和想法，细心观察被评教师的日常表现、工作态度和人际交往能力，密切关注被评教师在认清自身不足和工作失误时的行为表现及后续的改进措施，通过引导教师自我反思深入开展评价活动，允许教师存在不足和失误的同时，给教师提供进步的空间和动力，引导教师学会制订个人专业发展计划，记录有关事件及建立自我剖析档案，并学会与其他教师交流、分享、合作，最终养成反思的习惯和形成良好的反思技能，在反思中进步、形成能力，从而进一步提高教学效能。

3. 评价要有利于促进教师专业发展

学校注重人文环境的营造，让教师充分了解学校的发展目标、学校对每一位员工的期望，使被评价对象形成主人翁精神，通过自我激励实现专业发展；帮助被评对象诊断问题，为其提供优、缺点信息，力求使其能在自己认为不足或优势的方面思考如何弥补或加强，实现"思然后知不足，知不足后思进""扬长避短、人尽其才"，推动教师在不断受到鼓励的过程中获得自信、在不断反思的过程中得到提高；结合学校发展规划，帮助制订教师个人发展计划，根据教师个人的发展需求和工作表现，为教师提供相应的岗位、培训或自我发展的机会，使个人发展与学校发展同频共振、共同提高。

（二）坚持多种评价方式

由于教师年龄、性别、生活经历、文化背景等许多因素的不同，教师之间必然存在一定的差异，所以应避免同一个标准的单一评价。开展教师评价要注意与教师日常的学习、工作紧密相连，与学校日常管理工作相结合，坚持多种评价方式，让学生、家长、同事、领导参与评价，使被评教师从多种渠道获得信息；力求使评价过程严密灵活，让被评教师全方位了解自己的发展情况，以利于自我诊断、改进和完善。在评价—改进—再评价—再改进的过程中，教师的潜能得到开发、信心得到增强，教师的自我发展成为内在需求。

1. 自我评价

注重评价教师的个人价值，重视增强教师的参与意识和主体意识。教师自己最了解自己，通过学习相关理论、开座谈会、单独沟通等方式收集信息更好地认识自己，对自己的工作现状给出恰当的自我评价，以实现自我了解、自我调节、自我反思、自我改进、自我发展。同时，自评也增强教师对评价的参与度，给教师提供一个充分的自我表达与展示的机会。

2. 学生评价

受到教师数量不足、准入门槛低、不具备竞争上岗条件等因素限制，一些教师存在大局意识不强、事业心不强、业务水平不强等问题。学校完善教师评价机制，把学生评价作为评价教师的重要途径之一，通过召开学生座谈会或组织学生填写调查问卷，广泛收集学生对教师的评价，通过评价增强教师的"四个意识"，打造一支有理想信念、有道德情操、有扎实学识、有仁爱之心的高素质教师队伍。

3. 家长评价

学校通过家长了解教师的奉献精神、工作态度、学生的认可度，是否存在乱收费、随意更改作息时间、推销教辅资料、课后作业过多、家校共育缺乏等问题，以家长座谈会、家长问卷星等方式了解被评教师。

4. 同事评价

针对被评教师"传承学校文化、创建特色学校"工作的落实情况、教育教学工作、校本教研、校本培训等情况，学校通过倾听对话、沟通交流、听课评课、集体教研等方式，让同一备课组或教研组、年级组的教师对被评教师进行评价。学科组长负责对本学科教师的教学情况进行评价，并将落实工作出色的教师事迹及时记录，对未很好履行职责的教师及时登记；年级组长对年级教师的责任心、奉献精神、工作合作情况、考勤等进行评价，学期末上报校办进行汇总，由学校领导给出综合评价。

（三）评价内容客观全面

在评价内容上，学校突出综合素质、重视个体差异。学校改变"就教师某一方面或某一时间范围内的单项效果对教师下一个结论"的评价方法，以动态的、发展的眼光对教师工作的各个环节进行系统的、全程的、较长时间的评价，不仅根据一段时间的教学态度、教学业绩，或者一堂公开课、一个教学单元的教学效果"一锤定音"，而且结合教师个人的工作表现、发展倾向和需求确定个性化的评价标准、评价重点并选择相应的评价方法，形成由专业精神、专业知识、专业能力、专业智慧、工作绩效等评价指标构成的评价内容，强调教师对自己教学行为的分析与反思，有针对性地对每位教师提出改进建议、专业发展目标和进修计划等。

（四）重视评价结果的运用

评价的根本目的是推动教师教育教学工作的改进和教师专业水平的提高，突出评价的诊断、改进和激励功能。教师评价既要促进教师个人成长发展，又要有利于学校的建设发展，科学运用评价结果尤为重要。

一是学校与教师个人及时沟通，充分肯定他们的优点与成绩，关注他们的成长与进步，并和被评教师一起分析问题与不足，共同研究解决问题的办法和措施，对被评教师提出新的发展愿景，以激励其不断进步。二是校长寄语。校长对教师一学年的工作给出书面评价，以简洁的语言肯定并鼓励教师勤于工作、乐于学习、善于反思，充分发挥评价的导向作用和激励功能，增强教师的自我发展意识和对学校发展的认同感。三是综合评价结果与评优、评先、晋级挂钩，强化评价的激励功能。

第六节 系统构建特色课程

一、分门别类的文化课程

学生要学课程，教师要教课程，考试要考课程。课程是学校办学的基础，是学校生存和发展的土壤，是学校的生命所在。在全面落实国家课程计划的基础上，学校将实践活动纳入教学计划，实施课程化管理，建立学生课外活动记

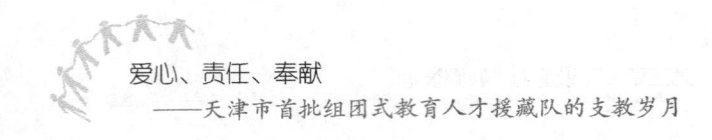

录制度，为每个学生都能在艺术、体育方面形成兴趣和特长搭建平台。

学校将育人目标与学科教学目标相结合，尊重学生的差异性，满足学生的多样化需求，系统构建特色课程体系，重点开发开设心理健康教育、安全法治教育等学生必修性校本课程；与礼仪课程相结合，开设学生形体训练等课程，使学生逐步形成良好的生活习惯与仪态风貌；将学生"校园服务执勤岗"和"文明礼仪示范岗"作为必修性综合实践课程开展；坚持抓好"以美健身"课程及活动的有效落实，从而形成富有特色及层次化的校本艺体教育课程体系。学校通过课程这一载体促进教育公平和学生的均衡发展，实现学生的主动发展，让师生感知、体会、内化社会主义核心价值观。

课程体系建设包括两个部分：基础型课程和特色型课程。

（一）基础型课程

基础型课程，即国家或西藏自治区开设的课程，包括分类型课程和分层型课程。学校在国家课程学科分类的基础上，对部分课程采取分层选修的方式，通过学生自选与教师指导相结合的方式指导学生选择语文（统编）或汉语（自治区编），让课程知识范围、难度要求、评价方式都适应学生自身发展的需求，帮助学生主动学习。

（二）特色型课程

特色型课程，即以艺术、体育为主体构建的美育课程，包括美的语言、美的形体、美的内涵、美的实践四个模块课程。学生根据自己的兴趣爱好，在必选四个模块内各选择一门自己喜欢的课程。

美的语言课程包括普通话经典诵读、藏语歌曲、诗歌鉴赏、英语广角、演讲口才、传统藏剧、戏剧艺术、升旗仪式宣讲等，重在提高学生的人文素养。美的形体课程包括传统的昌都锅庄、丁青热巴、芒康弦子、江达长袖舞等民族舞蹈，以及大象拔河、抱石头、抱沙袋等传统运动项目等，重在传承文化的同时，提高学生的身体素质。美的内涵课程包括具有民族特点的仪式、礼仪、书法、绘画、摄影及二高校史、惠民政策、校园文化、学生手册、探寻物理之美等。美的实践课程包括志愿服务、各类社团、技术应用、科学实验。老师们将传统民族舞蹈改编成课间操，将富有地域特色的韵律编入校歌，组织编织、陶艺、唐卡等，重在培养学生的实践能力的同时，传承优秀文化，让优秀传统文化在二高校园里形成一道独特的风景。

二、丰富多彩的实践课程

学校遵循教育规律和学生身心成长规律，把"美"的核心理念融入各个年级的育人目标，制定学生从七年级到高三年级的一体化教育目标；把社会主义核心价值观中"爱国、敬业、诚信、友善"的公民素养教育融入学生的实践活动，构思月主题活动；通过广泛、深入开展最美班级、最美宿舍、文明校园、民族团结进步示范学校等评选活动，从学校、班级、宿舍、个人等各个层面多方位开展争创活动，弘扬优良校风、教风、学风，营造文明、健康的文化氛围，真正把社会主义核心价值观内化于心、外化于行。

（一）年级育人目标

七年级和高一年级学生通过"迈好中学第一步""让心灵更美好"活动，在立规矩、养习惯、明方向中崇尚美。八年级和高二年级学生通过"迈好青春第一步""让思维更科学"活动，在知上进、守规则、求发展中追求美。九年级和高三年级学生通过"迈好理想第一步""让信念更坚定"活动，在树形象、明目标、齐冲刺中创造美。

（二）学生月实践主题

学生月实践主题共有12个，即1月为中华传统教育月、2月为文明守纪教育月、3月为环保主题教育月、4月为涵养品格教育月、5月为热爱劳动教育月、6月为生命主题教育月、7月为坚守诚信教育月、8月为公益服务教育月、9月为尊师爱校教育月、10月为家国情怀教育月、11月为感恩主题教育月、12月为安全法治教育月。学生在主题月实践中追求美的理想、美的品德、美的情感、美的人格，从而融美于心、化美于行，感受校园生活的快乐，不断健康成长。

（三）六个自主发展平台

1. 值周班榜样示范

学校发挥学生会、值周班的自主管理作用，让学生参与活动组织、监督检查、管理评价，通过对各班学生的卫生、仪表、纪律、课间活动等情况的量化考核，增强学生的主人翁意识，培养学生的责任感和使命感。

2. 阳光体育磨炼意志

学校全面普及"两课""三操""两活动"，广泛开展青少年阳光体育活动，体育施标面达到100%，达标率90%以上。学校通过每天一小时的阳光体育活动，积极开展各种适合学生年龄特点、有运动效果和教育意义的群体性竞赛活动，让学生在运动中更加团结、相互关爱、相互鼓励、磨炼意志，组织体育艺术相结合、年级学生全体参加的校操，使"以美健身"工作更具整体特色。

3. 社团活动拓展兴趣爱好

学校鼓励学生积极参加英语口语、足球、乒乓球、太极拳、十字绣、汉语书法、弟子规、跳棋、象棋等形式多样的社团实践活动，帮助学生发现自己的兴趣专长，在活动中学会交流、合作，在展示中收获自信、感受成功。社团活动的开展不仅能培养学生的集体意识，而且能够培养他们的社交能力和创造能力，增强他们的自信心，使其文化素养得到更大提升。

4. 校园文化艺术节上的才艺展示

学校每年举办校园文化艺术节，以高品位、高质量的校园文化活动为载体，营造积极向上、格调高雅、健康文明的文化艺术氛围，展示初中学生书法、舞蹈、形体、器乐类等课程的成果，展示高中学生绘画、摄影、合唱、电脑打字等课程的成果，通过诵经典、传箴言，品千古华章、筑中国梦想等经典诵读活动及"班班唱"比赛、校园歌手大赛等形式发展学生的文化特长和兴趣爱好，让每一名学生都能在文化艺术方面具有一项专长。

5. 校园体育节上的顽强拼搏

学校每年举办体育节。一年一度的运动会为校园增添深层的文化意义，"友谊第一、比赛第二""勇于拼搏"等耳熟能详的口号根植于师生心中，与运动和竞技有关的文化通过运动会得以积淀，丰富操场文化的内涵。学校通过足球、篮球、乒乓球及各种田径竞技体育项目，培养学生在比赛中拼搏进取的坚强意志、团队合作的齐心协力、勇争第一的超越精神；组建学生足球队和篮球队，坚持开展冬季长跑比赛，丰富充实校园阳光体育活动，通过丰富多彩的竞技活动让学生在竞争中更加团结、相互关爱鼓励、磨炼意志。

6. 社区公益服务

学校建立健全学生社会实践课程记录档案，鼓励学生积极参与社会实践和社区服务，并做好学生评价和学分认定工作，让学生在主动参与公益服务活动中感受人民群众的需求，感受人民群众对改善生态环境的渴望，从而增强学生的社会责任感，让志愿服务成为学生的生活经历，让公益事业服务成为学生的自觉追求。

三、生动活泼的第二课堂 ❶

为进一步践行德育为首、教学为主、育人为本的办学理念，营造浓厚的校园文化氛围和创建学校特色，通过引导发挥学生的个性特长，努力实现学校、

---

❶ 昌都市教育局. 天津二轮组团式援藏教师主动发挥作用大力开展第二课堂活动 [EB/OL].（2018-05-19）[2022-05-18]. https://mp.weixin.qq.com/s/idemYRQqZofbBNjEOZdUdQ.

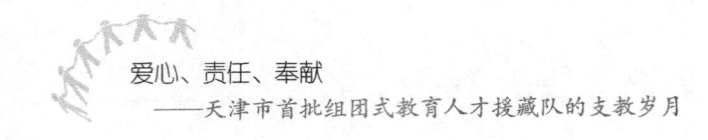

教师与学生共同发展，天津第二批组团式援藏教师主动发挥作用，全力助推受援校开展第二课堂活动。

（一）立足校情，制订切实可行的方案

学校成立以援受双方校级领导为主的第二课堂领导小组和考核小组，全面负责第二课堂活动的组织安排，把第二课堂活动的开展纳入工作量考核；安排高一、初一年级组成员为具体负责人，利用每周二、周三 18:30~19:10 在初一、高一年级开展第二课堂活动；根据学生兴趣和心理特征，结合实际充分利用现有师资、器材条件，全面推出艺术类、体育运动类、学习竞赛类、文学传媒类等四个项目，有十字绣、象棋、书法、太极拳、手工、美术、足球、影视欣赏、成语故事、中华传统文化等10余个兴趣小组。

（二）科学管理，全面实施"六定"管理法

为了增强辅导效果，切实提高第二课堂活动的质量，学校对第二课堂活动实施"六定"管理办法。一是定内容。要求各组按照学校的统一安排，结合本组实际，根据教师特长与学生特点在规定范围内确定活动小组的名称及内容。二是定学生。各组学生在班主任的指导下可自己选择参加一项活动，组织报名、确定人员、落实人数。三是定时间。各个活动小组建立以后，每周要组织学生按时参加活动，辅导教师要保证充足的辅导时间，做到不迟到、不早退、不旷课。四是定地点。各有关部门要负责协调各小组的活动场所，要尽力排除外界干扰，保证安静的学习与辅导环境。五是定指导教师。结合教师自身特长，选定辅导教师，充分做好年度的辅导计划和安排，保证辅导质量。六是定目标。辅导教师要认真分析学生的实际情况，根据辅导项目及特点确定本组辅导目标，学期结束后辅导教师要汇报辅导成果，学校在学年结束时对目标完成情况进行评估。

（三）发挥作用，天津援藏教师实力担当

第二批组团式教育人才援藏教师到昌都后，认清自己的使命担当，积极发挥作用，为昌都市第二课堂注入新鲜血液。天津援藏教师带来的"弟子规""跳棋""象棋""英文影视赏析""汉语书法""观外天"等都让学生耳目一新。兴趣小组活动的开展既培养学生多样的兴趣爱好、发展学生的个性特长、促进学生快乐成长，又丰富校园文化生活、营造校园文化气氛、彰显学校办学特色，为校园生活增色添彩。

第七节 "六个途径"提质教研

在二高大讲堂的基础上，杨贵祝副校长主持成立教师专业发展学校，由王盛主任具体组织开展工作。王主任秉持教研兴教、教研提质的理念，围绕"一个中心、两个转变、三个提高"，制定教育科研的管理与考核、奖励等系列制度，通过建立教研联络点开展教学研究和试点，落实符合实际、切实可行的教学改革方法和策略，深化青年教师培养，逐步实现从"漫灌"援藏向"精准"援藏转变。

一是完善校本培训计划，积极构建学校、教研组、备课组三级培训网络，以援藏教师为主导，继续深入实施"一对一""一对多"跟岗、"影子培训"。

二是制订教研大练兵实施方案，从面向全体、自主学习、多元互动、讲练结合、技术应用、目标达成六个维度制定美的课堂汇报课评价标准，有计划、有步骤地举办微课、信息化融合课、同课异构课、书法、优秀教案等竞赛、评比活动，落实"以赛促教"。

三是精心组织援藏教师开展研究课、示范课活动，加强先进教育理念、教学方法的传播、学习、交流，通过援藏教师和当地教师的课堂对比，找出授课教师在教材处理、教学方法、学生的学法、课堂管理上的优势和不足，及时反

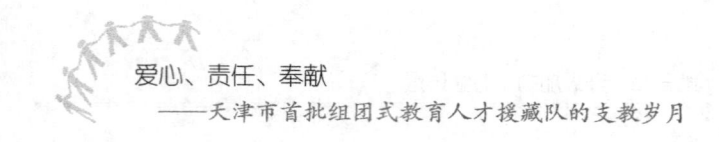

馈给授课教师，以取长补短、互相促进，减少或避免"苦干有余、巧干不足"的情况。

四是继续组织援藏干部、教师结合自身专业、专长，自定主题，开展学术讲座，提升教师的教育理念、教学水平，促进教师的专业发展，推动援藏工作从"当前"向"长远"、从"输血"向"造血"转变，加快提升二高的"造血"功能，为振兴西藏提供可持续发展的智力支持。

五是援藏教师主动发挥作用，纷纷开展第二课堂活动，带头营造浓厚的校园文化氛围和创建学校特色，通过引导学生发挥特长，努力实现学校、教师与学生的共同发展。第二课堂活动主要有秦德强的汉语书法、杨志国的象棋、刘静的十字绣、周立男的跳棋、于丽英的弟子规、韩玉楷的太极拳、刘昱含的英文影视赏析、王竹强的"观外天"等课程。

六是拓宽交流交往渠道，广泛开展"手拉手"帮扶活动。通过师徒结对、新老结对、课程结对、专业结对、学科帮扶等多种方式，援藏教师与当地教师共同承担教学任务、共同备课、共同制订教学计划，实现深度交流和共同成长及充分融合，齐心协力开展教育教学工作。

第八节 "五个举措"引导学生自主学习

高中学生喜欢独立思考、幻想，对新生事物敏感好奇，求知欲强；在意自己的精神面貌和道德修养，比较自信；易受群体及他人影响，喜欢把自己与身边同学作比较，但不盲目听从。

面对初具人生观和价值观的中学生，在他们的自我意识逐步增强的阶段，学校创新机制，加强学生自主管理的力度，能更好地增强他们的自主意识，形成学生自我管理、自我服务、自我教育的管理模式，以培养学生的自觉性，引导学生自主学习。

一、全员育人

年级管理由年级主任进行统筹指导，以班主任为核心，以党员教师为引领，落实全员育人、全员德育。学校加强对学生的理想教育，增强其学习的使命感，培养其坚强的意志和毅力；通过榜样的力量激发学生的学习热情，端正学生的学习态度，培养学生乐学、会学，使不同层次学生都学有所获。

全校教师主动探索、积极参与全员育人工作。学校落实学科教学育人职责，优化育人实施的路径；组织学校名师、学科带头人、学生家长建立选修课管理、开发、评价队伍，主动开发、丰富课程资源；强化教师的团队意识，增加教师之间的合作、交流、研讨，在教学过程中突出兴趣与学生特长培养，注重因材施教的实效；通过导学案的学习引领、学习伙伴的成长互助、导师制的师生配合等方式不断优化、完善学习过程。

二、自我管理

在学生自主意识的调动上，学校以年级学生会为核心，带领各班班委会和年级学生志愿者，在各项工作中形成系统的管理程序、明确的分工，让所有学生都参与管理。在参与管理的过程中，学校有意识地引导学生发现别人的优点和长处，认识到自身的不足，自觉树立"赶帮超"的目标，切实推动学生的自我管理、自我服务、自我教育，通过弘扬科学的学习观念，营造良好的学习风气，引导学生自觉学习。

三、导师制

学校注重学生人格的培养和个性的发展，在学科竞赛提优、学科兴趣提高、学生自主探究创新等活动中实行导师制，做到因材施教、因人施法。在导师的指导下，学生在中学的时候能够比较早地发现自己的潜能，清楚自己将来要从事的职业，从而根据自己的能力倾向及未来的发展愿望选择课程，这为学生的未来发展奠定基础。学校把有相同兴趣爱好的学生安排在一个群组，让他们有更多交流的时间和空间，这对培养他们的交流能力和团队合作精神有很大帮助。同时，学生在自我规划的基础上，找到自己的发展目标，能够全力以赴地实现自己的梦想。这种管理模式增强学生学习的自信心和自主学习意识，提高校内时间的利用率，实现学生的个性化成长。

四、教法创新

我们创新教法，创建高效课堂，提高教学的有效性。同一学科组坚持集体备课与教学进度统一，突出"轻负与课堂教学高效"，力求实现"三个转变"，以"教"为中心变成以"学"为中心，以知识学习为主变成以能力培养为主，改变单一的学习方式为多元的学习方式。我们推广落实问题探究式教学，有效开展开放性教学，把课堂还给学生，让课堂充满活力；把创造还给教师，让教育充满智慧挑战。我们通过创设情境、创造条件、提供机会，让学生在教学过程中发挥主体作用，在参与中获得亲身体验，得以提高和发展。我们突出分层与学科技能提升，推广实行分层教学，逐步建立健全科学的分层教学体系，优化、细化分层教学模式，使学校的教学向多元化、多样化、开放性、灵活性的方向发展，激发不同层次学生的学习兴趣。

五、学法指导

高中生学习能力提升的重要目标是学习方法的转变、学习习惯的养成、学习信心的建立。学科教师以学生发展为本，举办学习方法系列讲座，开展学习方法咨询活动，组织学生参加学习方法交流会，通过各种渠道引导学生进行学法探究，寻找适合本人特点的学法，提高学习效率，同时以研究学法来推动教法的改进。针对高考学生，我们进行分科分阶段讲座，从根本上满足学生的需求，激发学生的内驱力、激活学生的外动力，引导每个学生制订合理可行的学习计划，做好每天的时间分配，引导、规范学生科学预习、专注听课、按时完成作业、及时复习、从容应对考试。考试后，我们帮助学生分析是否达到预期的目标，及时肯定学生的进步，鼓励学生按照最初的计划坚持下去，帮助学生学会学习，培养其终身学习、可持续发展的能力。学校开展各具特色的学科活动，激发学生的兴趣，进一步培养学生的主动性和自觉性，引导学生高效地利用校内时间。

第九节　德育从规训走向浸润

学校紧紧围绕特色校园文化建设，深入开展"创建文明校园、争做文明学生"活动；大力打造"书香校园"，策划系列读书活动，通过系列文化活动浸润学生的心灵；完善德育室建设，健全禁毒室，让学生感受身临其境的文化熏陶；倡导学科教师自觉履行"以美育人"的基本规范，以师表形象影响感染学生，引导学生形成高尚的道德情操；倡议家长树立正确的教育观，引导其通过家庭氛围影响孩子人生观的形成等。

一、五项工作推动德育向纵深发展

（一）高度重视学生思想道德建设

团队以理想信念教育为核心，全面加强和完善未成年人的思想道德建设。我们精心办好《党建之光》，优化校内宣传橱窗建设；开辟校史展览馆、文化长廊和荣誉墙。学校坚持德育与教材相结合，与现实问题、学生的实际生活相结合，深入开展"扣好人生第一颗扣子""过好当下幸福生活""新时代好少年""四讲四爱"等主题教育，让师生增强"四个意识"、坚定"四个自信"、不断增强"五个认同"，从而做到"教学做合一""知行合一"。学校优化校园电视台、广播站建设，充分利用电视、广播的宣传渠道助力文明校园建设工作，以早间新闻、午间直通车、Music Radio 音乐地带、综艺下午茶等多个不同的板块分享丰富多彩的内容，让校园广播更贴近学生、贴近校园，促进良好校风、学风的形成。

（二）大力推动传统文化进校园

学校组织专业教师将昌都锅庄、丁青热巴、芒康弦子、江达长袖舞等民族舞蹈改编为舞蹈课间操，让师生在律动中展现美；将彰显地域特色的优美旋律融入并创作催人奋进的校歌，让师生在歌声中抒发美；组织一年一度的康巴文化校园艺术节，丰富师生生活、宣传传统文化、健美健身的同时，增进同学之间的友谊。学校在校史馆，通过墙壁文化和锈迹斑斑的实物诉说学校曾经发生的故事，展现学校过往的艰辛、辉煌，给人以信心和力量；利用文化走廊，展示师生的艺术作品，激励学生不断进步，推动教师不断创新；布置有警示性、教育意义的公告牌板，张贴励志的警句和口号，润物细无声地激励师生前行；传统礼仪教育画报体现中华文化的博大精深，潜移默化地给人以真善美的熏陶；制作具有象征意义的校徽，设计藏式风格的亭台，这些无声的语言通过学生的联想和想象变成有声的教育实体，在培养学生的高尚情操、健全的人格、正确的价值取向等方面具有熏陶、感染的教育作用。

（三）立体建设德育展览室

为了系统、直观地对学生进行德育教育，培养学生成为有理想、有道德、有文化、有纪律的合格公民，引导学生沿着正确的道路健康成长，团队精心设计、筹建德育展览室。室内主要布置为"八大板块"和学校荣获的奖牌、奖杯和证书，同时配备音响设备。"八大板块"的主题依次为我们的核心、伟大的祖国、美丽的家乡、可爱的学校、我们的团队、身边的榜样、开展的活动、我们的目标，通过图片、图表、模型和音像等资料的直观展示，从不同的侧面重点反映祖国、家乡、学校的巨变,奖牌、奖杯和荣誉证书反映学校近年来荣获国家、自治区、市级各有关部门奖励的情况。每个月学校都会安排不同年级、不同班级的学生参观德育展览室,由学生解说员进行解说,让每一位走进这里的学生亲身体验感受,让所有学生在真实的情景中受到洗礼、得到浸润,从而树立正确的世界观、人生观、价值观,达到鉴古知今、奠基未来的目的。学校建立健全禁毒室,通过多媒体展示、展板海报、禁毒宣传书籍、禁毒教育知识宣讲等方式,营造良好的毒品预防教育氛围,培养学生自觉抵制毒品的意识。

(四)精心创建昌都市心理健康教育中心

面向全体学生,学校开展以发展性、预防性心理健康教育为主,以团体心理辅导为重点的心理健康教育;在心理健康教育师资队伍建设上,统筹建立以心理健康教育专(兼)职教师为重点、班主任和德育课程教师为主体、教师全员参与的心理健康教育工作机制,将心理健康教育渗透到学科教学及班级团队活动中,促进学生身心的和谐发展。

(五)全力创建平安校园

简冬生主任作为主会场的具体负责人,积极协助昌都市在二高举办"做自己的首席安全官——平安校园行"主题宣传教育活动暨"平安校园攻坚行动"启动仪式,随后牵头开展系列平安校园创建工作。

一是开展形式多样、富有实效的安全教育活动。学校开展以"青少年儿童安全保护"为主要内容的主题班会活动;制订安全教育计划,分步骤安排法治、卫生防疫、心理健康、生命教育、食品药品监督、禁毒等宣传教育活动;开展以"关注安全、关爱生命、欣赏生命""斑马线、生命线""合理上网,健康生活""不搭不明情况的车辆"等为主题的国旗下讲话、演讲比赛;制作安全教育宣传栏、黑板报、宣传展板、宣传资料、宣传标语;安排每周星期二下午第三节课的安全教育课,确保每学年安全教育课时达到48课时以上。

二是全面具体开展安全知识教育。学校以防流感、手足口病、结核等传染病，防食物中毒、防踩踏、防欺凌、防交通事故、防地震、防雷击、防溺水和防毒品为重点，每星期进行一次专题教育，每月组织一次应急疏散演练；邀请昌都市消防支队官兵向广大师生演示灭火器、灭火毯的使用方法。

三是制作发放安全教育告学生家长书，让学生家长也熟知安全常识，形成家长、学校、社会共同教育的合力，使学生牢固树立"我是自己的首席安全官"的意识。学校通过国旗下讲话、校园广播、系列活动深入推动平安校园建设，通过多种途径寓教育于知识，涵养学生的心灵、约束学生的行为同时，让师生接受价值观、道德、情感和秩序要求，逐渐走向人格的成熟和完善，让行为规范内化为信念，继而化作行为品质，展现出学生良好的精神风貌，促进学生健康成长。

二高的平安校园创建工作取得巨大成就，藏东教育专门对此项工作进行报道。

二、教职工"以美育人"的基本规范

学科教师自觉履行"以美育人"的基本规范，以师表形象影响感染学生。

（一）诚信之美

教师做到守时守信，按时上、下课，准时出席各类会议或活动，不迟到、不早退、不无故缺课、不随意调课，遵守教学工作、会议及活动纪律规范，认真严肃地对待并按时完成工作任务，说到做到，讲信用，以实际行动对学生进行诚信教育。

（二）师表之美

教师进入教学楼和教室时，做到着装得体，仪表端庄，衣着整洁、文雅、大方，不蓬头垢面，不留奇异发型，不染头发和指甲，不穿拖鞋、背心、短裤、吊带裙、超短裙或其他不庄重的服饰进入课堂；佩戴饰物要适当，不化浓妆；言谈举止文明得体，讲普通话、写规范汉字，用美的品格教育感染学生，体现良好风范。

（三）礼仪之美

教师礼貌谦和待人，遇到同事、学生及家长等友好示意和问候；上课开始主动向学生问候，下课时互致再见；接听学生电话或接待家长来访时主动问好，不对其态度冷硬或怠慢；在同事之间或师生之间交流时，尊重并注意听取他人的意见，不随意打断或阻止他人发言；尊重学生的人格，不讽刺挖苦、体罚或变相体罚学生；积极构建团结友爱互助的同事关系和积极平等和谐的师生关系，给学生以榜样示范。

（四）岗位之美

教师在个人办公区域应保持良好的工作环境，随时清理自己的办公桌及办公用品、书籍和资料，保持个人内务及办公设施、物品整洁和井然有序；上课前使讲台保持干净整洁，要求学生将桌面收拾整齐，不得摆放与上课无关的物品（如水瓶、梳子、小镜子、食品等）；上课期间自觉关闭手机等通信工具，不接打电话、收发信息、会客或随意离开教室，注重时时处处为学生做好成长的表率，自觉奉行"学高为师、身正为范"。

（五）育人之美

教师以良好的心态和饱满的精神状态投入每天的工作，带着微笑走进教室，上课时精神饱满，站立讲课，教态自然大方；建立严而有度、活而有序的良好的课堂秩序，培养学生良好的学习习惯；把思想教育贯穿于课堂，随时对学生进行精神关怀，不放弃任何一个学生；用规范语言教学，板书有条理，字迹清晰，让课堂形成美的氛围，让学生感受美的熏陶。

爱心、责任、奉献
——天津市首批组团式教育人才援藏队的支教岁月

三、"五条途径"引领家长树立正确的教育观

（一）选好驻村干部

每年团队协助学校精心选派优秀干部前往八宿县吉达乡吉达村等边远乡村驻村开展工作。驻村干部根据脱贫攻坚目标和"两不愁、三保障"脱贫标准，积极宣传和贯彻党在农村的各项方针政策；协助所驻村理清经济发展思路，协助解决经济发展中遇到的难题；进村入户察民情、听民声、重民意、解民忧，掌握基层干部和群众的思想动态，做好思想政治工作；深入宣传教育对经济发展的影响、对改变家庭状况的巨大推动作用，推动藏民改变旧有的教育观念；建立教育扶贫台账，摸清贫困教育人口底数台账，精准定位每名建档立卡贫困学生，实施"一人一策"控辍保学工作方案，用心编织一张义务教育控辍保学网，兜住所有孩子的受教育权；发挥自身的优势，帮助完善贫困家庭就学就业资助帮扶体系，让村民享受教育成果，使教育成为解决贫困代际传递问题的重要途径；鼓励村民加强学习、把握政策、找准方向、明确目标、理清思路，帮助贫困村、贫困户稳定脱贫。

（二）开办家长学校

为改变家长的教育观念，学校开办家长学校，为家长搭建家庭教育指导服务的平台。学校利用每学期开学家长送孩子入校的机会，召开家长会，向家长宣传党的教育方针、政策；介绍正确、科学的家庭教育方法；普及家庭教育知识，引导家长了解并掌握开展家庭教育的要领，从而提高家庭教育水平和质量。为了提高教学互动效果，团队在培训中深入浅出地把家庭教育理念贯穿起来，达到让家长易懂、易记、易用的效果；对表现突出的优秀家长进行表彰，让优秀家长代表向与会家长分享自己的家庭教育经验，让榜样充分发挥导向作用，以增强更多家长的教育意识。

（三）开展形式多样的家庭教育实践活动

学校结合国家的富民、惠民政策和农牧民的实际，与乡镇、村干部一起开展形式多样的家庭教育实践活动。学校开展防震减灾紧急疏散演练，加强家长在地震、火灾、泥石流等灾害发生时的防护、疏散相关知识，同时提高家长面对突发事件的应急能力；开展"规劝学生返校、停止挖虫草"活动，让辍学的学生及时回校上课；举办"迁出孤峰、集中居住、依靠教育、自力更生"等讲座，引导家长全面提升素质和能力。

（四）结对认亲

在了解农牧民实际困难的基础上，学校全体教职工实行"一对一"结对认亲，通过结对认亲与家长建立长期帮扶机制。老师们定期前往贫困家庭，有针对性地开展帮扶工作，提供资金、人力、物力支持的同时，引导家长转变思想、激发其内生动力，通过自身努力改变现状；引导家长把孩子送到学校接受教育，把扶贫与扶志落到实处。

（五）家访

为增加和家长交流沟通的机会，老师们采用不定期家访的形式，适时恰当地与家长进行面对面沟通，向家长反馈学生的在校情况和了解孩子的在家情况，帮助形成和谐的家庭氛围，让教育扶贫切实助推藏区的家庭教育。

四、春华秋实三十载，厚德载物续辉煌——30周年校庆暨第五届校园体育文化艺术节[1]

风雨兼程，自强不息。昌都市第二高级中学自1988年正式招生以来已走过30载春秋，已有30年办学历程。

---

[1] 昌都市教育局. 昌都市第二高级中学建校30周年暨第五校园体育文化艺术节开幕[EB/OL].（2018-10-31）[2022-05-08]. https://mp.weixin.qq.com/s/GUvHxjN6-Bcg-Sxrk3wN-g.

爱心、责任、奉献
——天津市首批组团式教育人才援藏队的支教岁月

2018 年 10 月 30 日，昌都二高在学校体育场举行建校 30 周年暨第五届校园体育文化艺术节开幕式。各级各界领导、兄弟校代表、退休教师代表、老校友代表、家长代表、全校师生共计 4000 余人参加开幕式，昌都市委领导宣布开幕，昌都市副市长宣读市长贺信。

贺信中说，建校 30 年来，昌都市第二高级中学秉承"知识改变命运"的办学理念和"教好一个农牧民子女，造福一个农牧民家庭"的办学宗旨，努力办好人民满意的教育，积累了丰富的办学经验，取得了丰硕的教育教学成果，为党和国家培养大批优秀干部和人才，为昌都市乃至西藏自治区的经济建设和社会发展做出积极贡献。希望昌都二高以 30 周年校庆为契机，围绕培养什么样的人、怎么培养人、为谁培养人，加强民族团结进步教育，传承中华优秀传统文化，发挥自身优势，突出办学特色，深化教育教学改革，全面推进素质教育，着力提高教学质量和办学效益，努力培养德、智、体、美、劳全面发展的社会主义建设者和接班人，努力把学校建设成为昌都市质量立校的典范和人才培育的摇篮，为谱写昌都教育新篇章做出新的更大贡献。

开幕式上，昌都二高的老校友代表、师生代表分别发言。

老校友代表回顾二高办学的艰辛历程和二高人坚毅执着的精神。为切实推进昌都教育再上新台阶，中共昌都地委、行署、地区教育局深入调研、反复研究、权衡利弊，确定于 2006 年 8 月开始在昌都二高开设边远初中班。在原昌都地区各级领导的大力支持下，二高克服校舍简陋、设备短缺、师资匮乏、经费不足、资源有限等困难，持续发扬艰苦奋斗的优良传统，充分整合教育资源，借外力强自力，深入挖掘内部潜力，不断深化改革、开拓创新、团结一心、众志成城，如期实现"三步三标"计划，教育教学条件、教育教学工作得以不断改善、快速发展，并取得骄人成绩。在一次次学校办学模式转变中，自强不息的二高人进行异常艰辛的探索，探索的过程中对西藏经济社会发展产生强大的推动作用。

教师代表见证天津市首批组团式教育人才援藏队支教以来，二高发生的沧桑巨变。2016年4月，昌都二高迎来天津市首批组团式教育人才援藏干部团队。同年8月，二高迎来天津市45名专业教师，正式开启天津对口援建昌都二高的新篇章。自此，天津援藏教师视昌都为家乡，全心投入二高的发展建设，积极出谋划策，整体规划学校建设，注重发挥辐射引领作用，工作兢兢业业，推动二高阔步前进。天津教育援藏团队的辛勤付出对昌都教育工作具有示范引领作用，对二高的办学具有强劲的持续提高作用。

校友、教师、学生、家长及驻地官兵表演《怀念母校》《我爱二高》《腰鼓》等文艺节目。在此次校园体育文化艺术节期间，学校还举行美术、摄影、书法作品和优秀藏汉作文展、田径运动会、校园歌手比赛、学生手工作品展示等活动。

第十节　助力教育脱贫攻坚[1]

天津组团式教育人才援藏队深入贯彻落实国家、西藏自治区、昌都市"精准扶贫、精准脱贫"工作精神，积极优化扶贫机制，聚合扶贫资源，保障贫困家庭子女平等接受教育，加快贫困家庭脱贫步伐，全面助推昌都教育打赢脱贫攻坚战。

优化机制，勠力打赢脱贫攻坚。团队认真学习贯彻落实习近平总书记重要讲话精神，全力以赴，助推昌都教育打赢脱贫攻坚战。一是完善脱贫攻坚领导小组工作机制，全员参与，分工到人，各司其职。二是集中学习《习近平扶贫论述摘编》，以《习近平扶贫论述摘编》作为新时代打赢支援西藏精准扶贫、教育脱贫攻坚战的指导思想。天津市援藏队提出"三要"要求，即要把学习贯彻习近平总书记重要讲话精神作为首要的政治任务，深入学习、深刻领会，不折

---

[1] 昌都市教育局. 津渝闽组团式援藏队"三位一体"助力教育脱贫攻坚 [EB/OL].（2019-04-09）[2022-05-08]. https://mp.weixin.qq.com/s/mCJW_beYFNUWTtpP749bEw.

爱心、责任、奉献
—— 天津市首批组团式教育人才援藏队的支教岁月

不扣地落到实处；要深入落实天津市委、市政府"升级加力，多层次全覆盖，有限无限相结合"的工作要求，把教育援藏专项资金用足用好，高质量推动援藏任务的落实；要当好政治工作队、教育工作队和习近平新时代中国特色社会主义思想宣传队，树立天津形象，促进民族融合，增进津昌友谊，全力助推昌都脱贫攻坚。

创新载体，全面聚合扶贫资源。一是扶贫，确保困有所依。抓好精准资助和家庭困难学生全覆盖，确保困难学生困有所依。通过举办"爱心援藏"活动，发动爱心企业和个人众筹帮助病困学生顺利完成学业；为学校配备书柜、图书，让书香伴随学生茁壮成长。二是扶志，坚定脱贫信心。走村入户，深入贫困学生家庭，和农牧民同生活共劳作，与当地政府和驻村工作队一起帮助贫困群众寻找致富之路，探讨建立脱贫长效机制，宣讲党和国家的惠民政策，确保贫困家庭学生有书可读。三是扶智，涤清贫困根源。深入开展"三联三进一交友"暨结对帮扶活动，学校领导、党员教师、援藏教师积极与贫困学生签订结对帮扶协议，定期与学生谈心，对学生进行精神、物质双重帮扶，阻断贫困代际传递。

统筹推进，多维保障教育脱贫。一是培养教育脱贫攻坚力量，进一步发挥二高大讲堂的作用，为当地培育一支"水平高、带不走"的教师队伍。积极协调承训省（市）开展各类"教育援藏"培训交流活动，帮助受援学校教师转变教育观念，助力昌都教育全面发展。二是以教育脱贫为统揽，统筹推进昌都中小学党建、德育、校园安全、精准资助、控辍保学、疑似失学儿童劝返等教育均衡发展工作，改善办学条件，缩小校际差距，确保教育脱贫无死角。

第十一节　站好援藏最后一班岗

一、坚持"五个继续",深入推进援藏工作[1]

组团式教育人才援藏工作启动以来,天津援藏团队紧密结合实际情况,积极发挥自身优势,久久为功,驰而不息,坚持"五个继续",扎实推进各项工作。

一是继续强化政治站位,履行援藏使命。弘扬"老西藏精神",坚持"先做二高人、再做二高事"的工作思路和"慎学习、炼作风、增团结、促融合、深交流、勤引领、重教研、勇创新"的天津援藏精神,认真贯彻落实援藏工作,主动承担,积极作为,"出全勤、站足岗"、加班加点,以建设二高、繁荣二高为己任,助力二高教育教学质量大幅度提升。

二是继续加强队伍建设,提升管理水平。向管理要质量,抓好组团式教育人才援藏常规管理工作,建立"两学一做""三联系三进入一交友""三亮明三到位""廉政文化进校园""四好五能"、治理"庸懒散""五比一创"等主题活动长效机制,巩固活动成果,抓好整改落实。完善援藏教师考核管理办法和竞争激励机制,与援藏教师签订援藏干部教师承诺书,加强管理,引导援藏团队尽快从身、心两个方面投入新学期援藏工作,实现真情援藏、实力援藏,深化师德高尚、谦逊包容、严谨笃学、扎实勤奋的天津援藏教师形象。

三是继续以讲台为战场,加强教研教改。以提高教育教学质量为着眼点,加大教学常规检查力度,规范教师备课、上课、作业批改、课堂小结、课后反思、坐班,规范出卷、监考、阅卷、质量分析会;抓好天津教师展示课活动,打造精品课堂;抓好优势科目,补强薄弱学科;完善教师评价、聘任、管理、量化考核等制度。以推进教研教改为着力点,加强教师培训,促进教师专业发展;

---

[1] 昌都市教育局.天津援藏队坚持"五个继续"站好第一批组团式援藏最后一班岗[EB/OL].(2019-03-28)[2022-05-18]. https://mp.weixin.qq.com/s/QTK3UAPQuURb_-yki2-KFA.

爱心、责任、奉献
——天津市首批组团式教育人才援藏队的支教岁月

推进"一三五八"青蓝工程，做好"传帮带"工作；抓好教学组、备课组活动，促进教学水平和教学质量双提高。

四是继续挖掘宣传亮点，扩大援藏影响力。做好援藏素材收集和记录工作，提炼宣传内容，通过简报、周报、人物专刊、微信公众号、QQ空间等多种媒介拓宽宣传渠道，对二高援藏教师的先进事迹、援藏工作实况和昌都乡土风情等进行及时、规范、有力地宣传，扩大援藏影响力，推动津昌教育文化深度交流。

五是继续当好桥梁纽带，凝聚援藏合力。坚持支援与合作并重，"输血"与"造血"共举，努力发挥援藏教师的传帮带和桥梁纽带作用，通过"走出去""请进来"，推动人才智力援藏，努力为昌都培养当地人才，留下一支"带不走"的援藏队伍。多举措促进民族团结、理解和认同，持续推动津昌两地交流、交往、交融。通过二高援藏团队牵线搭桥，已经实现天津河北区教师进修学校与昌都市教育局教科所对接，是津昌更广领域、更深层次交流的良好开端。

二、义务植树主题党日活动 ❶

又是一年春来到，植树造林正当时。为践行绿色发展理念，推进生态文明建设，2018年4月10日，昌都市第二高级中学义务植树主题党日活动火热展开。作为二高党支部的成员，天津援藏全体党员教师也积极参与活动。

在植树现场，援藏教师个个热情高涨、干劲十足。大家分工合作，配合默契，扛苗扶苗，挥锄铲土，扶苗踏实，精心处理挖坑、栽树、施肥、培土、浇水等环节，栽得认真，干得卖力，有条不紊，挥汗如雨。整个植树活动呈现一片热火朝天的劳动景象。

众人拾柴火焰高。通过大家一个下午的紧张劳动，新栽种的绿化苗木在校

---

❶ 昌都市教育局. 天津援藏全体党员教师积极参加昌都市第二高级中学义务植树主题党日活动 [EB/OL].（2018-04-11）[2022-05-18]. https://mp.weixin.qq.com/s/_CCTqwBX1EGEjr-AP3sJ6A.

园里形成一道亮丽的风景，几十株大树苗让初春的校园呈现出盎然生机和蓬勃朝气。

参加活动的天津教师纷纷表示，借这次党员活动要为校园增添一抹绿色，为推进二高的发展、建设大美二高做出自己的点滴贡献。

三、示范高中评估验收 ❶

2019 年 5 月 6 日，西藏自治区示范高中评估专家组莅临昌都二高，对二高申报自治区示范高中工作进行督导评估。本次评估专家组以西藏自治区教育厅基教处处长为领队，一行 12 人，深入二高开展评估检查工作，昌都市教育局领导、基础教育科相关人员陪同检查。

评估专家组一行首先观看二高的宣传展板，详细了解学校的基本情况。

会上，西藏自治区教育厅基教处处长介绍评估专家组成员。二高校长代表全体师生员工对各位领导专家莅临学校评估检查表示热烈的欢迎和衷心的感谢，并邀请与会领导观看学校宣传片。随后，校长做题为"擢升二高品质，铸就三江品牌"的工作汇报，从学校基本概况、队伍建设、办学条件、学校管理、教育质量、特色示范六个方面介绍创建自治区示范高中的各项工作。

昌都市教育局领导对评估专家组一行表示欢迎和感谢，希望专家们在检查中多找问题、提建议，并表示一定会以本次自治区示范高中评估为契机，加强整改、强化落实，推动昌都教育迈上新台阶。

在听完汇报后，评估专家组一行严格按照评估标准和要求，通过随机听课、查阅资料、实地查看、师生座谈会、学生实验能力测试等方式，对二高申报自治区示范高中各项工作进行详细评估检查。

整个评估过程组织有序、程序紧凑，专家组成员看材料、查现场，发现亮点，

---

❶ 昌都市教育局.市二高圆满完成自治区示范高中评估工作[EB/OL].（2019-05-07）[2022-05-18]. https://mp.weixin.qq.com/s/ZXn59GpQrEARe2DyG0vb6w.

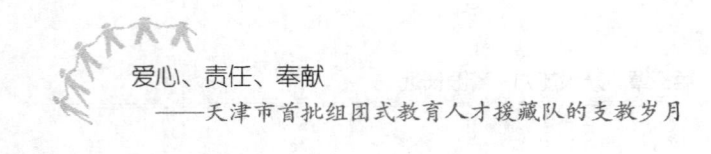

爱心、责任、奉献
——天津市首批组团式教育人才援藏队的支教岁月

指出不足，提出建议，对二高教育教学工作给予充分肯定。本次自治区示范高中评估意义深远。昌都二高以此次评估为新的契机，以专家组的评估检查意见为突破口，围绕学校发展规划中既定的办学理念和办学目标昂扬奋进、开拓进取，努力建成管理更加规范、特色更加鲜明、服务更加优良的学校。

第四章

二高的变化

第一节 二高的跨越式进步

天津组团式教育人才援藏队为二高发展带来的最大变化是教育教学质量的明显提升，取得跨越式进步。团队坚持把抓党建与教学工作有机结合，增强党员干部的角色意识、责任意识、争优创先意识，坚持弘扬"爱心、责任、奉献"的二高精神，并让这种精神浸润、涵养师生的人生，赋予二高特有的个性魅力，让二高人将工作与实现自己的人生价值、幸福生活融为一体，逐步形成"校兴我兴、校荣我荣、校耻我耻，视集体荣誉高于一切"的价值取向，同时践行"知识改变命运"的办学理念，升华"教好一个农牧民子女，造福一个农牧民家庭"的办学宗旨，营造尊师重教的氛围，使学校发生翻天覆地的变化。

一、学校管理水平明显提升

团队坚持向管理要质量，协助学校从制度管理逐步进入文化管理，通过不断增加学校的文化底蕴，塑造师生共同的价值观，凝聚人心，较好地实现用文化管理资源影响、引导教职工和学校的发展。学校坚持"三重一大"议事规则，建立健全《昌都市第二高级中学制度手册》，确保制度管人、管事；疏通管理渠道，对中层管理队伍进行调整和充实，成立均衡办、创文办、宿管中心、资助中心；对科室、年级组实行目标制和述职制管理，通过考核和检查强化中层管理人员的管理；管理重心下移，采取扁平化的管理模式，深化年级主任制，落实校领导包年级机制，确保各项管理落实、落细、落地；初步实现物质与精神、理性与价值、个人与整体在管理中的融合与统一。

二、教师观念发生根本性转变

天津教育援藏队到来后，带领大家一起备课，而且坚持定时集体备课，引导当地教师从学生的角度备课，学写教案，广泛开展教法研讨。当地教师逐渐意识到，教学不仅要传授知识，更要教会学生学习方法，授课时开始注重以自主、合作、探究为原则，通过设计问题引导学生主动思考，挖掘他们的思维潜力，培养其自学能力。教师观念的变化导致教育教学行为的变化，老师们纷纷尝试进行以自主学习为中心的课堂教学改革、以问题探究为中心的课堂教学改革、以情景体验为中心的课堂教学改革、以实践活动为中心的课堂教学改革，使二高的课堂发生翻天覆地的变化。课堂的变化导致学生的变化，进而使师生关系发生变化，越来越多的当地教师抛弃"等靠要"思想，自我激励、发奋图强；越来越多的教师认识到教学相长，甘为人梯的同时主动向学生学习。"一切为了每一位学生的发展"不再只是口号，老师们深刻地认识到，教师不仅是人类灵魂的工程师，而且是学生潜能的开发者；不仅是辛勤的园丁，而且是学生发展的引导者；不仅是无私的蜡烛，而且是师生互补的发展者。教师观念的转变全面增强师生对伟大祖国的认同感，不断铸牢中华民族共同体意识。

三、师资队伍能力大幅度提升

紧紧围绕"一个中心、两个转变、三个提高"深入开展工作，实现师资队伍能力的大幅度提升。三年来，学校教师积极参加昌都市、西藏自治区、国家举办的各种教学技能比赛，获得国家级荣誉 40 人次、自治区级荣誉 15 人次、市级荣誉 37 人次。其中，李俊荣获 2019 年"全国五一劳动奖章"，卓皿荣获"自治区学科带头人"称号，张交亮被评为"自治区教学能手"，李锦华和洛绒郎卡被评为"自治区骨干教师"。杨贵祝指导张交亮先后获得昌都市实验技能大赛一等奖、昌都市教学技能大赛一等奖、自治区教学大赛三等奖；指导席雪雪获得昌都市实验技能大赛一等奖。苗雨指导丁艳艳参加"一师一优课"获西藏自治区级优课，指导李莉参加"化学实验说课比赛"获西藏自治区推荐参加全国比赛获奖；杜晨光指导王强参加昌都市教师教学大赛获一等奖；韩健指导许静参加 2016 年"一师一优课"获市级优课；冯郁指导余豪做的"细胞核——系统的控制中心"一课获第十二届全国中小学创新课堂实践观摩活动三等奖等。

四、学校教育教学质量明显提升

近年来，学校教育教学取得长足发展。学校学业水平考试达标，高考取得可喜成绩。2016年，学校高考升学率为87.30%，其中，重点本科172人，普通本科265人，重点本科、普通本科上线人数均为昌都市第一名。2017年，学校高考上线率93.73%（不含艺体生），其中，重点本科上线102人，上线率12.06%；普通本科上线329人，上线率38.89%；专科上线362人，上线率42.79%；含艺体生上线率为95.86%。2018年，学校高考上线率为93.4%。2019年，昌都二高参加高考学生807人，其中759人上线，硬上线率达94.05%，创历史新高，加上艺体生上线768人，上线率为95.17%，其中重点本科上线53人，本科上线221人，占27.39%。

五、建强校本培训网络

学校构建"54321"校本研训框架，制订昌都二高师资培训方案，健全学校、教研组、备课组"三级"培训机制，大力实施"1358"工程，按照1年入门、3年站稳讲台、5年成能手、8年成骨干的目标，制订教师培养培训规划和青年教师成长计划，依托二高教师专业发展学校全方位开展师资培训，形成校本培训"一校一品牌"，实现师资提升从"输血"到"造血"的转变。

六、科研能力不断提升

团队积极营造浓厚的学术氛围，激励大家立足于校本开展研究，努力践行"以研促教"，让广大教师在浓厚的学术氛围中彰显个性，释放能量，获得成就感，激发创造力。过去，连课题筛选、论证，如何开课、开展课题研究、结题、文献检索都摸不到门的当地教师，在援藏团队的引领下，纷纷把教学过程中遇到的问题提炼成课题，积极开展教学研究，然后把研究成果与具体教学相结合，指导、完善个人教学。学校初步构建形成"以美育人"的特色课程体系及实施计划，各学科形成各自的教学模式，提炼"提高课堂教学实效性"的策略，探索并实践"学科美育课"思想。越来越多的老师课后主动反思，尝试形成自己的教学特色。近年来，学校教师撰写省部级教育教研论文256篇，完成自治区级及市级课题174人次。教师的专业素养不断加强，师资队伍的科研能力不断提升。

七、养成教育效果明显

学校以素质教育为指导，通过系列举措切实让学生接受良好的教育，涵养学生的心灵，培养学生的爱国意识、奋斗意识、集体意识、法律意识、安全意识、卫生意识、环保意识和感恩意识。学生养成教育效果明显，越来越多的学生能站在更高的视角看待学习、生命的价值。越来越多的学生立志从自身做起，虚心学习，希望通过教育增长才干、摆脱贫困。越来越多的学生的学习兴趣提高了，学习态度有了明显改变。学生获得认同和尊重，体会到价值。越来越多的学生认识到规则的重要、秩序的作用、和谐的意义；越来越多的学生的人生观发生根本变化，能勇敢地应对挑战和挫折，明白生命的意义，面对困难的勇气增加了；越来越多的学生知道"不能喝生水""有病就医""拒绝毒品"，具备遵纪守法、安全出行意识，树立立志报效祖国的志向。

八、家长教育观念的转变

教育是共同成长。孩子们反过来鼓励家长多看新闻、多看报纸，了解国家的发展形势；动员家长搬出大山到集中居住区生活；说服家长大力发展养殖业，通过自力更生实现脱贫。家长切实感受到读书受教育与子女发展、家庭脱贫致富的密切关系，认识到家庭教育是教育的基础，是孩子成长的后盾和整个教育的核心，认识到"读书是为了让孩子具备各方面的能力、更好地适应社会"。家长逐步重视教育，改变"要我读书"观念。不少家长后悔原来在家庭教育中的简单粗暴，开始通过电话嘘寒问暖，帮助孩子分析原因，鼓励孩子努力读书、走出大山见世面；不少家长主动与老师联系了解孩子在校情况，要求老师严格要求孩子。家长纷纷要求把孩子送到二高接受良好的教育，形成家长送子女、学生带弟妹、老乡介绍读书上学的新局面。在学校教室、宿舍非常紧缺且已完成招生工作的情况下，很多家长聚在学校门口言辞恳切地说："如果昌都二高不收孩子，他们就不读书了。"2019年秋季，二高高一新生人数从2016年的846人增至1150人，形成"我要读书"的新局面，实现从"要我上学"到"我要上学"的转变。

九、营造尊师重教的浓厚氛围 ❶

团队推动学校采取多项措施，积极营造尊师重教的良好氛围。

一是积极落实优惠政策，广泛吸纳各类人才投身于教育事业；对引进人才的工资待遇给予倾斜，解除引进人才的后顾之忧。

二是强化乡村教师培养补充、统一城乡教职工编制标准等系列举措，给新入职教师送上从教的定心丸。

三是坚持精神奖励和物质奖励相结合，在工作安排、培养、继续深造等方面重点考虑引进人才，激发引进人才干事创业的热情。

四是建立鼓励和吸引优秀人才长期从教、终身从教的良好机制和绩效考核评价制度，激励广大教师把聪明才智和工作热情汇集到教育教学中。

---

❶ 李梅英. 昌都市第二高级中学多举措营造尊师重教氛围 [EB/OL].（2018–11–02）[2022–05–18]. https://www.sohu.com/a/272754231_266317.

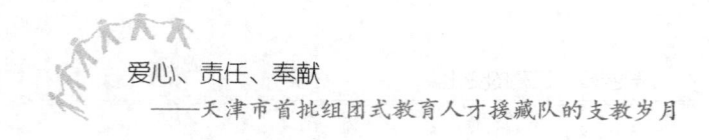

五是坚持以发展留人，大力实施"英才教师库"工程，注重从教师队伍中识别精英人才，努力建立和培养一支永远"带不走"的教师队伍，确保广大教师"留得住、干得好"。

六是通过宣传栏、展板、黑板报、LED灯箱等营造浓厚的校园文化氛围，持续提升文化育人环境。

七是通过表彰和持续加大宣传力度及多种方式不断展现新时期教师的精神风貌，进一步激发教师工作的积极性、主动性，营造崇尚师德、尊师重教的良好氛围。

八是每逢节日，所有学校领导深入开展走访慰问活动，向老师们致以节日的问候和祝福，送去党组织的温暖与关怀，在全社会形成尊师重教的良好社会风尚，坚定老师们不忘初心、终身从教的信念。

十、校园面貌日新月异

学校整体布局更加合理，建筑面积不断扩大。学校配合昌都市教育局新建园丁小区，教师周转房从156套增至224套，新建可容纳896人的2栋女生宿舍楼，大大改善师生的住宿条件；阅览室扩充至2间，修建德育室、禁毒室，增设心理咨询室，完善多媒体教室、计算机教室、舞蹈教室、音乐教室、专用美术教室等功能性教室，优化教育教学环境；改造运动场，改建校门，重铺路面，疏通下水管道，为宿舍加装取暖设施，粉刷墙壁；食堂也有新变化，铁餐桌变成木餐桌；会议室也进行装修、改造，学校基础设施得到改善。一栋包含学术报告厅、师生演艺中心、理化生实验室、计算机房、图书馆、会议室、教工之家等的综合性大楼规划完毕，并动工建设。二高已成为一所花园式学校。

十一、办学特色不断彰显

学校以素质教育为指导，以增强学生体质、提高学生艺术素养为宗旨，以促进学生个性发展为目的，以掌握艺体技能为根本，深入开展特色班级建设、特色课程构建、特色师资培养、特色模式探索、特色文化塑造等创建工作，广泛开展校园体育文化艺术节、校园十大歌手大赛、藏文书法比赛、校园书画展、非遗广播操等一系列活动，建立自己的网站、校园广播站、教学资源库等，营造校园文化氛围，增强师生体质，提高师生的艺术鉴赏力和文艺修养，激发师生的艺体潜能，形成"艺体教育强身铸魂"的办学特色。学校艺体教育教学成效显著，近年来先后获"全区群众体育先进单位"（见图1）、"西藏自治区书法教育示范基地""中国星歌星赛最佳组织奖""五四青年奖""昌都市先进集体""昌都市创建全国民族团结进步示范单位"等多项荣誉；学生体育达标率均在98%以上，优秀率在30%以上。近年来，学校艺术类考生历年上线率均保持在95%以上。

图1　学校荣获全区群众体育先进单位

十二、"立体式"支援格局形成

按照西藏自治区教育工作委员会、西藏自治区教育厅部署和要求，团队积极落实昌都市教育局《关于开展"百校手拉手"活动的实施方案》，深化"手拉手"结对活动，进一步明确与天津学校"手拉手"、共享优质教育资源，促进二高教育发展的新思路、新模式、新举措，确定推进工作的路线图、时间表、任务书。

爱心、责任、奉献
——天津市首批组团式教育人才援藏队的支教岁月

团队推动二高先后与南开大学附属中学、北京师范大学天津附属中学、天津市崇化中学、天津市瑞景中学、天津市第五十四中学、天津市第十四中学、天津市滨海新区大港第四中学、静海区子牙镇中学等10所学校建立友好校，协调天津优质学校与二高在师资培训、教学教研、课题开发、管理提升等方面开展"手拉手"结对帮扶活动，并形成交流长效机制，对接两地的优质教育资源。

团队积极与天津市教育部门和学校联系，发出助学倡议，深入开展"情系昌都，爱满校园"活动，为二高学生的发展铺路架桥。在天津援藏教师的积极协调下，天津市第三中学与昌都二高建立"手拉手"结对学校，在2017年5月5日主题团日活动中通过网络视频连线，所有团员重温入团誓词，开启"学生结对"新模式，拓宽组团式教育援藏工作的渠道。

团队主动发挥桥梁、纽带作用，积极牵线搭桥，分别推动昌都二高与天津市电化教育馆、天津市河北区教师进修学校远程教育网的对接工作，跨越时间、空间，为津昌更广领域、更深层次交流建立良好开端。建立互联网远程教学平台，协商制订二高与天津红光中学开展远程互动教学工作方案。该方案以学科同步教研活动为基础，通过观摩红光中学教师的课堂和现场教研，以红光中学教师上课的内容为中心，以上课的技巧为出发点，以教学理念为基点，充分展开研讨，以便及时学习、借鉴天津优质教育资源，如天津红光中学的管理经验、各学科教学方法的指导及如何开展研究性学习的指导等，通过适时开展远程互动，共享天津西藏班的教学资源。

第二节　数学建模在物理学习中的运用

一、问题的提出

高中学生普遍反映，物理知识课上能听懂，但不会做题，遇到问题时不知从何处入手。学生所欠缺的是研究物理问题的思维方法，但方法是隐性的，它的形成需要一段较长的时间，教师的目的就是帮助学生找到解决物理问题的方法。因此，下面我们认真分析高中物理难学的原因。

（一）思维离不开具体经验

学生由初中升入高中，从认知角度来看，开始由具体运算阶段进入形式运算阶段，开始从具体事物中解脱出来，能在头脑中将形式和内容区分开，能初步运用语词或符号进行逻辑思维，抽象思维能力有所发展。但是，学生的思维还常常与具体事物联系，他们离不开具体经验，缺乏概括能力，抽象推理能力尚未得到很好发展。

（二）数学知识的编排跟不上物理学习的进度

进入高中后，很快学习"矢量"这一概念，而数学中"向量"的概念到高中必修四才讲，学生理解矢量的概念很困难；高一物理用 V-t 图求加速度，但无法直接用直线的斜率描述加速度，因为数学里直线方程的斜率到高二上学期才会讲。数学知识的编排明显跟不上物理学习的节奏，使学生理解物理概念不透彻，较快接受用比值定义法、极限法、微元法处理物理问题很困难。

（三）物理学习的特点之一就是数学运算

进入高中后，物理学习中量化计算陡然增多，而学生的数学应用能力往往较弱，不能很好地推理、分析和综合。有时，即使学生对题目考查的物理知识点非常了解，但由于学生的数学知识运用水平不高，他们不能很好地从题目给出的已知条件中找到各个量之间的函数关系快速地解决问题。

二、理论依据

斯皮罗认为，建构有两个含义：一是对新信息的理解是通过运用已有经验超越所提供的信息而建构成的；二是从记忆系统中所提取的信息本身也要按具体情况进行建构，而不只是提取。学习者主动创造意义而不是获得意义，而教学的作用则是向学习者展示如何建构知识，促进互相合作，分享交流不同的认识。帮助学生建构意义就是要帮助学生对当前学习内容所反映的事物的性质、规律及该事物与其他事物之间的内在联系有较深刻的理解。

　　课堂教学在帮助学生获得信息、知识、技能、思维方式及表达方式时，也教学生如何学习；教学追求的目标和结果应由学生的"学"体现出来；教学效果的好坏，不仅要看它是否达到具体的目标（如知识、技能、信息），而且要看它是否能够提高学生的学习能力。

　　在这一理念的基础上，我们简化并归纳同类问题的研究模式，提炼出"数学建模"解决物理问题的思维方法，理出"建模法解决物理问题"的若干环节，使解决同类问题的思维程序化，从而有目的地培养和提升学生运用"数学建模"解决物理问题的能力。

三、创新过程与方法

（一）正确认识数学知识与物理学习之间的联系

　　我们强调数学是"物理学习的语言和工具"。上课伊始，我们从初中物理测距讲起。测量较近、较小的物体间距时，我们常常用刻度尺，而要测量更大、更远的距离用尺子就不行了，需要用数学方法。比如，测高大建筑物的高度，可以根据太阳光照射形成的影子，利用相似三角形对应边成比例来求得。我们告诉学生，物理学研究的是物质最普遍、最基本的运动形式及其相互转化的规律，自然界中各种物质的运动在量上都是守恒的，在质上也是守恒的，于是有了能量守恒定律，它的最简洁的描述就是用数学等式表示，通过数学运算与逻辑推理再返回物理世界，就能解决大量的物理问题。高中物理中，大量微观粒子组成的系统在一定条件下表现出来的不确定性，也是通过数学表征的。

我们进一步告诉学生，数学为考察物理对象提供简洁精确的形式化语言，提供数学分析和数值计算的方法，提供严密推理和逻辑证明的工具及抽象思维能力。伽利略最早尝试利用精确的数学分析并结合实验数据来研究物理问题；牛顿则大量运用数学方法系统地整理物理理论，物理大师们的成功都离不开数学，由此让学生认识到数学知识对于物理学习的重要性，引起学生对数学知识学习的高度重视。

（二）跨学科建构模型解决物理问题

积极开展研究性学习。在讲述新的物理概念前，我们指导学生把新章节中用到的数学知识从数学教材中一一找出来，弄明白这些知识点的数学意义，为建构数学模型做好铺垫。在讲述矢量及运算前，我们要求学生找到数学必修四课本，指导学生预习数学中的向量概念和运算法则；学习 V-t 图、X-t 图前，我们指导学生认识直线斜率的意义等。在讲述物理知识前，我们引导学生了解新章节中的数学知识，借助数学理解物理概念。

在物理教学过程中，对于用到的数学知识，我们给学生做准确的示范和描述，启发学生学会用数学语言表述物理概念，用数学方法构建物理规律。在讲述通电导体于磁场中受安培力方向时，我们恰到好处地展示空间几何模型，尤其是将带电粒子在匀强磁场中的运动轨迹与圆的知识联系起来，适当讲解圆、弦、切线的几何性质，给学生做准确的示范，通过巩固数学基础知识的教学为物理学习服务。

选取典型例题、习题，指导学生尝试利用"数学建模法"解决物理问题，引导学生进行严密的逻辑推理，然后给予合理的解释。例如，追及与相遇问题，用到一元二次不等式的解法，可以建立一元二次方程模型，也可以由 V-t 图通过计算面积、建立图像模型来判断是否追上。教师通过典型问题，启发学生的思维向纵深发展，依次是提要素—挖本质—理关系—建模型。

创设开放性实验室，让学生进行实地测量、分析，在具体的情境中学会构

爱心、责任、奉献
——天津市首批组团式教育人才援藏队的支教岁月

建数学模型，体验用建模法解决问题。实验室内存有生物标本，如何推算生物死亡的年代。对于这一问题，我们可以利用放射性衰变的规律求得。14C 是 β 衰变核素，半衰期 T=5730 年，大气中的 14C 与 12C 之比近似为一常数，由于活的生物体通过呼吸和光合作用与大气进行碳交换，使生物体内 14C 和 12C 与大气中有相同的比例，一旦生物体死亡，这种碳交换停止，生物体内的碳只有衰变，没有生成，其放射性活度将按指数规律下降。因此，只要测得死亡生物体每克碳的放射性活度，就可算出标本死亡的年代。利用放射性衰变的规律也可推算出落到地球上陨石的年龄，进而估算太阳系的年龄。

利用活动课，让学生逐步尝试构建多种数学模型，鼓励学生交流和讨论，利用建模法解决学习和生活中遇到的问题。在活动课上，我们经常设置这样的真实情景。

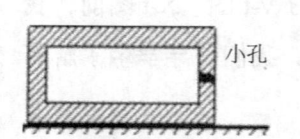

如图所示，把一个真空罐放于光滑水平面上，当其右侧被刺破一个小孔时，罐子将做什么运动？

对于这样一个具体的问题，如果不进行简化是很难描述的，那么应如何识别并建构数学模型。

分析可知，罐子的运动情况与跟它相互作用的空气有关，若以真空罐和最终进入罐内的空气组成的系统为研究对象，这一系统合外力为零，遵守动量守恒定律，可通过构建"二体碰撞"模型来处理。若没有"人船模型"的概念，很难弄清此类问题。

四、创新成果

（一）数学建模法

我们归纳出数学建模法解决物理问题的四个环节，即探究—数学建模—逻辑推理—物理解释。

一是探究。寻清实际问题，包括分析原型的结构、要达到的目的及能给我们提供的信息，由学生对情景所反映的性质、规律及事物之间的内在联系达到深刻的理解。

二是数学建模。分析处理资料，确定现实原型的主要矛盾，忽略次要因素，超越情景信息，进行科学抽象和概括，运用数学工具建立各种量之间的关系。

三是逻辑推理。根据所采用的数学工具在原有经验的基础上，进行严密的逻辑推理或求解，找出数学上的结果。

四是物理解释。把数学上的结论返回到实际问题中，即根据数学上的结论主动创建意义，对现实问题给予解释，由此判断数学模型正确与否，如有误，进行修正。

（二）数学建模的流程

建构数学模型解决物理问题的关键在于将物理问题数学化，在分析物理情景、理解物理问题要素的基础上，通过列表、画图、建立直角坐标系等方式把物理问题转化成数学问题，建立数学模型，把文字语言翻译成数学语言，然后对得到的数学模型进行求解，得到数学解（见图2）。

实际问题科学探究 → 建构数学模型 → 逻辑推理 → 创建意义解释问题

图2　数学建模流程

（三）引入概念、找规律时也可用数学建模法

机械能守恒定律的建立，思考如下物理情景。

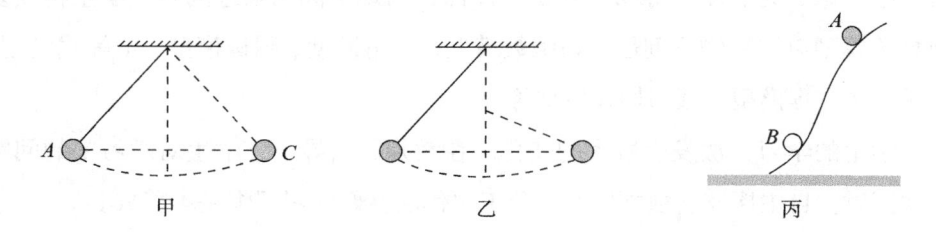

甲　　乙　　丙

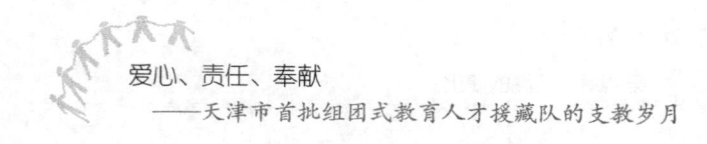

爱心、责任、奉献
——天津市首批组团式教育人才援藏队的支教岁月

把一个小球用细线悬挂起来，把小球拉到一定高度的 A 点，然后放开，小球在摆动过程中，可以摆到跟 A 点等高的 C 点，见图甲。如果用尺子在某一点挡住细线，小球虽然不能摆到 C 点，但摆到另一侧时也能达到跟 A 点相同的高度，见图乙。物体沿光滑曲面滑下，选取整个过程中的任意两点 A 和 B，见图丙。

我们发现这三个过程有一些共同的特征，可引导学生建构数学模型。

提要素：物体受几个力，但只有重力做功。

挖本质：重力势能变化伴随动能变化。

理关系：$E_{k_1} + E_{p_1} = E_{k_2} + E_{p_2}$

建立函数模型构建机械能守恒定律：在只有重力做功的物体系统内，动能与势能可以互相转化，而总的机械能保持不变。式中各变量之间的依赖关系，用解析式清晰地表达出来。由于数学表达形式简洁，内涵丰富，用较少的符号就能言简意赅地说明问题，所以在物理概念、规律的建立过程中被广泛采用。

五、学生的变化

数学建模法充分利用数学思想为物理学习服务，引导学生结合数学眼光，通过渗透—体验—积累—内化有目的地培养学生运用数学建模法解决物理问题的能力。我们看到学生的可喜变化。

（一）学生变得乐学、好学

学生的学习兴趣提高了，主动提问题、主动对比、模仿建构模型。随着力、电、磁、光、原子等物理知识的加深，涌现不同的物理问题，学生构建多种数学模型以解决物理问题，如函数模型、三角模型、图像模型、不等式模型、一元二次方程模型、圆与切线模型等。

学生的学习方法发生极大的变化。在教师的引导下，学生对学习中的问题主动探讨、自主探究、独立思考、分工协作的良好学习习惯基本养成。

（二）思维得到发展，能力得到培养

学生养成独立推导物理公式的习惯；对于新的数学知识，学生学会思考它在物理上的应用；当物理学习中涉及不理解的数学运算时，学生知道主动查阅数学知识的出处，借以巩固数学知识；对于生活中的现象，学生知道结合数学的观点来思考和处理；知道借助数学理解物理概念；知道采用精确的数学分析结合实验数据研究物理问题；知道积累数学知识和数学方法为物理学习服务。

六、思考

为了提高学生的物理能力和水平，教师在教学过程中应该有目的地培养提升学生运用数学知识和方法解决物理问题的能力，不仅要讲述用数学知识为物理服务的技巧，而且适时讲述数学的精神、价值，数学对物理进步所起的作用，从而鼓励学生在更高的层次上认识数学思想、方法对物理学习的作用。

第三节 构建教学新模式

一、高中物理问题探究教学模式

（一）研究背景

二高的课堂教学存在一些不足，如习惯于"重灌输式讲授、轻探究性教学"，重有限知识的"学会"、轻无限知识的"会学"，教师通过大量的练习让学生"掌握"物理知识，课堂缺乏师生之间、生生之间的交流互动，具体表现在四个方面：学生的主体地位没有真正落实；学生的个体差异常被忽视；知识传承代替探索；教学割断与生活的联系。

构建具有核心竞争力的课堂教学模式。团队建立一套符合自主学习理念、科学化、本土化的课堂操作模式,让老师们有一个教学范式作为参考,先入模,积累足够经验后再出模,打造高效课堂。

在查阅文献的过程中,我们发现在物理课堂教学中运用问题探究教学模式能较好地促进学生对知识的掌握和能力的形成,进而内化纳入学生原有的知识体系;更重要的是它能最终提高学生学习物理的兴趣,增强信心,使学生不正确的学习方式得到根本改变,从而有效地促进学生探究能力的发展,培养学生的创新精神和实践能力。

鉴于此,我们在物理课堂教学中尝试以问题为主构建问题探究的教学模式,以期帮助学生获得探索知识的方法,使其形成注重独立思考、勇于克服困难的科学态度和科学精神,促进每个学生全面发展。

(二)概念界定

1. 核心概念

(1)问题。问题是能够激起学生的探究欲望,并使学生主动地建构新知识,运用已有的知识,通过逻辑思维、形象思维等或设计实践活动探索完成的任务。

(2)探究。按《汉语大词典》的解释,探究是探索研究,即努力寻找答案、解决问题。我国《普通高中物理课程标准解读》中提出,科学探究是一种学习方式,是学习目标,也是学习内容。

(3)探究教学。探究教学是在教师指导下学生运用探究方法进行学习,主动获得知识、发展能力的实践活动,是一种模拟性的科学研究活动。探究学习是一种基于问题的学习,是学生通过主动探究解决问题的过程,体现了问题性和探索性。

(4)教学模式。教学模式是在一定的教学思想或教学理念指导下建立起来的较为稳定的教学活动结构框架和活动程序。它是教学理论的具体化,又是教学经验的一种系统概括。

(5)物理问题探究教学模式。物理问题探究教学模式是根据教学内容和要求，由教师创设问题情境，以问题的发现、探究和解决来激发学生的求知欲、创造欲和主体意识，培养学生创造能力的一种教学模式。

在物理教学中，如何有效激发学生的问题意识，继而引导学生对问题的思考、探究和解决，激发学生的求知欲、创造欲和主体意识，达到提高学生的科学素养的目的，是摆在我们面前的亟待探讨的问题。

2. 基本特征

在问题探究教学模式中，教师要创设情境启发和鼓励学生自己发现并提出问题。学生作为课堂的主人，根据教师提供的条件，明确探究的目标，围绕吸引他们的问题思考探究的方法，打开探究的思路，开展探究活动；为了解释问题，获取对问题进行解释所需要的事实或证据，进而根据证据，经过思考、推理形成解释；然后把自己的观点与别人的解释作比较，在相互交流中评价别人的观点，修正、发展自己的答案，形成新的理解；最后应用新知识解决问题。问题探究教学模式有5个基本特征。交流与合作是问题探究教学模式的突出特征。

一是问题，学生围绕教学目标提出问题。二是事实，学生针对问题开展探究活动，获取帮助他们解决问题的事实或证据。三是解释，学生依据事实或证据形成对问题的解释。四是评价，学生交流彼此的意见，比较、评价他们的解释。五是应用，学生用新知识解释生活中的现象，发现新问题。

（三）研究方法

1. 文献研究法

通过检索国内外相关研究文献，了解物理"探究式"教学思想形成与发展的过程，以及探究式教学的内涵、基本特征、操作程序及实施策略。在借鉴他人研究的基础上，我们从教学的实际情况出发，建立问题探究教学模式。

2. 行动研究法

立足于课堂教学，通过听评课和及时研讨、行动研究及积累、反思和提炼，探索形成物理问题探究教学模式，并实施对教学的有效指导。

3. 个案研究法

搜集高中物理课堂教学中成功实施问题探究教学模式的典型案例，对案例进行剖析和研究，提炼出高中物理问题探究教学模式实施的原则和操作步骤。

4. 问卷调查法

开展研究前，我们通过问卷了解学生的问题意识、对待问题的态度、解决问题的方式、探究的形式及新问题的提出等，为深入开展问题探究教学模式做好准备。

（四）物理问题探究教学模式的实施

在问题探究教学模式中，问题是课堂教学的线索，但问题不是随意提出的，问题设置有其遵循的原则。

1. 课堂问题设置的原则

（1）目的性原则。在探究式教学模式中，问题是教学的纽带，富有针对性的问题对整堂课起着关键作用，通过问题可促进师生的互动与交往，激发学生的兴趣，驱动学生积极思考。问题可以由教师提出，也可以由学生提出，但问题应服务于教学过程，服务于教学目标的实现。教师可根据教材内容与教学活动的需要来设计问题；问题与问题之间的内在逻辑关系要紧密，并且要沿着预定计划进行问题切换。只有有明确的问题，学生的探究才有方向。

（2）启发性原则。教学活动中设置的问题应具有启发性，应能激活学生的思维，同时引发学生深入思考、提出新的问题，并有助于学生对问题的探究。

高中生已经具备较丰富的生活经验，利用生活经验创设物理情境，可以让学生感同身受，促使学生由感性认识上升到理性认识，达到启发学生思考的目的。教学需要改变陈述方式，尽量减少具有陈述性和过于简单的一问一答式问题，增加具有程序性和复杂性的探究性问题。教学过程应注重在教师的启发下，学生主动发现问题、揭示问题和产生新的问题，从而达到培养思维能力的目的。

（3）兴趣性原则。兴趣是最好的老师，有兴趣的学习必将使学生学得快乐。设置的问题若能引起学生的兴趣，就能激发学生寻找答案的积极性，使其产生对问题进行深入研究的意向。

（4）适宜性原则。问题的设置要符合学生的认知水平，切忌过于艰深。如果提出的问题过大过深，就会偏离学生的"最近发展区"，学生就会产生畏难情绪，使课堂陷入尴尬的境地；如果探究内容落在学生已有的知识领域内，这样的探究将是非常低效的。教师应深入研究教材，恰当地提出适合学生的基本问题，创设相应的问题情境，激发学生的兴趣与思考，也为下一步的探索指明方向。

（5）渐进性原则。为了顺利开展探究，教师在创设问题时应注重问题选择的层次性，设计由浅入深、由简到繁、由表及里的递进式问题，使学生掌握物理概念的本质，领悟研究物理问题的方法。该原则要求将复杂的大问题分解为多个简单的小问题。在一个个小问题解决的过程中，培养学生独立思考能力，让学生成为课堂的主人，从而体验成功的快乐，产生求知欲。

2. 问题探究教学模式的相关策略

（1）师生关系策略。在问题探究教学模式中，师生关系对课堂教学的效果很重要，师生关系的性质决定学生在课堂中的思考方式和行为方式。教师的主导作用是实现学生主体地位的基本条件和根本保证，主导作用的本质是转化，只有把教师的"导"转化为学生的"思"，转化为学生的探索和思考，才能真正落实学生的主体地位。因此，教师与学生之间应建立一种民主平等的师生关系，积极营造一种宽松的学习氛围，让学生在没有过多限制的空间里畅所欲言、积极思考、相互启发、大胆质疑，促使每个学生将主动学习的愿望转化为实际的学习行动。

（2）过程教学策略。物理教学不仅要教给学生知识，更重要的是揭示获取知识的思维过程，后者对发展学生的能力更为重要。物理教学不应仅仅是结果的教学，更应是过程的教学。教师在教学过程中应注重问题的发现过程、概念的形成过程、方法的思考与形成的过程、规律被揭示的过程、结论的推导过程和概念图的绘制过程。

在组织开展探究学习活动前，教师应根据物理课程标准和教材，基于学生的发展水平，精心设计探究活动指导计划，为学生准备适当的研究材料。让学生自己提出问题，还是教师设计问题情境由学生发现问题；让学生独立探究，还是小组合作探究；学生的探究是实验验证，还是开放性探索等。对于这些问题，教师都应该进行过程预设。

学生进行充分的探究活动的过程：首先引导学生对呈现的问题进行观察、分析、对比和归纳，以分化出概念的不同属性；在分化各种属性的基础上，引导学生抽象出概念的本质属性概括形成概念，这是探究活动的重要环节；然后引导学生用准确的语言给出定义，给出概念的符号表示，或者给出描述概念本质属性的图形；概念形成后，应及时引导学生把新概念纳入其已有知识体系，建立新旧知识的联系，同化新概念，并尽快巩固新概念；当学生逐步学会形成概念的方式后，引导学生自行定义新概念。这一过程锻炼学生的思维。

（3）选择探究内容的策略。新课程倡导探究教学，但并不意味着每一节课都要探究。有些内容适合探究，有些内容不适合探究，那么哪些内容适合采用"探究式"教学模式呢？

①新知识具有重要意义，通过对新知识的探究学习，能够提高学生的学科能力，并在情感、态度与价值观上产生深远影响。

②新知识与支柱知识之间具有紧密的逻辑关系，新概念与已经学过的概念之间有相似的特征或便于对照的差异时，学生借助已有知识进行探究与分析，有利于其对新知识的理解。

③新知识各要素之间有足够的逻辑关系。可先由生活经验猜想、直觉判断各物理量之间存在着某种关联，通过探究进一步得到物理量之间的确切关系。

④新知识与各要素之间的联系是多层次的、间接的。通过层层递进的探究，才能找到新的规律。

"划时代的发现""行星的运动""经典力学的局限性"等以收集信息、培养学生处理信息能力为主的与物理学史有关的教学内容，则不宜采用探究方式。又如"核裂变"等教学内容属于了解性内容，且知识零散，不需探究也无法探究，也是不适合采用探究式教学模式的。

（4）引导学生提问题的策略。并不一定所有问题都要由教师提出来，教师在创设一定的物理情境后让学生有似曾相识的感觉，或者感到有疑惑、有困难，但这种困难又是学生自己通过努力可以解决的，这时教师可引导学生自发提出相关问题，自己设计问题解决方案。问题的提出需要宽松的环境。良好、宽松的课堂气氛是引导学生提问题的重要条件，教师要用和蔼的态度、亲切的话语、鼓励性的语言消除学生的心理障碍，鼓励学生大胆地说出自己的想法并提出问题，充分保护学生的自尊心、学习的积极性和学习兴趣。如果教师板着面孔说教，或者一味训斥学生，是不利于学生提出问题的。

（5）提高探究能力的策略。探究并不要求学生再现原先的知识发现的全过程，而要对之进行"剪辑"，使之缩短；发现难度太大的知识，应适当降低其难度，使学生通过努力能够完成；将知识原先发现过程中经历的许多迷途、岔道和可能性进行精简，方便学生开展探究。

探究应与重、难点相结合。教师要分析重点是什么、难点是什么，是难在应用过于灵活，还是理论过于抽象，要将所设计的问题落在重点和难点上。探究要循序渐进。一次探究围绕一个中心问题，所设计的问题要有一定梯度，由浅入深、环环相扣、层层递进。

探究活动是具有开放性的，不应拘泥于固定的形式。在探究中，教师要根据实际情况进行个人活动、小组活动或班级活动，探究要与其他方式有机结合、相互补充，如板书是一节课知识点的线索，让学生上台板书也展示了学生的知识建构和思维过程；幻灯除应用于教学外，也可用来展示优秀的试卷、课堂笔记和作业等。探究的课堂上应该多给学生创造自我学习的空间，亲手实践的知识会令学生印象深刻。

（6）利用概念图建构知识的策略。学生探究得到的概念往往是相对独立的、零散的、相互分离的，未能形成完整的知识体系，主要原因是学习中偏重对知识体系的"肢解"，缺乏对知识体系的"还原"，于是出现较难迁移、学了新的忘了旧的等现象，因此学生把所学知识应用于解决实际问题及新情境时常会遇到许多困难。通过建构概念图，可加深学生对知识的认识程度，促使学生自主地将零散、琐碎的知识系统化，最终做到深刻理解知识，从而有效地实现学生主体建构知识，提高学生完善知识结构的能力。

3. 问题探究教学模式的流程

依据科学探究的七个要素和物理课程标准对科学探究能力的明确要求，我们构建的物理问题探究教学模式的流程有以下七个环节（见图3）。在实际的探究活动中，可能涉及其中全部或部分要素，某些要素也可能弱化，而其他要素则是要重点实施的。

```
创设情境，提出问题
      ↓
建立假设，确定目标
      ↓
制订计划，分工合作
      ↓
师生互动，进行探究
      ↓
分析论证，得出结论
      ↓
交流与评价
      ↓
归纳总结，引申拓展
```

图3 探究式教学活动流程

（1）创设情境，提出问题。问题探究教学模式以问题为线索，而问题的发现和提出是探究的起点。提出问题很重要，能否发现与物理学有关的问题、能否从物理学的角度较明确地表述这些问题标志学生真正的进步，而提出问题取决于主体活动的积极性、求知欲望和知识经验。

创设情境能够影响学生对事件意义的理解，还能影响学生的知觉和学习方式，对记忆也产生深远的影响。在物理教学中，恰当地设置情境，可以激发学生的思维火花和学习动机，助推学生提出问题。

创设问题情境的方法很多，常见的渠道有借助生活经验创设物理情境；运用图像、音频、视频等手段，模拟特定的情境；利用演示实验创设物理情境，借助出乎意料的实验效果引人入胜；利用观察、对比、假设的方法创设物理情境；利用物理学中的人文知识创设物理情境等。

（2）建立假设，确定目标。建立假设和确定探究目标是探究式教学的重要环节。教师首先要弄清楚学生已经具备哪些知识，将获得哪些知识，为什么要教这些内容及教到什么程度，这些都要有明确的目标，也就是明确学生的探究目标。

探究模式中，目标需要以问题的方式提出。例如，"伽利略对自由落体运动的研究"一节，可以通过设置如下一系列问题达到完成教学目标的目的，如怎样证明亚里士多德的观点是错误的；伽利略如何通过逻辑来反驳，又如何猜想和验证自己的观点。

提出假设就是提出解决问题可能的途径、方法和策略，也是解决问题的关键步骤。

现实的问题是，学生在面对物理问题时不能提出合理的假设。此时，教师可以采取诱导设疑的策略，引导学生从解决问题的角度和提出答案假设，或者对探究结果进行预测。因此，可引导学生应用自己原有的知识经验来审视所面对的事实，仔细观察、分析新的事实和现象，分析问题的要求和条件，并在其中寻找与原有的经验和知识相似的特征和知识，找出它们之间的关系和联系，再根据已知事实和已有知识、事物与现象之间的因果关系和规律性确定解决问题的方向，并做出尝试性解释。

当学生提不出假设时，可引导学生根据已有经验提出假设；当学生的假设过于发散时，可引导学生从个人假设转向集体共同的假设；当学生的假设不够深入时，可引导学生多角度提问，合理地分解教学目标并根据自己的实际表现分步呈现，引导学生通过对一个个小问题的分析逐渐了解整个物理过程。

（3）制订计划，分工合作。制订计划和设计实验在探究活动中起着承上启下的作用，是连接猜想假设与探究的桥梁。计划的内容包括研究的目标、资料搜集的方法、尝试选择实验方法和所需的器材、考虑实验的变量及其控制方法，以及研究步骤、人员分工和预期研究结果的呈现方式等。教师可以实例示范的方式向学生介绍制订计划的具体过程与注意事项，并及时了解学生制订计划的进展情况。

探究活动很多时候需要小组合作，用集体的智慧来解决现实问题，因此课堂上需要组建若干小组。小组应本着自愿的原则组建，但教师要明确每个学生的认知水平、学习风格和个性特征，引导小组明确分工，各自承担相关的任务。小组应根据探究的目标制订探究计划，组员在教师的引导下分析、改进探究方案，最大限度地发挥自身作用，努力创造整体最优。当然，在合作的过程中，还要注意不断变换角色，尽可能让每位学生都能得到全面发展。

（4）师生互动，进行探究。教师要根据教学内容、教学课时、学生自身条件及学校的设备条件等因素，仔细斟酌，慎重选择探究的自主度。教师要尊重学生的想法，积极营造宽松、和谐、民主的教学氛围，让学生充分发表意见、积极研讨，在思维碰撞中获取真知；教师只是在学生遇到困难、活动无法进行时才给予适当的点拨和引导，而不是按照自己的思路控制学生的研究过程；教师应该关注学生有无探究兴趣，而不是有无探究结果；教师不能过度介入学生的探究过程，更不能代替学生进行探究；教师应鼓励学生走上思辨、畅想、感悟的探究之路，当学生的思维结果正确或有创意时，要及时予以强化，当学生的思维结果错误时，要容忍学生，并鼓励其大胆发言，提出多种不同的见解。

（5）分析论证，得出结论。教师要引导学生对看到的现象及数据进行分析处理，引导学生尝试根据现象和数据得出结论，并对探究结果进行解释和描述。

教师需要向学生提供资料整理分析的方法及提出成果呈现方式方面的建议；引导学生了解多种数据处理的方法，尤其注重引导学生利用图像、图表和曲线图等方式来探求数据之间的关系；鼓励学生采用多种方式处理数据；引导学生关注实验过程中的异常现象，分析采集的异常数据，并对原因进行分析，培养学生的批判性思维。

学生要整理、分析所搜集的研究资料，积极思考，在对各种信息加工的基础上形成自己的看法，不断验证自己对研究问题提出的假设，提出自己的认识和见解，还要用审视的眼光评判他人的观点。对学生表述不完整或不准确的地方，教师应给予补充完善和纠正。

（6）交流与评价。高中生的心理特点包括好奇心、表现欲等多方面。学生很在乎同学们的看法，得到教师的一句夸奖或考试得到一次高分就很满足，甚至更努力学习，所以课堂上应尽可能多地给学生创造表现的机会，并给予其积极评价。

可以通过小组展示交流，由小组代表对本组的操作做介绍，将本组的结论予以展示，并详细陈述得出结论的原因；尝试分析假设与实验结果之间的差异，注意探究中没解决的矛盾，从中发现新问题；吸取经验教训，改进探究方案。遇到不成功的探究方案，教师应充分抓住这一教学资源，启发学生思考，客观面对现实，全面培养学生综合分析问题的能力。对于成功的探究方案，教师则给予充分的肯定，让学生在合作探究中展示自我、体验成功。通过展示交流培养学生既坚持原则又尊重他人的处世态度和合作精神。

问题探究模式中，评价是培养学生总结概括能力的重要环节。对于本节课你学到了什么知识；本节课你训练了哪些技能，学到了什么方法；你有什么样的情感体验；你对本节课教学有哪些建议；本节课的学习会引发你的哪些思考等问题，让学生自己思考、总结并交流，尽可能让学生谈自己的感受和体验、谈自己的困惑和成绩、谈对教学的建议和思考。

评价应侧重评学，体现开放性和动态生成。在活跃的课堂上，出现讨论的环节时学生很容易暴露自己的问题；踊跃参与的同时，学生想什么说什么，此时教师一定要抓住机会，纠正每一个问题。若在此基础上能激发学生提出新的问题并不断探索思考进而引出下一步的教学则更好。

（7）归纳总结，引申拓展。教师引导学生完成探究、解决问题后，需要进一步深化，讨论概念的内涵和外延、适用范围及定义式和量度式的区别，从不同角度对概念进行深化和扩展。教师应通过归纳总结让学生对概念的理解由感性认识上升到理性认识；通过揭示知识的内在联系，使学生强化知识体系，形成牢固的知识结构，并把概念和规律与具体的物理情境、物理过程联系起来，用概念、规律解决实际问题，从而提高分析问题、解决问题的能力，把探究从课堂延伸到课外。

（五）反思与启示

1. 反思

提出问题是探究教学模式的起点，创设情境可以助推学生提出问题。然而，学生的生活经验各不相同，利用生活经验创设物理情境，经验欠缺的学生感受不深刻；多媒体虽能很好地模拟情境，但计算机课件创设的问题情境真实性较差；实验创设的问题情境虽直观生动，但有时耗时太长，难以操作。我们在创设情境时必须考虑各种实际困难。同时，问题的适切性还有待于我们认真进行深入的思考；在探究中如何更好地发展学生的思维能力，也有待我们进一步探索。问题探究教学模式适用于新授课和实验课，对于复习课、习题课，如何运用问题探究教学模式还需要继续探索。

学生带着自己脑子中储存的知识和经验（包括长期形成的复杂的行为模式）走进课堂，我们则试图走进学生的内心去探究学习可能产生的影响及学生是否做好新的学习准备，但实际上我们很难走进学生的内心，只能根据看到的、听到的进行推测。因此，教学模式建立在对学生心理活动的猜测上是远远不够的，需要永无止境地探索。

2. 启示

研究发现，学生的学习成绩与其探究能力的强弱无关，所以问题探究教学模式可以横向推广到不同层次的学校。初中生具有好动、好奇心强、习惯形象思维的特点，问题探究教学模式也可纵向推广至初中阶段的学习，在学生亲自尝试的过程中满足其求知欲。数学、化学和生物这三门学科的属性与物理学科有很多相似的地方，物理问题探究教学模式为数学、化学、生物教师开展探究教学做了充分的铺垫，也对其他文科课程的教学起着借鉴作用。

二、高中化学翻转课堂教学模式

（一）问题的提出

长期以来，教师在讲台前讲课、学生课后做作业的群体授课模式，导致"一刀切"，好的学生吃不饱、基础差的学生听多遍学不会，教学很难照顾到每个学生的认知规律和面临的具体问题，学生个性化发展缺乏。

如果打破常规，进行破坏性的革新，借助信息技术采取"翻转课堂"的教学模式，实现教与学秩序的颠覆，或许能满足学生个性化发展的需求，达到培养创新人才的目的。

（二）核心概念与理论基础

1. 翻转课堂

翻转课堂是学生在课前利用教师分发的数字材料在线自主学习课程，然后在课堂上互动并完成练习的一种教学形态。

2. 翻转课堂的特征

翻转课堂的知识传授通过信息技术的辅助在课下完成，知识内化则在课堂中经老师的帮助与同学的协助完成，不同于传统课堂，知识传授在课堂完成，知识内化则在课后通过作业、操作或者实践来完成，从而实现"教与学秩序的颠覆"。

3. 理论基础

翻转课堂模式依据本杰明·布卢姆的掌握学习法。掌握学习就是学生按他们自己的节奏学习课程；当他们完成一个单元，他们必须证明已理解了相关内容；如果学生在评估中得分偏低，就必须重新学习他们错过的概念，并再次参加考试。

这种方法要求教师通过对教学活动的设计来促进学生的成长和发展。在完成针对性练习后，教师要给予及时的反馈，便于更好地促进学生的学习。

（三）研究方法

1. 文献研究法

查阅相关文献，了解翻转课堂的特点、优势和面临的问题，指导我们的实践。

2. 行动研究法

成立手机 App 开发小组，通过手机 App 发布视频、微电影、音频等，将手机 App 这一新媒体的发展和教学结合起来，将制作的学习资源上传到手机 App 中，让学生课下提前学习。

（四）高中化学翻转课堂教学模式

化学知识点明确，很多教学内容只需要清楚地讲授一个概念、一个公式、一个实验、一道例题就可以。方向明确的化学知识点便于用微视频的制作，也易于布置预习作业和在线互动答疑、讨论。化学的学科特点适合翻转课堂的教学模式。

该模式主要由课前学习和课堂学习两部分组成。课前学生观看教师创作或选取的视频，将知识的理解过程放在课下；课堂侧重于开展探究式活动和进行更深入的科学实验，把应用知识、解决具体问题放在课上；信息技术提供重要支撑，其模式的突出特点为"先学后教"。

1. 课前设计

（1）手机 App 的制作。首先，可以将知识内容按照化学学科的逻辑顺序和学生的认知特点划分为若干知识模块；其次，明确学生每一小节必须掌握的目标，以及 App 需要呈现的内容；最后，考虑学生的差异，运用现代技术手段，整合图文、声像等要素创作微视频，根据不同班级学生的差异多版本地录制教学视频。

Fe^{2+} 和 Fe^{3+} 具有什么样的性质呢？它们之间能否发生相互转化？下面，我们通过实验来探究这个问题……这是学习"金属及其化合物"板块翻转课堂部分中的一个微课视频。视频由实验展开,重点分析 Fe^{2+} 的还原性和 Fe^{3+} 的氧化性,根据氧化还原理论着重解决 Fe^{2+} 和 Fe^{3+} 相互转化的条件。

这是一位化学老师在讲解"铁盐和亚铁盐的相互转变"一课前,将自己制作的微视频上传到手机 App 中,让学生提前学习的一个片段。微视频中声音、文字、动画能很好地重合,并且视频压缩非常小,用手机就可浏览。

(2)视频的收看。学习内容在课下传给学生后,学生在课下收看,可以把一些零星的时间用上。学生观看视频的节奏由自己掌握,懂了的快进跳过,当学生未能准确理解知识时,可充分利用微视频反复播放的特点重新学习,直到弄懂再进入下一阶段的学习,也可停下来仔细思考或做笔记。学生对视频材料中的疑问则可以通过留言板、聊天室等网络交流工具及时提出,这样学习可以在轻松的氛围中进行。

(3)针对性练习。在课前,根据学生的实际情况进行合理的练习设计,帮助学生利用已有知识完成向新知识的过渡。通过管理平台,学生不会的作业可自动被扔进"错题本";理解的习题只要点"会"就会从"错题本"中移出。通过在线,教师可准确记录学生完成作业的轨迹。同时,对于学生的疑惑,老师可一边说、一边画、一边写,学生看得见老师批阅的过程;同时,通过做完练习题,学生可以增加对新知识的理解及掌握程度。

2. 课堂设计

化学翻转课堂的最大特点就是在开展课前知识学习的基础上,不断延长课堂学习时间、提高学习效率,通过课堂设计完成知识的内化。

(1)确定问题。从学生的聊天、留言中,或是经过数据分析,收集、整理出一些有探究价值的问题。

(2)解决问题。首先,小组内交流,筛选出小组内无法解决的问题作为小组共同的问题提交全班讨论。其次,对于学生自己提出来的、迫切希望解决、组内无法解决的问题,在全班交流,必要时通过实验等找到解决问题的办法。最后,结合社会、科技等知识创设解决问题的情境,激发学生的学习兴趣和求知欲，使学生乐于探究；启发、引导学生一题多问、一题多解，寻求和探索问题的解决方案、途径，从而提高学生的科学素养。

（3）系统建构知识、提升学科素养。微视频提供了"碎片化"的知识，如何将这些"碎片化"的知识联系起来，形成知识体系显得尤为重要。基于学科特点，可尝试利用思维可视化的方式由学生进行系统设计。

（4）交流与评价。学生可以在课堂上交流学习体会，分享问题解决和制作"思维导图"的成功、喜悦；还可翻转汇报过程，在课余将自己汇报过程进行录像，上传至网络平台，老师和同学在线观看完汇报视频后在课堂上进行讨论、评价。

手机 App 不但可以对学习结果进行评价，还可以对学习过程进行评价。通过评价，促进学生心智的发展、获得积极的情感体验。

（五）翻转课堂的优势

化学知识与大千世界紧密联系，微视频可以把宏观世界微缩（如臭氧层的破坏）、把微观世界放大（如有机化学反应中化学键断裂的方式）、把瞬间变化的世界放慢（如溶液中的离子反应）、把缓慢进化的世界浓缩（如钢铁腐蚀），从而实现把事物发生发展的过程及其背后的规律从不可视转化为可视，使教学生动形象。

"实施了翻转课堂后，我们可以自主选择学习的时间和地点，不会因为生病、请假而耽误课，手机 App 为我们搭建一个开放的平台，在一定程度上促进我们对知识的理解和掌握。"很多学生认为翻转能实现个性化学习。

（六）翻转课堂实施过程中的挑战

教学视频制作的质量对学生课后学习效果有着重要的影响，从前期的拍摄到后期的剪辑需要有专业人士的技术支持。翻转课堂需要学校配置高性能服务器，对于一些家庭困难的学生，需要学校提供相应的设备支持。

第四节　物理美育课

一、美育与物理教育

物理学的基本使命是认识物质世界，并以概念、规律、方法、理论等形态客观地反映物质世界，以正确地揭示物质世界现象和过程的本质。物理教育的目的可表述为：培养学生认识宇宙，学会从物质结构和运动的繁杂、无序之中，整理出统一的、简洁的秩序和规律，找到认识世界、解决问题的途径和方法，从而为人类社会的进步、发展服务。

美育的目的是按照美的标准和规律培养人的审美感受力、创造力及提高审美趣味，其基本特征是形象化和情感性。广义的美育是将美学的原理渗透于各个学科的教学，培养学生具有正确的审美观和鉴赏美、创造美的能力，学生从零散、无序的艺术哲学中整理出令人神往的秩序和规律，发现大千世界的美妙，促进人类社会的和谐发展。

这里所谓"秩序"，就是真理与和谐。可见，二者的目的都是人类的和谐发展，都是追求"秩序、规律"，只是学科不同，相应的教育方式和方法不同而已。

二、物理学的美学特征

物质世界的真与美向来都是统一的，物理学家往往借助美来认识世界、整理事实，从而得出普遍的规律。

毕达哥拉斯认为，平面上最美的图形是圆，空间里最美的几何体是球，无论是圆或球，都有着绝对的对称与和谐。从这一思想出发，他认为地球、天体、宇宙的结构都是球形的，各种天体都在做均匀圆周运动。

受毕达哥拉斯的影响，亚里士多德通过观察，用一些事实证明天体是完美的球形，地球也是球形，一切天体的运动都是均匀圆周运动。球形和均匀圆周运动对物理学的发展影响深远。

针对地心说，哥白尼认为，一个理论要成立，必须符合两个条件：要圆满地解释自然现象，要符合天体的匀速圆周运动的美学原则。而地心说恰恰违背了天体匀速圆周运动的美学原则，所以哥白尼断定地心说是错误的。在美的思想引导下，他把正圆和匀速作为新理论的基本原则，认为太阳是宇宙的中心，地球绕太阳每年转一周，地球每天绕自转轴转一周，这样宇宙呈现出一种奇妙的对称，轨道的大小和运动都显示出与太阳大小和谐的关系。日心说简单、合理、和谐。

对物理学的种种美学观点，虽然切入角度不同，但本质上都揭示了真与美的辩证关系。具体来说，物理学的美体现在以下方面。

（一）简单

物质的构成是简单的。物质是由分子构成的，分子是由原子构成的，原子是由电子和核组成的，一切物质都是由最简单的粒子构成。

物质的运动也展现出"简单"的风采。在同一种均匀介质中光沿着直线传播；地球沿着简单的椭圆运动。

物理学家对物质世界的研究也有着强烈的简单性概念。从天体到微观粒子，物理学家巧妙地把研究对象一一分割，抽象出简单的物理模型，如质点、点电荷、能量子、电场线、理想变压器、核式结构模型等，用这些简单模型概括出物质运动的基本规律，给学生带来美的享受。

物理规律、公式表达上体现的简单美，更令人赞叹。牛顿运动定律，在宏观低速领域，实实在在地展现其简洁和完美；而爱因斯坦的相对论则从更广阔的领域描绘了一幅极其简洁的物质运动的生动图像。

至于采用数学工具——图表、坐标、公式，以简洁的函数关系或直观的数学符号来描绘物理现象更是常见，简单是物理学的典型特征。

（二）对称

在美学中，对称是形式美的表现。在物理学中，对称之美作为一种形态也很常见。竖直上抛的物体上升过程与下降过程的空间对称；在交流电中峰值交替出现的时间对称；常见的地球自转、公转带来的白天、黑夜与春夏秋冬四季变换等，都属于物质世界时空的对称。

物理学公式、定律在表达方式上的对称性更是不胜枚举。电磁学中静电力的平方反比定律的公式表达就是追求跟万有引力平方反比定律的对称而获得的；麦克斯韦根据电与磁的对称性，建立了呈现对称美的麦克斯韦方程组。

物理学还经常体现抽象对称性，即从一个概念、一个命题或一个理论中所反映出来的对称性，推动物理学的进展。德布罗意考虑到普朗克能量子和爱因斯坦光子理论的成功，他把光的波粒二象性推广到实物粒子，认为："在光学上，强调了波动性，而忽略了粒子性；在实物理论上，是否发生了相反的错误，过于强调粒子性而忽略了波的特征。"于是，他提出：实物粒子也具有波动性，从而把物质的波动性填补到物理学关于实物的基本理论中。德布罗意很好地利用抽象对称法处理物理问题。

（三）和谐

和谐是美学的一个重要法则。而物理学家认为，物质世界自身及物理理论的统一、对应是宇宙和谐原则的反映。

牛顿力学，把天、地力学统一起来；优秀的麦克斯韦方程把电、磁、光统一起来；而爱因斯坦的相对论又把牛顿力学与麦克斯韦电磁场理论统一起来。物理学追求统一。

对应是物理学和谐美的第二种表现形式。电子与正电子、质子与反质子、中子与反中子，均体现了物质构成的对应；而质能公式 $E=mc^2$ 则体现质量与能量的对应。

奇异是物理学和谐美的第三种表现形式。古人认为，圆是最和谐的，哥白尼就用圆形轨道建立起一幅和谐的宇宙图景，后来开普勒发现了行星运动的椭圆轨道。显然，椭圆是圆的奇异，圆只是椭圆的特例，开普勒的行星运动定律，尤其是第二定律体现了和谐的奇异美，它逼真地体现了物理规律的动态之美。

由此可见，物理学真实地展示其"惊人的简单""神秘的对称""美妙的和谐"，正是科学美学思想带来物理学翻天覆地的革命，推动着科学不断进步，这是美学的生命力所在。

三、物理美育课堂的基本要素

物理学科有自身特点，物理美育课堂是在教师的指引下，师生之间、生生之间做到多元互动，每个学生都踊跃参与教学，积极探究；师生、生生之间情感融洽、和谐，课堂上没有被遗忘的角落，满足个性地从事学习活动的课堂。

物理美育课堂的第一要素是"以人为本"。要求教师关注全体学生，充分尊重每个学生的特质，尊重每个学生独有的认知水平和规律，以学生的认知起点和认知水平为基础，针对个体差异开展教学，让课堂真正成为学生的学习场所。授课时不仅追求优质高效，还要从生命的高度，用发展的眼光看待教学、看待学生的成长，在传授知识的同时，培养同学之间互相合作的意识；教会师生、生生之间的互相尊重；不断塑造学生的文化品格，帮助学生形成正确的价值观，让课堂成为学生成长的阶梯。

物理美育课堂的第二要素是"教学之道"。充分尊重学生的天性，基于学生的认知规律和学生个人的愿望，根据学生的差异因地制宜地设置问题，采取多种评价方式，积极引导学生个性化发展；采用多种途径，通过不同的活动引导学生自主探究、分工合作，在交流中领悟知识、启迪灵感、激发兴趣、培养能力。要求教师利用教材传授知识，教会学生学习的方法、解决问题的能力。

四、物理教育的目的

美与善是一致的,美以善为前提,善是美的本源,善又是真与美的家园。物理教育通过生动的事例、多样的方式、灵活的手段陶冶学生的心灵,起到以形悦心、以情感人、以美引善、以美育人的作用。

(一)有利于培养学生正确的世界观

物理学的美不是抽象的、空洞的,它与物质的结构与运动紧密联系。物质世界的美总是符合事物发展的规律,代表着物质发展的趋势。中学生进入青春期后,审美观发生了变化,开始从注重外表转向追求内在品位;视野开始由周围狭窄的生活圈子扩展到更广阔的世界;判断开始从具体到抽象、从感性到理性。

物理教育的目的,不仅是传授知识、形成能力,更重要的是帮助学生形成正确的人生观和世界观。在教学活动中,适时培养学生对自然现象的审美情趣,以提高学生感受、鉴别和理解美的能力,是完全符合学生的成长规律的。所以,教学时,无论是教学内容,还是教学方法,都应体现真、善、美的统一,让学生在美的氛围中,逐渐领悟到物理学简洁、对称与和谐之美,逐渐感受科学美对人类社会发展所起的巨大推动作用。教学过程中,师生之间的交流和沟通是至关重要的,教师对科学美的引导可以激发学生对美的认知,可以使学生产生探索物理的激情与创造的动机,进而让学生对审美对象产生情感反应、积极的联想和深刻的理解。这样一来,学生对学好物理学的兴致会更浓,学习潜能挖掘得更深,进而迸发出创造性思维的火花,并从品尝到的学习成果中,激励他们主动学习、刻苦钻研、勇于创新。可以肯定地说,对科学美的认识是诱导学生学好物理学的桥梁。同时,告诉学生,对物理美的感受不能只靠眼睛辨析,更要靠心智去体验,这样有助于培养学生的想象力,进而在思维层次上养成良好的审美习惯。

（二）有利于培养学生高尚的情操

物理学中有许多优秀的物理学家，如伽利略、居里夫人、爱因斯坦等。这些物理学家虽然国籍不同、所处年代不同、个人经历不同，但他们身上都闪耀着真理的光辉。伽利略遭受审判、终身监禁后仍坚持着完成了现代物理的第一部伟大专著《关于两门新科学的讨论》；居里夫人在提炼镭成功后主动放弃申请专利，公之于众，有效地推动放射科学的发展，在从矿物中分离出新元素以后把新元素命名为钋，以此表达对惨遭沙俄奴役的祖国的深切思念；爱因斯坦为捍卫世界和平一直不屈不挠地抗争……物理学家的生平事迹很多，他们克服困难不怕挫折的拼搏精神、祖国至上乐于奉献的敬业精神、不分敌我互相协作的科学精神都是一部绝好的美育教材，能从不同的角度激起学生的共鸣。教学过程中，结合物理学家勇于探索的科学精神、顽强拼搏的不屈精神、不求索取的奉献精神、为捍卫真理勇于献身的精神，配以声音、图片和教师的肢体语言，和知识一起穿插讲授，定能使学生耳濡目染，从而学习和仿效物理学家的精神与美德，激发学生的爱美天性，促使学生树立远大理想，追求卓越人生，达到陶冶情操、净化心灵、追求美好的目的。这无疑是最理想的情感教育。

（三）培养学生积极主动的学习态度，学会学习

世界是发展的，事物是变化的，知识也在不断更新。如果仅依靠上课时老师的讲授，依赖课本，学生获得的知识远远不能满足社会的需要。我们教育的目的之一，就是促使学生形成积极主动的学习态度，学会向实践学习、向社会学习、向他人学习，在不断的学习过程中获得进步、成长。

五、物理教育中的美育途径

物理学是建立在实验基础之上，通过实验现象总结自然规律，进而服务人类的一门学科。无论是开展活动、动手做实验，还是课堂教学，都要紧密结合

物理学特点，通过深入探寻学科内在的知识体系，借助物理学科具体的思维方式和学习方法，在追求教育形式美的同时，欣赏并探寻物理学科内在的科学结构美与内在逻辑美，在探究过程中激发学生对物理学科更加浓厚的求知欲望与兴趣，达到学科知识的学习与良好的审美情趣相结合，既提高课堂效率，又促进学生人格完善的目的。

（一）准备阶段

教师要将熟悉的课程标准转化成适合学生的学习目标，然后据此设计与目标匹配的评价，由目标和评价设计学习活动。

准备的过程要依据学生的特征，准备的内容包括确定学习目标、设计与学习目标相匹配的评价、设计恰当的学习活动。准备的过程要体现美的思想，其中教学设计之美往往体现在教学方案别具一格、新颖可行、富有成效。

1. 确定学习目标

首先弄清楚学生将获得什么，为什么要教这些内容，教到什么程度。然后，针对教材，教师要敢于取舍、增减，变换。准备的过程中，教师考虑最多的往往是预期的学习结果，而无法估计生成性的目标。因此，预期的结果是教学设计时关注的重点，是教学过程的决定因素，也是教学效果中可评价的那一部分，而生成的结果具有偶然性，需要教师的教育智慧。

其次，叙写学习目标。叙写要明确行为主体、行为动词、行为条件与表现程度。行为主体指学生，如"学生应该……"；行为动词指可测量的具体行为，如"认出、绘制、解决"等；行为条件，如"根据图像""在10分钟内做完……"；表现程度指学生对目标所达到的最低表现水准，如"至少想出三个解题方案"等。学习目标明确了，教学就有针对性。

2. 设计与学习目标相匹配的评价

学生学习最直接的目标是"应知"与"应会"。"应知"适合用纸笔测试来评价，这种评价常以习题、试题的方式，便于检测和反馈；"应会"比较适合以表现性任务来评价，这种评价要求学生在课堂内外的真实情景中证明自己具有运用所学知识完成某项任务的能力，如设计一个方案，探究加速度与力、质量之间的关系。当堂检测是必不可少的评价手段，而且要因人而异设计评价题目。

3. 设计适当的学习活动，使学生达到学习目标

学习活动设计前，教师要明确学生的认知水平、学习风格、个性特征。不同学生参与的活动内容不同、承担的任务有区别，要求的效果应不同。教师要合理地分解教学目标，采取措施帮助学生一步步实现目标。

（二）教学过程

在物理课堂教学中，我们通常先让学生观察实验，然后总结知识规律。我们的美育课堂设计思路就是从现象入手，让学生感受科学的美。具体做法是从生活现象、实验现象出发让学生体会物理学的现象之美；通过合作、探究，进而引领学生从现象中找到物理规律，提炼出理论，从而感受物理学的理论描述之美；利用数学建模法简化物理问题，继而引导学生进行严密的逻辑推理，然后给予合理的解释，体会理论结构与运用之美，通过物理美育课提高学生的审美水平和人文素养。

美育课堂注重引导学生转变学习方法，要由被动听转到主动学；要结合挂图、实物，充分利用声像媒体等多种方式呈现教学内容；要引导学生耳、眼、脑、口、手多种器官综合使用；要大力提倡小组合作学习，让学生在参与中掌握知识、形成能力；要尽可能地创造条件让学生向他人转授。学生转授，不仅要对内容相当熟悉，而且必须通过个体思维，将内容转化为让其他人能懂的表达方式，从而提升学生潜在智能的发展。

教学过程应开始能引起学生兴趣，使其全神贯注地投入；衔接能环环紧密相扣，别具匠心；转化能自然畅达，波澜起伏，引人入胜；结尾能令学生茅塞顿开，余味无穷，发人深思。教学过程之美体现在关键处板书、语言彰显美、问题的难度适中、发问频率要高、多种方式强化信息、表扬具体。

教态美则应体现为教师衣着打扮美观大方，仪态端庄，待人真诚，举止自然。当然，这些教学艺术还应该跟物理学自身具有的简单、对称、和谐的美学特征紧密结合，在学科教育中最大限度地渗透美育。

（三）基于物理学特点实施美育的途径

（1）在学校的教室、实验室、走廊里张贴体现物理美的挂图，或者带有哲理话语的物理学家头像的挂图，让学生时刻接受美的熏陶。

（2）在学校科技橱窗里展示优秀的物理实验制作模型，使学生受到激励和鼓舞。

（3）创设开放性实验室，让学生在活动中亲身感受实验美，以培养学生的创造性思维。

（4）在课外活动时，开设有关物理美学讲座，在思想上加深物理与美的联系。

总之，物理教育通过积极调动学生的审美思维，启发学生的审美联想，激发学生的创造欲望，让学生树立这样一种信念：广袤的宇宙存在着一种简单、对称、和谐的美，有待他们去发现、去揭秘、去丰富发展、去"原天地之美，而达万物之理"。

第五节　团队收获满满

三年多来，老师们认真负责、脚踏实地、一丝不苟的工作作风赢得了西藏自治区各级领导的充分肯定。牛建国、杨贵祝荣获昌都市"最美援藏教师"称号；杨贵祝、夏德源、张悦等荣获昌都市"优秀援藏教师"称号；杨贵祝、简冬生、崔帆、麻向阳、李项林等荣获昌都市"优秀党员"称号；杨贵祝、陈锋、麻向阳、苗雨、张崇贵、朱虹、张睿猛、黄炜、王雷、赵延华、邢楠、邱志明、牛建国、曹连友、暴亭硕、吕达、穆恒、李项林等荣获昌都市"先进教育工作者"称号；崔帆荣获昌都市"先进德育工作者""五四青年奖章"；简冬生荣获

爱心、责任、奉献
——天津市首批组团式教育人才援藏队的支教岁月

昌都市"优秀党务工作者""平安校园建设"先进个人称号；周耀才荣获昌都市"优秀校长""优秀党务工作者"等称号；杨志国、韩玉楷荣获市级"学习强国"标兵称号；天津对口支援西藏工作前方临时党委授予李项林、夏德源、张汉泉、韩玉楷、王盛、周耀才等"优秀共产党员"称号，授予牛建国、孙金专、王雪芹、曹连友等"先进工作者"称号。陈鹤、关长通、田海春、吕达、韩宝刚、周耀才、陈锋、简冬生、刘艳春、杜晨光、牛建国、门开方、崔帆、王丹、张健、刘昱含、周立男等荣获校级"优秀公务员"称号；陈锋、周耀才、麻向阳、简冬生、关长通、王盛等荣获学校"先进教育工作者"称号：夏德源、刘昱含等荣获"优秀班主任"称号：秦雪梅、郭国仓、刘建军、韩宝刚、陈亮、李项林、陈维胜、赵延华、邢楠、周立男、于丽英、朱俊、张汉泉、苏兴、邵俊辉、秦德强、李益彩、国军等荣获校级"优秀教师"称号；夏德源、崔帆、刘建驹、于丽英、韩玉楷、王丹等荣获校级"优秀党员"称号；简冬生、李项林、于丽英等荣获校级"学习强国"标兵称号；田海春荣获校级"优秀教研组长"称号；刘娟、朱俊等荣获校级优秀备课组长称号。团队教师业务上获得的荣誉更多，在此不再赘述。此外，因卓有成效的工作，中共昌都市委、市政府授予陈文强、高志永、韩健、白连波、王凯歌、张倩、董根元、董海涛、焦健、马宝臣、齐熹、闫国权、滕文卿等"优秀援藏干部人才"称号；中共昌都市教育局党组授予吴玉荣、王贺、王竹强、李培明、朱秋田、于长宇、关巍、白绍莹、翁大为、冯登为、郑德鑫、孟祥龙、刘静、张丽波、张润强、冯郁、吴学政、窦春波、尹建壮、程广等"优秀援藏教师"称号；昌都市第二高级中学集中授予团队"优秀援藏教师"称号。中国教育电视台、人民网、北方网、天津卫视、天津日报、西藏日报等媒体先后对团队或个人开展的工作和事迹进行报道，教育部民族司对我进行专访，教育部官网也全面报道天津团队开展的工作。天津团队可谓"不忘初心，用爱心铸就援藏事业；砥砺奋进，用责任书写援藏篇章；玉汝于成，用奉献绘出援藏画卷"。

第五章

大爱无疆

第五章

大凌河战役

第五章 大爱无疆

第一节 责任与担当

三年间，高寒、缺氧、莫名的孤独、无尽的思念、巨大的昼夜温差……在昌都，走同样的路需要花费更多的体力；在昌都，做同样的工作需要更多的准备；在昌都，生一场病或许面临的就是死亡。恶劣的生活环境时刻考验着每一位援藏教师的身体与心灵，但大家"缺氧不缺精神，吃苦不降标准"，积极践行"忠诚团结、坚忍奉献、干净有为"的援藏理念，积极争当"政治坚定、民族团结、推动发展、学习上进、维护稳定、廉洁自律"的表率，不约而同地抛开自身的优越感，选择付出和担当，竭尽所能地用一片赤诚丹心抒写对党的忠诚、对藏区人民的深情。

和平区的邱志明老师来到昌都后，较长一段时间里都有心跳加速、血压增高、头痛欲裂等反应，上楼时常常气喘吁吁，低头时则天旋地转，但他努力调整身体以逐渐适应高原环境，全力以赴备课、上课。由于呼吸困难，上课时要集中精力，每到下课时，他都脸色十分苍白，甚至说不出话，但是只要走上讲台，他就会全心投入、声音洪亮，在走廊的远处都能听到他的声音。由于水土不服、饮食不适、血压偏高，加上拼命工作，邱老师的身体出现了强烈的不良反应。因为阵阵胃痛，邱老师头上豆大的汗珠不停地往下流，而他坚持捂着肚子抵御阵痛。在大家多次催促下，邱老师才去医院做了检查，结果是患有严重的胃溃疡。大家建议他住院治疗，他说："没事儿，吃药也是一样的，还得上课呢。"接下来很长一段时间，为了工作，邱老师坚持每顿喝粥，体重足足减了30斤，以致面黄肌瘦、气力不足。原来那个面色红润、结实健硕的邱老师不见了，但不变的是他对工作的认真和执着，以及始终挂在脸上的笑容和课堂上洪亮的声音。"我既然决定来这里，就一定要留下东西，就要为昌都的教育发展尽自己的全力。"邱老师的话一直在大家的耳边回响，他坚定的意志、执着的信念成为我们克服困难、一往无前、持续奋斗的航标。

津南区的李项林老师年过七旬的父亲病重进入重症监护室，急需李老师回

爱心、责任、奉献
——天津市首批组团式教育人才援藏队的支教岁月

家照顾。李老师得知后心急如焚，但想到执教三个班的语文课，课时多，如果请假陪护父亲，就没人给学生上课了，所以直到李老师的父亲手术前的最后一天，他才匆匆从昌都赶回长沙陪护父亲。等手术结束后，他又把父亲托付给家人照看，急忙赶回昌都。其实，李老师身体瘦弱，因高原缺氧常常气短、失眠，只能坐着睡觉。每到换季时，李老师总会感冒，但他从未因病耽误一节课，随身带着药，每天坚持到21:40的晚自习下课才结束一天的工作。为了迅速了解当地学情，李老师坚持提前半小时到办公室，主动与当地教师交流，找学生谈话；晚自习时总是早早地到教室辅导学困生，发现问题及时面批反馈。李老师用自己的实际行动诠释天津教师特有的笃实与无私，赢得广大师生的交口称赞。中期轮换时，学生、家长都舍不得他离开。学生在送给李老师的卡片上写道："李老师，听说您要走了，多想再听您一次课，多想再教您一段锅庄，我们想做您的学生，更想做您的孩子……"李老师用一颗赤子之心演绎一首感人肺腑的奉献之歌，展示天津援藏干部教师"缺氧不缺精神"的光辉形象。

和平区麻向阳老师在临近期末的一天准备上课时突然接到母亲的电话，方知父亲病危，但由于马上要上课，麻老师打算上完课再给母亲回电话，下课后再回电话时才知父亲已经去世。麻老师忍着巨大的悲痛赶回河南老家，原本20天的丧假，加上路程往返，他只用了12天，想到临近期末自己还有大量的工作需要安排，料理完父亲的后事就动身赶回学校，立即投入紧张的工作。其实，很快就到寒假，按说麻老师完全可以趁着寒假在家陪母亲过完春节再返校，正是由于他高度自觉和无私奉献的精神，所以他甘愿把自己的时间奉献给藏区的孩子们。

这样感人的故事从进藏那天起几乎天天都在发生，100位援藏教师就有100个独特而温暖的故事。援藏教师深深懂得，选择援藏意味着选择了责任。有爱才有责任，正是因为心中有大爱，援藏教师才有远离家乡、在雪域高原默默奉献的力量，才有在学生遇到危难时挺身而出的勇气，才有敢于攻坚克难的锐气。援藏教师的爱心有多大，责任心就有多大，支教的舞台就有多大，奉献的力量就有多大，结出的硕果就有多大。

第二节　师长如父母

由于学生在校寄宿，老师没有节假日，即使周末也要看护学生。此外，学生家长居所不固定，学生生病和出现意外时常常无法联系到家长，即使联系上家长，由于交通不便，家长也无法及时到达学校。学生脱离父母、整个学期寄宿在学校，得到的家庭教育甚少，部分学生存在焦虑、思亲等问题。团队教师既要教书育人，还要肩负家长的责任，更要把这种责任体现在平凡、普通、细微的教学管理和生活引导中，包括照顾学生的起居、饮食、卫生及心理健康等。

当地很多学生习惯喝生水，援藏老师就为学生烧好开水；学生没有水杯、班级没有保温瓶，援藏老师就自费为学生购买保温瓶和水杯，坚持每天为学生提供开水。学生为节省开支，习惯于留长发，援藏老师自费买来理发工具，经常义务给学生理发。学校没有洗衣房，部分学生不会洗衣服，援藏老师便收拾学生的衣服拿到自己宿舍洗。学校没有浴池，学生们很少洗澡，援藏老师让学生轮流到教师宿舍洗澡。援藏老师经常做的一件事就是关注学生生活上的需要，并尽全力帮助。例如，随身携带针线，学生的衣服破了，随时给他们缝补好；学生生病了，即使是晚上，援藏老师也要亲自带学生去看病，很多时候自费打车去医院，还要支付学生的医疗费；学生想家时、出现心理问题时，援藏老师及时提供帮助。

一、高原上美丽的"格桑花"[1]

每天早上 5:30 起床，6:20 进班看学生早读，7:10 监督学生跑操，7:30 和学生一起吃早餐，中午检查学生就餐和午休，18:15 进班看学生自习，21:40 下晚自习后，深入宿舍了解学生一天的生活、学习情况，检查学生就寝，直到

---

[1] 昌都市教育局.援藏路上，最美"花"开（一）[EB/OL].（2017-09-06）[2022-05-08]. https://mp.weixin.qq.com/s/GrAJqTZeFU9F1tFZggfLyA.

爱心、责任、奉献
——天津市首批组团式教育人才援藏队的支教岁月

23:00才拖着疲惫的身体回宿舍,这就是天津援藏教师张悦的一天,一个爱管"闲杂事儿"的年轻妈妈的琐碎而充实的生活。

张悦老师于2016年8月入藏,作为一名援藏教师、一名班主任,一年多的援藏生活让她养成爱管"闲杂事儿"的习惯。一是养成"三个坚持"的习惯。坚持每个课间都进教室和学生聊天,了解学生,走进学生的内心,并提醒学生提前为下节课做好准备;坚持每天晚上亲自查每个学生宿舍,利用晚上查寝的机会了解学生的健康状况和生活习惯的问题,如有没有生病的、有没洗漱就睡觉的、有被子没盖好的等;坚持随身携带针线,孩子们的衣服破了,随时给他们缝补好,尤其是男生平时比较调皮,有的时候衣服破了自己都不知道,张老师看到了总是会亲自为学生缝补,孩子们拿到缝补好的衣服的那一刻,眼睛里满是对她的敬爱之情。二是班里有学生生病了,她亲自带着去看病,给学生买药;学生输液的时候,她会陪在身边和他们聊天以缓解病痛。一个学生患阑尾炎后需要吃流食,她亲自给这个学生熬粥喝。另一个学生得了肺结核,但学生的父母都在家里干活,一时联系不上。她不顾传染的风险坚持悉心照顾患病学生,直至他的父母来到学校。虽然该生的父母不会说汉语,但是他们紧握住张悦老师的手激动地说:"感谢班主任!"她对每一个学生的关爱使学生常亲切地称她为"张妈妈"。三是张悦老师援藏后,发现很多学生没有喝开水的习惯,受援学校也没有条件为学生集中供应开水。她便为学生自费购买热得快和水壶,坚持每天为学生一壶一壶地烧开水。有了开水,班里学生生病的情况也少了很多。四是昌都的男孩子性格豪爽、活泼好动,很多班主任对男生的管理总是如履薄冰。为此,她总是尽可能多地鼓励班里的男生带头为班集体劳动,把男生分成小组,每个小组成员都分工协作、互相帮助,培养男生眼里有活、心里有集体的意识,当他们把精力放在更具正能量的工作上时,最让老师头疼的吸烟、逃课、打架等问题自然少了。张悦老师在这些细节和"闲杂事儿"上花了大量的精力,也收到比长篇大论的思想教育更好的教育效果。在学校篮球比赛中,她带的班级由于表现出良好的精神风貌,获得精神文明奖。在昌都二高第三届校园艺术节上,她指导本班学生演出的英语课本剧获得年级二等奖,并被年级推荐参加学校汇报演出。通过参演英语课本剧,班里很多原本不喜欢学习英语的学生也渐渐喜欢上英语,班级的学习氛围得到增强。

二、不坠青云之志的"雄鹰"

北辰区52岁的夏德源老师是团队中年龄最大的,但他老当益壮、壮志凌云,立志在藏区建功立业,坚信通过自身的努力可将天津教育人的美好形象镌刻在雪域高原上,将天津教师的敬业精神书写在昌都二高的校园里。从进藏开始,夏老师坚持担任班主任并执教两个班的语文课。军训期间,烈日、酷暑、暴雨、冰雹、泥泞,加上缺氧,夏老师嘴上起血泡,嗓子沙哑得说不出话,但他认为,"轻伤不必下火线",坚持全天同学生、教官摸爬滚打在一起,硬是"挺"下来。学校军训结束考核评比,夏老师所负责的班级纪律、内务卫生、队列会操等各项指标均排在年级前列,班级管理成为年级的"标杆",屡屡受到年级组、学校、教官表扬,夏老师也被授予"模范班主任"称号。进藏之初,夏老师就用自己顽强的毅力和攻坚克难的勇气赢得师生的尊敬和爱戴,为后续的班级管理工作奠定良好的基础。在工作中,夏老师外表高大威严、精力充沛,工作起来孜孜不倦、不知停歇,宛如一只展翅飞翔的雄鹰穿梭于教室、宿舍、食堂、办公室。作为资深班主任,夏老师采取行之有效的"四勤"工作法。"勤看",新生入学时,认真查看学生的档案,了解学生义务教育阶段的学习情况、家庭状况;"勤问",新生入学后进行深入交流,了解学生的基础、爱好、特长、愿望;"勤记",把看到的、问到的新生情况逐一记录下来,思考如何更好地处理个性问题,工作时做到因材施教;"勤查",从严落实学校、年级组的各项要求,随时检查学生的仪容仪表、考勤纪律、学习状态,帮助学生养成良好的行为习惯和学习习惯。在管理中,夏老师既有严师的风范,又有慈父的情怀,将严管与厚爱融为一体,坚持用"尊重、平等、关爱"对待学生,做厚爱型班

爱心、责任、奉献
——天津市首批组团式教育人才援藏队的支教岁月

主任；坚持用"春风化雨、润物有声，洞察先机、先声夺人"等创新方法来引导学生，做智慧型班主任；坚持深入调查研究，针对学生的个性、年龄特点有的放矢开展工作，注重用集体主义思想引领学生，做开拓型班主任。三年来，夏老师用自己的教育智慧征服学生，凝聚班集体力量。在夏老师的带领下，高二（9）班组织开展系列民族团结活动，班级的劳动纪律、学习成绩、健康卫生、宿舍管理、民族团结活动等方面均走在年级前列，有力地证明"团结是力量、团结出成绩"的道理，荣获"西藏自治区民族团结先进班集体"称号。夏老师用实际行动兑现自己进藏前的诺言：将天津教师的奉献精神浇灌到藏区孩子们的心田……

三、"舐犊情深"的刘妈妈

河东区刘昱含老师，离开西藏时女儿8岁、儿子4岁，父亲身体不好，作为家庭的顶梁柱，本来是无法远行的，但是因援藏工作需要，她义无反顾地前往昌都支教。工作中，刘老师积极主动、任劳任怨。她身材娇小，我们曾担心她是否能承担班主任工作，因为藏区的班级管理更耗费体力，但是刘老师用真情征服全班学生，全身心地投入教育教学工作。早读、课间盯操、三餐食堂值守、午休检查、晚自习值班、夜晚查寝……从早上6:30进班直至22:00进入宿舍查寝，"顶着星星出门，迎着月亮回家"成了她的生活常态。从学生的作息规律、学习习惯、学习效果、理想愿望、安全意识到家庭现状、生活环境，甚至与周围同学的交往、班级氛围、集体文化建设等，刘老师无不细致入微。从抓班风建设到培养学生的卫生习惯、从发挥每个学生的聪明才智到凝聚班集体的向心力，刘老师无不精心设计。一旦学生生病，她还要联系车辆送孩子去医院检查，陪生病学生输液到深夜，甚至彻夜陪护。学生有了心理问题，她不厌其烦地找孩子沟通、细心呵护、精心排解，帮助解决心理问题。学生生病无力支付治疗费用，她发动亲友为生病学生募捐，帮学生缝衣服、烧开水、买饭、理发、充生活费、支付医疗费用……在特殊学校，刘老师主动结对帮扶一名智障儿童，定期前往特殊学校看望、送去生活用品，帮孩子整理床铺，教识字，练习使用筷子，学习礼貌用语。她每个星期都要带他到宿舍，为他洗澡、换洗衣服、理发、剪指甲。她全身心投入援藏工作，学生的养成教育成效明显，学生都亲切地称她"刘妈妈"。刘昱含老师用实际行动为天津组团式教育援藏绘出的"责任爱心奉献"新篇章画上浓墨重彩的一笔，成为教育援藏的标杆。

第三节　爱心与奉献

昌都二高的学生大多来自边远山区的农牧民家庭。虽有国家的"三包"政策，但当地经济落后，福利院的孤儿、单亲家庭、低保户、建档立卡户等不同类型的贫困学生较多。面对朝夕相处的贫困学生，关心关爱他们成为团队的共识。不仅如此，周边的贫困家庭遇到困难，一旦团队得知，也及时伸出援助之手，给予力所能及的帮助。三年来，两批援藏教师积极发动身边的爱心人士和热心企业捐款捐物，累计捐款达数十万元，捐赠衣物、书籍、学习用品等不计其数。许多老师都在默默无闻地献爱心，他们的很多捐赠团队并不知晓，所以下面的记录只是捐赠中的一部分。

一、津昌真情，爱心接力

2016年8月，昌都市洛隆县索多镇久嘎村的一名12岁男孩，在收青稞时使用的肩背式收割机发生漏油，不慎起火，导致全身80%面积烧伤，三度烧伤约50%，被紧急送到天津对口支援的昌都市藏医院救治。

经天津援藏医生的全力抢救，孩子病情趋于稳定，但医院医疗条件有限，后续治疗无法进行。为了挽救孩子的生命，天津援藏指挥部积极协调，决定把烧伤男孩及时转诊到天津市第一中心医院进行救治。

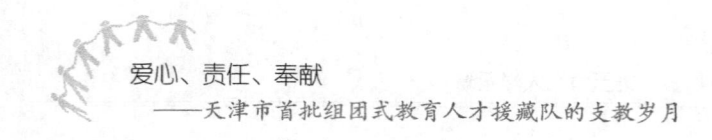

爱心、责任、奉献
——天津市首批组团式教育人才援藏队的支教岁月

在津昌两地政府、航空公司、医院等全力配合下，爱心很快在昌都与天津之间打开一条"生命通道"。9月，经转乘航班，历时13个小时，烧伤男孩从昌都到达天津后第一时间被送到医院整形与烧伤外科病房。

然而，由于家庭贫困，孩子父母无力承担住院治疗费用，家长多次请求放弃治疗并提出出院。了解情况后，天津援藏前方指挥部向全体天津援藏干部教师发出为烧伤男孩捐款的倡议。天津市所有援藏人员积极响应，组团式援藏团队教师更是不甘落后，踊跃为烧伤男孩捐款，短短半天的时间迅速筹集26 000元，全部捐予烧伤男孩。

老师们纷纷表示，在昌都自己时时处处代表着天津，当好昌都人，做好昌都事，是我们入藏的承诺，帮助患难的藏区人民是我们义不容辞的责任。老师们还表示要立足本职岗位，结合实际，从点滴做起，为昌都的发展稳定做出贡献，不负天津市委、市政府和家乡人民的重托。

随着媒体的报道，社会各界越来越多的人关心、关注烧伤男孩，爱心捐赠持续不断，出现不断接力的暖心情景，孩子也逐渐康复。看到这一幕幕，援藏教师深有感触："在这份大爱的传递中，我们只是其中一棒，只做了一点力所能及的事，却让我们沐浴在大爱的温暖里，受到了深刻教育，心灵也得到净化和升华。"

送人玫瑰、手留余香。爱心接力增强了团队的凝聚力，激发了老师们脱贫攻坚的斗志，强化了天津援藏人的责任担当。

二、心系灾区，捐款献爱

2018年10月11日凌晨，西藏自治区江达县和四川省甘孜藏族自治州白玉县发生金沙江山体滑坡重大自然灾害，金沙江主河道被堵，形成堰塞湖，导致江达、贡觉、芒康三县部分房屋、桥梁、道路、农田等设施严重受损。因此，沿岸上万名群众受到威胁，需紧急转移。

自开展援藏工作以来，团队紧盯脱贫攻坚工作，致力于精准扶贫、精准脱贫，尽最大努力助力打赢脱贫攻坚战。在全国、全区、全昌都密切关注灾情、全力救助群众时，我们更是责无旁贷。

天灾无情人有情。10月21日，团队及时召开会议，第一时间向大家通报灾情。得知灾区信息后，团队教师纷纷表示："作为天津的援藏人，昌都就是我们的第二故乡。家乡有难，我们绝不能袖手旁观。如果灾区需要，我们随时响应号召，冲上一线参加救灾工作。"随后，大家为灾区踊跃捐款，累计达19 200元，因公伤未能参加的刘静老师也特别委托他人献上爱心。

捐款有限爱无限，此举充分体现团队支援灾区共克时艰的爱心情怀，谱写了津藏团结的新篇章。

三、情满昌都，扶贫救困

昌都一所幼儿园的一名女教师被查出双肾衰竭、重度尿毒症等病症。长期以来，这位老师忍受着病痛的折磨，只能依靠每周三次透析来维持生命。随着透析次数增加，这位老师身体机能衰弱，出现心功能不全等多个并发症，以致不得不换肾，但这位老师家庭情况很特殊，无法支付高昂的费用，急需外援。

这位老师的母亲自幼身患残疾，她一直由父亲照料，但不幸的是父亲于2016年去世，家里唯一的依靠没有了，只剩母女二人相依为命。本已患病的她还要赡养母亲，同时承受着巨大的精神压力、经济压力和身体病痛。这对经济拮据的她来说，已经捉襟见肘，好在有医保支撑、有同事亲友帮衬，才勉强维持下来，但换肾手术治疗费高达90万元，对她而言无疑又是雪上加霜。

得知情况后，团队发出倡议，为这位老师捐款，帮助其渡过难关，力所能及地献一份爱心。

2018年11月20日，在捐赠仪式上，援藏干部教师纷纷表示："一方有难，八方支援。老师都是我们的亲人，亲人有难，理应尽心帮助。"随后，天津组团

爱心、责任、奉献
——天津市首批组团式教育人才援藏队的支教岁月

式教育援藏全体干部教师纷纷伸出援手、踊跃捐款，共捐款 5500 元。此举及时传递了温暖，进一步弘扬了扶贫济困、助人为乐的中华民族传统美德，同时也传播了爱心文化，树立了天津人良好的道德风尚。

四、结对资助，守望成长

在深入开展远程结对认亲的同时，团队就地就近广泛开展"三联、三进、一交友"暨党员结对帮扶活动，确保精准扶贫、精准脱贫工作更有效、更扎实。团队全体党员充分发挥先锋模范作用，主动联系贫困学生，积极开展"三联、三进、一交友"活动；非党员教师参照党员标准，踊跃参与"三联、三进、一交友"活动。援藏团队所有干部教师对贫困生的日常生活、学习、心理健康、思想等方面给予全方位结对帮扶，力争用自己的微薄之力为贫困孩子撑起一片蓝天、送去一丝温暖。

针对贫困学生，援藏老师们像对待亲生孩子一样，教他们如何做人、如何克服困难、如何回报社会。大家自发做了工作：一是与学生进行面对面交谈、心贴心交流，详细了解他们生活上、学习上所面临的主要困难和问题；二是针对每个学生的实际困难制订切合实际的帮扶计划，持之以恒地给予关心、慰问和帮助，并鼓励他们树立信心、克服一切困难努力学习；三是在进行资金、物质方面帮助的同时，更对其加强精神的关怀与心灵的慰藉，让这些孩子真切地感受到人生的美好和生活的温暖，能够安心学习、积极上进，并具有一颗感恩之心。❶

在第一批援藏教师传授经验的基础上，第二批援藏教师更是养成结对帮扶习惯。每当新生入学的时候，团队老师都会详细调查学生的家庭情况，关注有没有需要帮助的学生，目的是让贫困学生一入校就能及时得到资助，让更多的

---

❶ 昌都市教育局. 市二高举行"三联三进一交友"暨党员结对帮扶活动 [EB/OL]. （2018–11–27）[2022–05–08]. http://jyj.changdu.gov.cn/cdsjyj/c101252/201811/fc46f9ff50a84f6cac19c8fe01394943.shtml.

学生及时感受大家庭的温暖。

滨海新区王竹强老师长期资助一名贫困学生。王老师制订长期资助方案，从该生进入高二开始资助，计划资助直至该生大学毕业。王老师按月为该生提供生活费400元，包括大学学费预计数万元。王老师默默无闻地坚持资助，而自己却一直省吃俭用、穿着朴素。

北辰区于丽英老师与2名贫困学生结对帮扶。于老师为他们捐物，买课外书籍、作业本、笔等学习用品。特别是其中一名特困生，于老师自2018年开始每月资助她300元生活费，计划资助该生2万余元直至其大学毕业。于老师坚持不懈地行动着，持续为学生送去母亲般的关怀与温暖。

和平区麻向阳老师与高三年级一名贫困学生结对帮扶。该生学习动力不足，一度想退学。麻老师主动跟她谈心，按月资助她400元生活费，帮助她克服困难、完成学业，并为之添置过冬的棉衣和必需的生活用品。在麻老师的帮助下，该生最终如愿以偿地考入大学。麻老师还与另一名高三学生结对帮扶，每月资助该生400元作为饭费补贴，并帮助该生解决思想上、学习上、生活中遇到的各种困难。

天津市南开中学张汉泉老师与来自左贡县扎玉镇的一名贫困学生结对帮扶。张老师制订资助方案，每月资助该生300元生活费，每次考试如果比上一次考试有进步再另加200元奖金，一直资助到该生高中毕业。同时，张老师关心其学习、生活情况，经常邀请该生到宿舍用餐，帮助其解决学习中遇到的问题，增强其生活的勇气，激发其学习的信心。

滨海新区王丹老师与一名贫困学生结对帮扶。王老师每月资助该生500元的同时，为其购买多本学习用书，以及日常生活用品和学习文具。王老师利用休息时间指导该生勤学多练，帮助其克服学习上的畏难心理。在王老师的帮助下，该生有了生活的信心、学习的动力，多次考试均进入年级前50名。

津南区李项林老师与多名贫困学生结对。李老师在物质上给予援助、心理上给予抚慰、学习上给予辅导、生活上给予关心，让他们增加努力上进、奋发图强的动力。

爱心、责任、奉献
——天津市首批组团式教育人才援藏队的支教岁月

河东区吴玉荣老师与 2 名贫困学生结对帮扶。吴老师主动与他们谈话，帮助他们提高思想认识、规划人生、解决疑难问题，为他们提供一定的经济帮助，提供洗衣粉、牙膏等生活必需品，每逢过年给他们发红包。在结对帮扶的学生因病不能到校上课的两个多月时间里，吴老师坚持用微信给学生发课堂笔记并进行线上辅导，帮助其补课。

蓟州区杨志国、曹连友老师分别与多名贫困生结成帮扶对子。两位老师不仅充分利用课余时间和资助对象谈心，让他们从思想上充分认识到学习的重要性，还利用周末帮他们辅导功课。此外，两位老师每月分别拿出 200 元作为资助对象的生活补助。三年来，仅曹老师为烧伤儿童、生病职工、受灾群众等累计捐款 2000 余元。

东丽区翁大为老师长期资助一名贫困学生。翁老师根据其经济情况，适时给予经济帮助，一直到其大学毕业。同时，为了鼓励学生努力学习，每次考试结束翁老师都会自费奖励汉语文单科成绩优秀的学生，自费给这些学生买书，还自掏腰包为成绩特别突出者发奖金。

天津市第一中学牛建国老师与一名贫困学生结成帮扶对子。牛老师长期给予该生精神鼓舞、经济资助。支教期间，牛老师经常给学生讲外面的世界，向他们宣传党的关怀、祖国的期盼。为了丰富学生的业余生活，牛老师自费买来投屏，利用业余时间在教室里给学生放有教育意义的经典影片、纪录片，让他们更多地了解外面的世界。

河西区杨贵祝校长与初三、高二年级的多名贫困学生结成帮扶对子，长期为这些贫困学生提供经济资助和学习辅导。河北区滕文卿老师了解班级学困生的家庭情况，及时向家庭困难的学生捐款，为缺少文具的学生购置文具，深夜打车带生病的学生前往医院看病，成为学生的良师益友。

和平区简冬生主任帮扶资助高三和高一的 2 名学生。白绍莹老师帮扶资助一名高一学生。两位援藏干部教师在进行资金、物质帮助的同时，常与学生面对面交谈、心贴心交流，并鼓励他们树立信心，克服一切困难努力学习，长大后成为建设家乡、报效祖国的栋梁。

　　南开区刘静老师与一名高一贫困生结对。刘老师及时了解其思想状况和各学科学习情况，给她学法指导和精神鼓舞，帮助她制定学习目标；定期资助其生活费，为其购买生活用品和衣服，尽力帮助解决其生活上的困难。刘老师关心孤儿学生，为发生滑坡的灾区捐款，为患病的老师学生捐款，累计捐款数千元。南开区秦雪梅老师关爱昌都市特殊教育学校的孩子，充分利用周末前往特殊教育学校看望孩子们，给他们送去温暖，抚慰他们生理、心理的创伤。

　　河北区张超老师自费为学生购买地图册。在每一次考试后，张老师坚持为成绩优异和进步的学生发放图书作为奖励，累计发放图书共140余本，以此种方式激励学生形成崇尚知识、热爱阅读的习惯。

　　西青区张崇贵、邢楠、陈鹤等老师除了资助本校困难学生外，还加入一个名为"昌都公益群体"的微信群。老师们定期在群里自发捐款捐物，用于资助贫困生。此外，只要得到有困难的学生需要帮助的消息后，老师们就会及时地伸出援助之手，尽自己所能帮助他们。河西区暴亨硕老师经常资助贫困生，给予孩子们关心关爱，为其添棉衣、买运动鞋；离家太远的孩子生病了，带孩子去看病；看到缺少文具的孩子，就为他们添置笔记本、钢笔；周末邀请孩子们到宿舍里改善生活。

　　蓟州区高志永老师自己省吃俭用，但对学生尤其大方。为了帮助困难学生，高老师给学生买字典；为了激励学生努力学习，期中、期末考试后给学生买奖品；平时帮学生洗衣服，力所能及地帮助学生。津南区赵延华老师多次自费购买笔记本、钢笔及订书器等奖品用来鼓励表现出色的同学，积极营造"比、学、赶、帮、超"的学习氛围。

　　红桥区刘娟老师每月资助贫困学生300元作为吃饭补贴；齐熹老师向2名家庭困难的学生进行长期资助；关巍多次参加为藏区师生发起的捐款捐物活动，向家庭困难的学生提供力所能及的帮助。陈锋、崔帆、王盛、周耀才、穆恒、王雪芹、刘昱含、张朋、张润强、程广等与当地一名或多名贫困学生结成帮扶对子，如随身带着蜡烛进教室以防停电、手机里存好钱或带着现金以备学生充饭卡急需、女教师随身带着针线随时准备为学生缝补衣服等，对援藏教师来说都是司空见惯的事。帮扶随时随地进行，帮扶的人次、资金、物品无法统计，充分彰显天津组团式教育援藏队教师的责任与担当。

五、爱心捐赠，温暖校园

学校基础设施简陋、教学资源匮乏、藏书少。援藏教师纷纷捐赠爱心，力所能及地改善学生的学习、生活条件。

2016年11月、2017年4月，宁河区援藏教师门开方先后广泛发动亲友、同事为藏区孩子们捐衣捐物、捐赠学习用品及图书，先后捐赠衣物3000余件、全新名著及励志图书49本，还特地为藏区的体育特长生捐赠3双钉子鞋。

2016年11月，韩宝刚老师联系天津市第一百中学为昌都二高捐赠图书1200余册。

2017年4月，暴亭硕老师为昌都二高捐赠大量衣物。2018年5月，经暴老师联系，友好校北京师范大学天津附属中学向昌都二高捐赠饮水机39台，价值7200余元，及时解决师生饮水问题。

2017年4月，昌都二高友好校天津市第三中学组织发起学生义卖活动，并将筹集的款项5000多元捐赠给昌都二高。

2017年6月，赵延华老师联系天津市咸水沽第二中学为昌都二高捐赠图书4070余册。

2017年11月，简冬生主任联系天津热心公益的朋友为昌都二高捐赠20台大型电热水器，价值2万余元，进一步改善师生的饮水质量。

2017年12月，吕达老师联系东方正捷公司为昌都二高数十名贫困生捐款2万元助学金，极大地减轻这些学生的生活压力。

2017年11月，杨贵祝副校长个人为昌都二高捐赠图书110余册。

2017年12月，天津市宝坻区教育局领导一行4人到昌都二高看望慰问援藏教师，并捐款5万元资助贫困学生。

2018年4月，天津市北辰区于丽英老师向昌都二高捐赠《弟子规》图书1000册。

2018年4月，刘昱含老师为一名高一病危学生筹集善款5090元；2018年12月，经刘昱含联系，天津市第一〇二中学向昌都二高捐赠书包100个、水杯100个、毛巾100条、笔记本500个、水笔200支，价值12 430余元。

2018年4月，经张汉泉老师联系，天津市南开中学为昌都二高捐赠衣物308件、文具467件、书籍95本，还有一些玩具，共计价值5万余元；8月，经张老师再次联系，天津市南开中学王学森老师为昌都二高捐赠高考复习图书，价值1500余元；10月，经张汉泉联系，天津融众公益项目服务中心联合天津的爱心企业共同为昌都二高捐赠浮香书室，捐赠精品图书价值共计13.5万余元，极大地丰富了昌都二高图书馆的藏书，增加了学校的文化内涵（见图1）。

图1　张汉泉在捐赠仪式上发言

2018年5月，天津市静海区韩玉楷老师向昌都二高捐赠乐器葫芦丝共计40套（含乐器、教材），价值8000余元。

2018年6月，经王雪芹老师联系，天津志愿者为昌都二高捐赠文具，价值1500余元；随后经王雪芹老师再次联系宁河区"帮帮团"爱心人士为昌都二高捐赠水笔5000支、笔记本400本、书包30个，共计价值9000余元。宁河区王雪芹老师为一名高二贫困生捐款350元。

2018年6月，天津河西区教育局领导一行慰问援藏教师，并向昌都二高捐款10万元，用于资助困难学生。

2018年6月，天津西青区教育局领导一行慰问援藏教师并向昌都二高捐款2万元，用于资助困难学生。

2018年10月，经滨海新区王丹老师联系，天津滨海新区塘沽教育中心领导一行参加昌都二高30周年校庆，并赠送字画、教辅书籍和教学光盘。

2018年11月，经东丽区程广老师联系，天津钢管公司中学为昌都二高捐赠图书、书包、充电台灯、学习用品和衣物等，价值6000多元。

2019年5月，西青区吴学政老师牵头，动员同事、亲友为昌都二高一名高二贫困生募捐15 000多元，解决该生的燃眉之急。

2019年5月，我和崔帆等5人前往八宿县吉达乡吉达小学开展志愿服务行动，为该校送去大量书包、充电灯、足球、文具盒、尺子等文体用品。

2019年6月，经河东区国军老师联系，天津市第三十二中学向昌都二高的6名贫困学生资助3000元。

2019年7月，经红桥区朱秋田老师联系，天津市民族中学向昌都二高捐赠雨伞228把，价值11 400元。

2019年7月，和平区白绍莹老师向昌都二高捐赠大量衣物。

滨海新区王雷老师主动向烧伤儿童捐款500元，为初一年级贫困学生捐款100元，为初二贫困学生捐款500元，为初三贫困学生捐款150元，为高二贫困学生捐款200元，为高二教师的贫困亲属捐款150元，为结对家庭捐款500元。

津南区张睿猛老师先后十余次为贫困生捐款。张老师2017年3月为芒康县宗西乡的一个摔伤小学生捐款，4月为昌都市左贡县扎玉镇宗巴村遭遇火灾的村民捐款，5月为昌都二高一名生病的初三学生捐款，11月积极为贫困家庭捐款。

第四节　帮扶与脱贫

　　天津组团式教育人才援藏团队深入开展"结对认亲"活动，用最直接、最有效、最真诚的方式来帮助结对户，让结对户真切感受到爱就在身边，援藏干部就是亲人。两位援藏校长率先垂范，带头与昌都市洛隆县孜托镇6个行政村的村民结对认亲；每位援藏教师结对1户家庭。

　　援藏老师们发自内心地把藏民当朋友、当亲人，把他们的困难当作自己的困难，想他们所想、急他们所急、谋他们所需，帮助他们尽快改善生产生活条件。每年团队均派慰问组前往洛隆县边远乡村深入开展结对认亲工作，及时送去温暖。最远的村从洛龙县城坐车走山路要3个多小时方能到达，一路上冰雪覆盖，暗冰隐蔽，塌方随时可能发生，充满危险和困难。援藏干部克服重重困难，历尽千辛万苦，想方设法把天津援藏教师的温暖送到每一户困难群众家中。每到一家，援藏干部与藏民促膝长谈，为他们耐心地讲解国家制定的各项惠民政策，鼓励他们多看新闻了解发展形势；询问他们生产、生活、子女等情况，详细了解认亲户生活中存在的困难，并做详细记录；与他们共同探讨致富的方法，帮他们寻找增加收入的新门路，有针对性地协助制订切实可行的脱贫方案，引导和帮助贫困户发挥各自特长，通过自身的努力实现脱贫；还给他们送去资金及大米、面粉、食用油等生活必需品。每年每位援藏校长向结对认亲户捐赠1000元，其他援藏队员每年每人捐赠500元。3年来，团队共向52户结对认亲户捐款7.8万元。结对认亲直接拉近干群距离，密切党群关系。

　　作为一名援藏教师，在脱贫攻坚工作中还能做些什么呢？经过深入了解，我们发现很多学生都会挖虫草、采松茸、晾晒风干牛肉，很多牧民家里都存有

爱心、责任、奉献
——天津市首批组团式教育人才援藏队的支教岁月

不少虫草、雪莲、贝母、牛肉等，而且有的学生家长会做卡垫，有的学生家长擅长绘制唐卡，有的家长擅长打磨银器……要知道，冬虫夏草是名贵的滋补品，雪莲贝母则是稀有药材，松蘑是优质的食材，唐卡是弥足珍贵的非物质文化遗产，银器泡茶煮水可以养生……这些藏族特色都很受消费者欢迎。于是，国军等老师帮助学生精心策划一条脱贫致富的路子——教他们开网店，利用网店推销西藏名优特产并面向全网转发推销，借助信息技术架起脱贫致富的桥梁。一时间，冬虫夏草、松蘑、风干牛肉、卡垫、唐卡、围裙等这些他们眼里的寻常物，在国军等老师的指导下变成网店的热销品，不需要多少设备，一部手机、一台电脑外加快递邮寄就增加许多农牧民的家庭收入。如今，在国军等老师的指导和帮助下，扎西同学家经营的冬虫夏草网店越来越红火，不仅解决了扎西上大学的费用，而且推动全家彻底摆脱贫困、阔步迈向小康。

经过"一对一"结对认亲，群众的思想发生根本性的变化：愿意搬出大山，走出独居，搬到集中居住区生活；开始积极思考发财致富的门路，主动发展养殖业，通过自力更生实现脱贫。家长的教育观念发生变化，他们认识到家庭教育是教育的基础，是孩子成长的后盾和整个教育的核心；认识到读书是为了让孩子具备各方面的能力、更好地适应社会。农牧区开始重视家庭教育，形成家长纷纷送子女上学的新局面。在学校教室、宿舍异常紧缺，已完成招生的情况下，有的家长言辞恳切地对我们说："如果昌都二高不收，他们就不读书了。"不少家长痛恨原来简单粗暴的家庭教育方式，开始通过电话向孩子嘘寒问暖，帮助孩子分析原因，鼓励孩子上进，鼓励他们多读书、走出大山见世面；不少家长主动与老师联系了解孩子的在校情况，要求老师从严要求孩子。

第六章

区域辐射

第六章

凶越解除

第六章 区域辐射

第一节 昌都市教育基本情况

在开展援藏工作过程中,团队详细了解了昌都市整体教育情况。

近年来,昌都市中学生生源数量急剧增加,如昌都二高由2009年的1000余名学生迅速发展到现在的3300余名学生,昌都三高由5年前的60人发展到现在的2800人,昌都四高前年刚招生,现在发展很迅速。但昌都市整体师资力量没有跟上,专任教师不足,整个昌都市教师缺口3000余名,尤其急缺数学、物理、化学、生物教师。同时,大批本科毕业生,包括非师范类学生补充到中学教育,还有一些高校的大学生志愿者支教昌都,但是他们的教学起点都是零。因为急需教师,所有这些新教师大多未经过系统培训直接上岗。高原地区气候恶劣,教师退休较早,现岗有教学经验的老教师很少,教师队伍的学科结构、年龄结构、职称结构很不合理。虽然有"国培计划2018"西藏自治区小学校长、高中骨干教师培训项目,"区培计划2018"西藏自治区小学校长信息化能力提升培训项目等,但这些项目缺少结合本地实际的培训,没有长远的培训计划和方案,教师专业能力不强,"经验"教研、"闭门"教研现象普遍存在。

由于牧民大多思想保守,加之山高谷深、交通不便,控辍保学成为昌都教育发展的难题,提高入学率、巩固率仍是昌都教育最重要的任务之一。昌都市整体教育形势为:一是控辍保学任务繁重,少部分县入学率有下滑趋势。二是全市教师总量不足、素质不优,教师缺口严重,非师范类教师占比偏大。三是全市各县义务教育校际的发展不够均衡。四是全市学校点多面广、基础设施差,中小学实验室、图书室等功能教室不足,或数量不够,或面积偏小。五是教育质量有待进一步提高,理科教学偏弱,实验教学效果差,质量考核激励机制不够完善。六是教师队伍专业结构不够合理,音乐、美术、信息技术等学科专业教师缺口大;教师民族结构不够合理,偏远的乡村小学以藏族教师为主,缺少汉族教师。七是教师队伍专业技术水平偏低,中学高级教师数量偏少。八是地方课程和校本课程建设不足,没有积极建设具有藏区特色的校内博物馆和配套教材。九是办学理念普遍提炼不够到位，办学思想不够明确。十是学校管理短视，吸收社会力量不够。

按照"建好一所学校、代管一所学校、示范一个地区"的要求，团队持续、充分发挥组团式教育援藏人才优势，借助西藏自治区教育厅、昌都市教育局搭建的各种平台和提供的所有契机，广泛开展"蹲点式视导""外出讲座""担任评委""送教下乡""学术论坛"等系列活动，通过与各级各类学校、各种类别层级的人士交流交融，促进组团式教育援藏人才和当地教师的理念对接、工作对接。天津援藏团队的辐射效应不断延伸，很好地发挥了"示范一个地区"的作用。

第二节 "蹲点视导"把脉昌都教育

受昌都市教育局委托，每学期援藏队管理干部周耀才、杨贵祝、简冬生、陈锋、崔帆、王盛轮流多次对昌都市11个区县近200所中小学进行蹲点视导和"回头看"检查工作。每到一所学校，我们就通过看、听、查、问、谈等方式，对各学校办学历史、办学现状、办学理念、学校管理、师资建设、教育质量、党建工作、发展规划等进行全方位调研，以便及时、全面了解昌都教育的真实情况，着重调研影响基层学校教育教学质量提高的共性问题，帮助寻找制约藏区基层学校教育质量提高的"症结"。针对发现的共性问题，我们提出建设性的参考意见，并将意见建议形成书面报告上报昌都市教育局，为教育系统制定全市整体教育提升规划、制定全市教育质量考核管理办法、整体提高全市教育质量做出了突出的贡献。发现的个性问题后，我们及时向基层学校反馈，帮助基层学校分析原因直至改进、完善和提高。通过蹲点视导，管理团队充分了解昌都市情、学情，为完善援藏规划提供了参考，也便于援藏教师以昌都教育当时面临的问题为导向，深入思考、探索适合的解决途径，确保援藏工作扎实、高效。团队管理人员积极参与的蹲点视导工作在西藏电视台被多次报道。

杨贵祝、简冬生、王盛等多次配合昌都市教育局教科所开展送教下乡暨听评课活动；我和崔帆等专程前往八宿县吉达乡吉达小学等开展志愿服务。下乡过程中，大家常常穿行于深山峡谷，没路的时候只能在绝壁上攀行；路途中经常遭遇山体滑坡、泥石流、冰雹、暗冰等危险。每遇到突发情况，不能按时赶往目的地时，大家只能在中途停歇，用山泉烧水煮饭或者简单地以干粮果腹，等路障排除后再继续前进。三年来，援藏干部教师克服重重困难、义无反顾，行程累计数万公里，深入边远山区学校"把脉诊断"，分析问题对症下药。针对"经验"教研、"闭门"教研现象，团队干部利用下乡的机会面向乡村学校开展百余次专题讲座，帮助乡村教师更新教育观念、开阔视野，为提高当地教师的业务能力和专业素养、提升昌都市的教育质量做出了突出的贡献。

第三节 "外出讲座"传播天津理念

团队管理干部受邀到各校传经送宝，开展了系列讲座。

应昌都市教育局的邀请，2016年7月杨贵祝副校长在昌都市第二届教育年会上做了题为"用精细化管理助推教学质量的提升"的报告。报告从提升办学品位、加强校园文化建设、强化学科组建设、规范教学行为、提高教学效益、助推教师专业发展等多个角度阐述提升教学质量促进学校发展的策略，引起与会教师的强烈共鸣。2017年5月，杨贵祝副校长为昌都市直属学校的校级领导做了题为"走向人本管理——教学管理的点滴思考"的讲座。讲座从管理者的角色定位、管理者的职能体现、学校文化建设、人文管理的优势、教师的底线意识等多角度阐述提升学校管理水平的策略，刷新了与会者对管理的认知，受到参会领导的高度评价。应卡若区第二初级中学的邀请，2017年8月杨贵祝副校长做了题为"读懂自己、读懂学生、读懂教学——做一个善于动脑的懒教师"的讲座。2019年4月，在昌都市第二届高中联盟生物学科活动中，杨贵祝副校长再次为参会骨干教师做了题为"提升高考复习效率的点滴思考"的讲座。

爱心、责任、奉献
——天津市首批组团式教育人才援藏队的支教岁月

应卡诺区初级中学的邀请，2017年4月，简冬生主任专程前往卡若区初级中学面向全体教师开展班主任培训，获得卡若区初级中学全体教职工的一致好评。应昌都团市委的邀请，2016年12月，崔帆主任面向昌都市、县基层团干部做了题为"转变观念理思路，开拓创新谋发展"的讲座；2017年10月，在大学生志愿者见面会上面向俄洛片区大学生做了题为"如何完成从大学生向教师的角色转变"的讲座。

为了有效贯彻落实自治区"五个100%"教育目标，切实提高江达县中学教师的业务水平，应江达县教育局的邀请，2019年7月王盛主任带领张汉泉、朱俊、国军到江达县，深入开展中小学教师能力提升短期培训。王盛与三位天津教师分别深入开展了系列讲座。其中，张汉泉做了题为"初中物理课标解读与教材分析""初中物理实验教学与研究""物理教学设计的原理与方法"的三个讲座；朱俊做了题为"初中生物课标解读与教材分析""初中生物教与学""初中生物实验教学与实验管理"的三个讲座；王盛做了题为"一堂好课的评价标准"的讲座及初中数学培训等。

应昌都市教育局教科所的邀请，2016年12月田海春老师面向昌都市英语骨干教师做了2016年高考试卷分析暨2017年高考复习备考策略报告。为了高质量完成任务，田海春老师连续做了近三年全国高考英语卷，用具体、生动、形象的例题结合规律总结，图文并茂地为全市英语教师做了全面细致的讲解，赢得了与会者热烈的掌声。应俄洛镇独立营的邀请，2017年5月，王雷老师面向俄洛镇独立营官兵做了题为"岁月静好 青春无殇"的传承五四爱国精神的公益讲座。在讲座中，王老师从中国梦入手，鼓励大家把青春梦融入中国梦、继续践行责任担当，在党和人民最需要的地方绽放青春，引起部队官兵的强烈反响，彰显了天津援藏教师的风采。

受中国教育电视台邀请，2018年11月，我在山东济南"国培计划（2018）——西藏自治区山南、昌都、那曲市校本研修示范校建设项目集中培训会"上做了题为"立足美育特色 加强校本研修 促进教师专业发展"的专题讲座。2018

年 11 月，在昌都市物理学科集中研讨会上，我面向全市物理教师做了题为"自制教具努力实现中学物理实验课程开出率 100%"的专题讲座。

第四节 "落实目标"提升理科师资 ●

根据西藏自治区人社厅《关于开展 2019 年度西藏自治区专业技术人才知识更新工程项目的通知》精神，为贯彻落实"五个 100%"教育目标，江达县为构建一支思想水平高、师德修养好、教育教学业务能力强的初中数理化生教师队伍，2019 年 7 月 4—5 日，为期两天的教师能力提升培训在江达县一中拉开帷幕。本次培训以"适应、规范、发展"为主题，讲学团教师由来自天津南开中学等不同名校的 4 位教师组成，江达县两所中学的数学、物理、化学、生物及相关学科的 63 名中青年教师参加培训。

开班仪式上，主持人从理念引领、专业发展、队伍建设、责任意识、高尚师德、终身学习、博爱之心等方面做了动员讲话，并强调任何活动要获得成功，严格的纪律必不可少，要求各位参训教师在培训期间遵规守纪、认真学习。

在物理学科培训上，张汉泉老师用《德国寓言》从"物理为什么难"切入话题，既幽默风趣又深入浅出地阐述自己的物理教学观，又对物理课标进行详细解读、对教材进行深入分析，强调物理实验教学和学生自主实验的重要性，对于"怎样上好实验课"结合自己的经验给出建议，列举了初中物理常见的 20 个分组实验教学。

国军老师从初中化学的核心素养的内涵、结构与实施、课堂设计及评价、实验课教学等方面开展培训，要求教师们"带着思想进课堂，带着成果出课堂"；

● 昌都市教育局.科学构建专业教师队伍 落实"五个 100%"教育目标——江达县教育局开展专业技术人才知识更新工程培训 [EB/OL].（2019–07–05）[2022–05–08]. https://mp.weixin.qq.com/s/y_TwmJuHAuu_ePDFqmN3oQ.

爱心、责任、奉献
——天津市首批组团式教育人才援藏队的支教岁月

朱俊老师从生物学科的课程标准、备课、说课、听课、评课及生物实验课等方面做了全方位的培训，指明教师"新手—适应—成熟—专家"的成长路径；王盛老师以"一堂好课的评价标准"为题做了精彩的讲座及初中数学培训。

通过为期两天的培训，江达县初中教师更清楚地认识到要迅速成长，就得不断学习、更新知识、优化实践、提升自身业务素质；做到与时俱进，才能培养出符合社会发展需要的人才，真正达到教书育人的目的。

第五节 "示范辐射"彰显团队风采

团队干部教师受邀担任各级各类教学大赛评委，对数百节参赛的优秀课进行精彩点评和指导。其中，我和杨贵祝、王凯歌、田海春、曹连友、关长通、黄炜、于长宇、国军等多次担任昌都市教师教学技能大赛、实验技能大赛、"一师一优课、一课一名师"大赛的评委；我先后受邀担任西藏自治区教师教学技能大赛评委、西藏自治区中小学实验教学说课活动网上评课专家评委；王凯歌、田海春等承担西藏自治区2016—2017年度"一师一优课"网上评选工作、中央电教馆2016—2017年度"一师一优课"网上评选工作。在广泛、深入交流的过程中，团队干部、教师阐述新课程理念、教师主导学生主体的教学方式、探究性教学的特点、课堂结构、学科核心素养的呈现方式等，很好地发挥示范作用，有效促进参赛选手教学技能的提升，改变当地"赛与教"脱节的情况。

团队率先面向全市开展天津援藏教师"研究课"展示活动，推动、协助学校举办昌都市首届高中教师教学技能大赛，针对昌都市中学教育相对比较集中的实际，倡议成立昌都市高中学校发展联盟，实现高中优质资源共享；针对全市交通不便、学校点多线长面广特征，积极推动教育信息化建设，协助大力实施现代远程教育工程，带动全市初中、小学、幼儿园分别成立幼儿园发展联盟、小学发展联盟、初中发展联盟，使基层学校走出了自我封闭的老路，实现了资源共享、共同提高的目的。与此同时，学校选派多名教师前往江达县生达乡第一小学等学校支教，为他们带去学校管理、教育教学、科研等方面的经验和资源，帮助偏远的学校提升教育教学质量。天津组团式教育援藏团队也初步实现了"带动和培训当地教师，帮助西藏整体提升教育内涵式发展水平"的目的。

2016年10月，崔帆主任带领校团委打破传统的普法模式，精心策划、编排了昌都首部"青少年模拟法庭剧"，并在昌都市中级人民法院法庭公演。该剧第一时间在西藏自治区电视台《新闻联播》播出，后面向全市公演并受邀在市直学校巡演，开创了昌都市普法宣传的新思路，为共青团昌都市委员会"青春与法同行"活动增色添彩，得到共青团昌都市委员会和法律界专业人士的高度评价。2017年年底，崔帆率领团队精心筹备，争创全国中学生志愿服务示范学校，后经团中央验收考核并顺利通过，为昌都二高挂上了"全国首批示范学校创办单位"的荣誉牌匾，昌都二高一跃成为西藏自治区第一所全国首批中学生志愿服务示范学校（见图1）。随后，崔帆带领志愿队成员朱虹、王雷、暴亭硕、黄炜、麻向阳、苗雨等紧密围绕四条公益主线广泛深入地开展了系列志愿服务活动，开创了志愿服务的新局面，彰显了天津援藏团队的风采。

图1 全国中学生志愿服务示范学校

2018年3月，经过精心筹备，简冬生牵头开展西藏自治区"做自己的首席安全官——平安校园行"昌都市分会场的紧急疏散演练工作，与会的昌都市领导对其给予高度评价。同时，简冬生牵头组织开展了禁毒、预防未成年人犯罪、文明校园、平安校园等系列主题教育活动，昌都二高预防未成年人犯罪工作、预防毒品教育工作受到昌都市人大常委会工作检查组的高度认可，简冬生作为昌都市唯一代表在自治区禁毒工作电视电话会议上做了典型发

爱心、责任、奉献
——天津市首批组团式教育人才援藏队的支教岁月

图2 西藏自治区毒品预防教育示范学校

言。因团队卓有成效的工作，昌都二高获得"西藏自治区毒品预防教育示范学校"的荣誉称号（见图2）。

应昌都市教育局邀请，2016年夏德源、暴亭硕等老师参加了昌都市教师职称考试试题的命制工作，张朋等老师承担教师业务考试学科命题及阅卷工作等。天津援藏教师严谨、认真、周密、细致的工作作风，对试卷的全局把握及高屋建瓴的见解赢得了大家的交口称赞。曹连友、邵俊辉等老师在昌都市第一届、第二届理科实验操作技能竞赛中，受邀担任实验操作技能竞赛的评委组长。两位援藏老师严格规范比赛流程、统一标准，公平公正对待比赛，认真撰写评审报告，并以此次活动为契机积极推动自治区提出的"五个100%"——中学物理、化学、生物实验课程开设率100%的落实工作，达到了良好的效果。

受西藏自治区教育考试院的委托，我于2017年6月19—22日前往林芝考区对2017年林芝市高中（中职）学校招生考试进行巡视，对该考区各项准备工作进行全面检查，对考试情况进行全程监督，并完成2017年西藏自治区高中、中职招生考试林芝考区巡视工作报告，受到西藏自治区教育考试院的高度评价。2017年4月，我和援藏办负责人关长通参加了昌都市委组织部组织的援藏工作座谈会。在会上，我作为天津、重庆、福建三省市组团式教育人才援藏领队代表做了精彩发言，汇报了组团式教育人才援藏团队开展的工作、给昌都教育带来的翻天覆地的变化，受到昌都市委领导的充分肯定和高度赞扬。

2017年10月，中国共产党第十九次全国代表大会在北京开幕。2017年10月，作为全国组团式教育人才援藏团队代表，西藏日报对我进行了专门采访，并在人民网进行了报道。在采访中，我说："党的十九大报告明确了我国未来发展的方向，作为天津'组团式'教育人才援藏领队，十九大更坚定了我援藏的信念，我将努力促进援藏团队与受援学校深度融合，发挥援藏团队传播先进办学和管理经验的作用，为推动受援学校教育管理理念、管理水平、教师队伍素质、教学科研水平、教育教学质量等提升贡献自己的青春和热血。"❶报道彰显了团队扎实开展组团式教育援藏工作的信心和决心，展现了天津团队良好的精神面貌，令人倍感振奋、备受鼓舞、干劲倍增。

2018年9月，我代表天津、重庆、福建三省市组团式教育人才援藏领队，参加了由中共中央组织部、教育部在拉萨联合召开的座谈会。围绕组团教育人才援藏工作定位、组团教育人才援藏资源分配、组团教育人才队伍结构配置、援受双方之间如何合理搭配、援方如何得到大后方的支持等议题，我作为首个领队代表发言，汇报了天津援藏队开展的工作，得到与会领导的高度认可。

2019年5月，西藏自治区示范校评估、验收工作组莅临昌都二高，天津援藏教师李益彩、朱俊、冯登为等面向西藏自治区专家分别做了题为"动量定理""叶绿体色素的提取与分离""生物体维持PH稳定的机制""The Writing"展示课，受到专家评委的高度赞赏。

自组团式教育援藏以来，昌都市教育发生了巨大的变化。一是全市学前、小学、初中、高中入学率达到历史最高点，教育普及程度全面提高，以国家通用语言文字为主的学前到高中一体化教育教学体系不断完善；二是教育理念不断更新，全市各级各类学校教育管理水平不断提高，办学行为不断规范；三是全市各学校办学条件持续改善，设施设备逐年完善，达到了信息化教学需要的水平，教育综合发展水平得到全面提高；四是各级各类学校纷纷走出自我封闭的老路，分别建立联盟，通过优质资源共享实现优势互补、共同提高。如今当地最好的建筑在学校，最美的环境在校园，全市学校基本建成现代设施齐全的标准化学校。

---

❶ 周晶.西藏师生热议十九大报告：将开启教育事业新征程[EB/OL].（2017–10–20）[2022–05–08]. http://media.tibet.cn/education/campus_topics/1508486003212.shtml.

第七章

团队凯旋

第一节　英雄载誉，团队凯旋

2019年7月19日，团队50人圆满完成支教任务返津。在天津滨海国际机场，天津市教委领导、市教育两委相关处室负责同志，相关区教育局和学校负责同志纷纷到机场迎接凯旋的团队。

接机同志高高地打出"热烈欢迎天津市援藏干部教师凯旋"的横幅。一下飞机，大家很快被家人、朋友、同事包围，一束束鲜花、一阵阵掌声、一次次紧紧的拥抱、一句句诚挚的问候让所有人热泪盈眶。自2016年4月15日至此，天津市首批组团式教育人才共两批100人次的援藏队圆满完成援藏任务。

三年来，团队的工作得到上级的高度认可。首批组团式教育人才援藏工作结束之际，西藏自治区教育厅在面向全国20余个援藏团队进行援藏工作总结时，天津团队、广东团队、湖北团队获得西藏自治区表彰的名额并列全国第一。其中，简冬生被授予"先进援藏教育工作者"称号，刘昱含、张汉泉被授予"援藏先锋"称号，周立男、王丹、李益彩、张健、张超被授予"优秀援藏教师"称号。援藏期间，张悦、夏德源荣获西藏自治区"最美援藏教师"称号，张朋荣获西藏自治区"优秀教育援藏工作者"称号。

第二节　将天津支教模式融入雪域高原[❶]

位于西藏东部、地处横断山脉的昌都，素有"藏东明珠"的美称。这里有3500米以上的平均海拔，金沙江、澜沧江、怒江并行通过。

从天津到昌都，我们横跨东西。2016年4月—2019年7月，天津市首批组团式教育援藏干部教师团队顺利完成三年援藏任务。1000多个日日夜夜，为

[❶] 张雯婧.把教育援藏"天津模式"刻在雪域高原上——我市首批"组团式"援藏教师团队完成三年援藏任务[N].天津日报，2019–07–24.

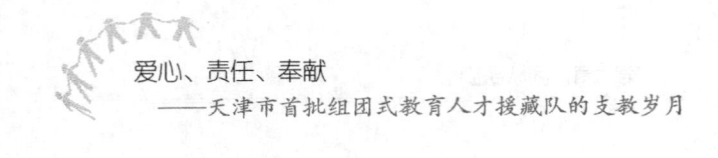

爱心、责任、奉献
——天津市首批组团式教育人才援藏队的支教岁月

了守护这里的孩子们,天津教育援藏干部和教师走过了一段难忘的征途,也把天津支教模式永远地融入雪域高原。

一、我们完成任务回来了

2019年7月19日16时40分,随着航班安全降落于天津滨海国际机场,天津市首批组团式教育援藏干部教师团队完成对口帮扶任务顺利返津。我们刚下飞机,便立刻被家人、朋友、同事的一束束鲜花、一阵阵掌声、一次次紧紧的拥抱包围。

"爸爸,爸爸,你终于回来了……"人群中,8岁的小笑屹奔入父亲的怀抱。天津市第四十二中学教师刘建驹一把抱起了女儿,还未说话,便红了眼圈。随后,他轻轻拍着前来接机的妻子的肩膀说:"辛苦了。""援藏的这段时间,我们把心都留给了昌都,对家人充满了愧疚。"刘建驹说。

当团队成员全部集合完毕时,面对前来接机的领导,团队领队周耀才眼含热泪地说:"我们完成任务,回来了!"

2016年,天津市积极响应党中央关于东西部对口帮扶的号召,组建首批组团式教育援藏团队。三年中,共计100人次的教师团队分两批在西藏昌都二高开展对口帮扶工作。

三年间,冬去春来,寒来暑往。高寒、缺氧、孤独、思念……时刻考验着每一个援藏干部、教师的身体与心灵,但大家"缺氧不缺精神,吃苦不降标准",按照"建好一所学校、代管一所学校、示范一个地区"的要求,构建了以援藏教育人才为龙头、以立德树人为育人方向、以"输血"变"造血"援助为重点、以促进交流合作实现共同发展为目标的教育援藏"天津模式"。

"组团式教育援藏是党中央、国务院从党和国家战略全局出发作出的重大决策,是新时期教育援藏模式的重大创新。组团式教育援藏的精髓在'团',即团队。三年前,我们根据昌都二高的实际需求,组建了以数学、物理、化学等紧缺学科教师为主，兼顾其他学科教师和教育管理人员的援藏干部教师团队。老师们用三年的时间，证明了这是一支精良之师，更是一个团结向上、敢打必胜的团队。"天津市教委领导说。

二、确实没想到这么艰苦

时至今日，周耀才始终记得三年前老师们第一次入藏时的情景。4000多米的海拔让第一次进藏的老师们刚下飞机就出现了严重的"高原反应"。很多老师嘴唇发紫，有的老师呕吐不止，甚至直接晕倒在机场。但是，令周耀才没有想到的是，就在第二天的教研会上，首批50名援藏干部教师都坐在了会议室。有人吃着药，有人吸着氧，但没有人请假。

高原反应没有让老师们退缩，但了解到昌都二高的实际情况后，老师们的心情沉重了。这里基础设施薄弱，实验室建设落后，很多仪器早已破损；多媒体教室设备老化，很多设备无法使用；宿舍不够，30多名学生挤在一个大教室里休息；教室数量不足，考试时部分学生只能被安排在三面透风的走廊里。"许多老师有心理准备，想过这里条件艰苦，但确实没有想到这么艰苦。"周耀才说。

除了让人头疼的硬件外，在与学生们有了直接接触后，许多老师犯了难。

"第一次讲解实验蒸馏，学生们完全不能理解实验原理，"具有多年化学教学经验的刘建驹说，"没有想到自己准备的各种教案在这里派不上用场，作为老师，自己讲的东西学生听不懂，觉得特别沮丧。"于是，老师们的教案改了又改。蒸馏实验原理不懂，就从最基础的油水分层开始讲；语感不强，写作文时无话可说，就从拼音、词语、造句抓起。"既然学生适应不了我们之前的教学方式和内容，我们就想尽办法适应学生的节奏。"刘建驹说。

"在这里，老师们只能用最'笨'的方法。虽然每个人每周的课时都非常多，但大家仍然每天加班加点，牺牲课余时间为学生们补习功课。只要看到学生们有了一点点进步，大家就会特别有成就感和幸福感。"周耀才说。

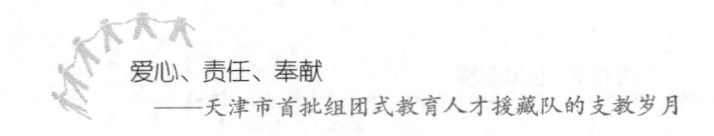

爱心、责任、奉献
——天津市首批组团式教育人才援藏队的支教岁月

天津教育援藏团队三年的努力换来了一份令人满意的成绩单。从2017年至今，昌都二高的高考成绩一直在稳步提升。同时，学校的各项特色活动也开展得如火如荼。

三、快走吧，孩子们等着呢

除了教学和德育，天津教育援藏团队在抵达昌都之初便制定"必须做好'传、帮、带'"的工作策略。我们希望可以实现从"输血"到"造血"的飞跃，要给这里留下一支"带不走"的教育队伍。

根据昌都二高师资的实际情况，天津教育援藏团队以推进教研教改为着力点，成立昌都二高青年教师专业发展学校，推进"一三五八"青蓝工程，从备课、上课、课后辅导、说课、学生教育、学科教研等方面对青年教师进行"一对一""一对多"帮扶，共与当地90名教师建立了师徒关系。

"输血"与"造血"的并举，有效推动了昌都二高师资队伍整体水平的大幅度提升。在教学技能大赛中，天津援藏教师指导的昌都二高教师全部获奖。

除了定点帮扶昌都二高外，天津教育援藏团队还多次送教下乡，把天津优质的教育资源引入昌都周边地区。三年间，大家翻山越岭，常遭遇山体滑坡、泥石流等突发情况，但援藏干部、教师克服重重困难、义无反顾，行程累计3万余公里，深入边远山区学校"把脉诊断"，寻找限制当地基层学校教育质量提高的"症结"。

有一次，车子行驶在山路上，突然头顶传来轰隆隆的响声，司机紧急刹车，迅速组织老师们下车向后跑。瞬间，一块巨大的落石从山上滚下，擦着车头落在了车前面。生死一瞬间，真的是后怕。但是，当我问是回去还是继续向前走时，大家都说："快走吧，村里的孩子们还等着呢。"回忆那次遇险中老师们的表现，周耀才至今感动不已。最后，大家与赶来救援的人员一起把石头推进山谷，继续前行。

三年中，天津教育援藏团队坚持以示范促进提升，在昌都二高及周边区域开展示范课、研究课、公开课300余节次；针对不同群体开展系列讲座，其中，面向管理干部培训700人次、面向班主任培训1000人次、面向教师培训2000余人次、面向学生培训30 000余人次，对进一步提升周边区域学校的管理水平和提高教育教学质量起到积极的推动作用。

四、天津教师一直在你身边

昌都二高的学生来自全市10个县1个区，贫困生不少，有的是孤儿，有的来自单亲家庭，有的是残疾户、低保户、建档立卡户等不同类型的贫困户。虽有政府的"三包"政策，但因种种原因部分学生家庭还是非常困难。了解到实际情况后，一场由天津教育援藏团队发起的精准扶贫活动由此展开。

"这里的学生能吃苦、肯付出、重感情、懂礼貌，具有良好的素质，但是很多学生缺少读书的习惯和主动获取知识的意识。"南开中学援藏教师张汉泉说。这位在孩子出生17天便踏上援藏之路的物理教师发现，学校图书室资源有限是一个客观的限制条件，于是"为孩子们找书"成为他教学之外最大的事。经过多方联系与协调，最终多家企业共同为昌都二高捐建了浮香书室，书室内有教育、教学、文学、历史、艺术、科技等图书共计1216种、4520册。

三年中，天津教育援藏团队干部、教师纷纷发动身边的爱心人士和热心企业捐款捐物，为昌都二高捐赠了20台大型电热水器、39台饮水机，解决了师生的饮水问题；捐赠了大量的衣物、水杯、充电灯、毛巾等生活用品和书包、葫芦丝、笔、本等文体用品，及时满足学生所需；捐赠图书10 000余册，丰富了学生的内心世界。

团队教师关心群众、关注民生，急群众之所急，为烧伤少年捐款2.6万元、为"10·11"金沙江山体滑坡自然灾害捐款1.92万元、为身患尿毒症的幼儿教师捐款5500元、为困难学生捐款数十万元，有效促进了援藏团队与当地民众的融合。

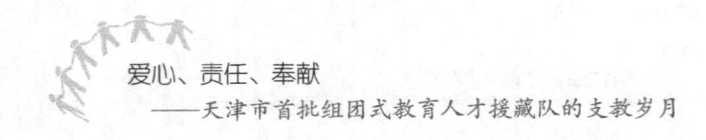

爱心、责任、奉献
——天津市首批组团式教育人才援藏队的支教岁月

天津教师一直在你身边。援藏团队与洛隆县孜托镇德通村的 52 户贫困家庭结对认亲，在提供 7.8 万元扶贫资金的同时，积极做好贫困户的思想工作，激发当地民众的内生动力；自发与 28 名学生结成定期资助帮扶对象，在经济上帮助、在学习上指导、在思想上引领这些贫困生。

这些自发的行动让昌都当地的百姓感受到天津教育援藏团队满满的爱心，让天津与昌都结下了深厚的情谊。

蓝天白云之下、雪域高原之上，金沙江、澜沧江和怒江奔涌向前，诉说着一个个感人的援藏故事，也使得这颗"藏东明珠"越发光彩夺目……

"我们用三年的青春浇筑援藏热土，还将用毕生精力谱写扶贫赞歌。"天津援藏干部教师团队如是说。

参考文献

[1]　白秀英，王较过，徐杰.初中物理有效教学模式[M].北京：北京师范大学出版社，2014.

[2]　鲍传友.做研究型教师[M].北京：教育科学出版社，2009.

[3]　毕春艳.高中物理"问题探究"教学模式的理论与实践的研究[D].大连：辽宁师范大学，2006.

[4]　昌都市第二高级中学.昌都市第二高级中学制度手册[G].2019.

[5]　昌都市第二高级中学.昌都市第二高级中学简介[Z].2018.

[6]　昌都市第二高级中学.关于边远初中班办学情况汇报[R].2017.

[7]　昌都市第二高级中学.昌都市第二高级中学"五比一创"活动实施方案暨"五比一创"年级组定点推进、帮扶工作实施方案[Z].2016.

[8]　昌都市第二高级中学.昌都市第二高级中学简报集[G].2016—2019.

[9]　昌都市教育局.天津市教委"送教进昌"培训活动圆满结束[EB/OL].（2020–08–29）[2022–05–08].https://mp.weixin.qq.com/s/kZ2Pue7gBUeJ3yrqr–ERJw.

[10]　昌都市教育局.突出五重五强 实现五个提升 昌都教育事业持续健康发展[EB/OL].（2018–08–17）[2022–05–08].https://mp.weixin.qq.com/s/1gDwJj8BT9lFlaUErZK1hw.

[11]　昌都市教育局.昌都市"六个狠抓"推进星级学校创建工作[EB/OL].（2016–11–25）[2022–05–08].https://mp.weixin.qq.com/s/GoxN_yGtwMEYvecI1dReBA.

[12]　昌都市教育局组援办.不负嘱托 不辱使命——教育人才组团式援藏期满总结汇编[G].2019.

[13]　陈小平.中学数学"问题—探究"教学模式的理论与实践研究[D].南昌：江西师范大学，2006.

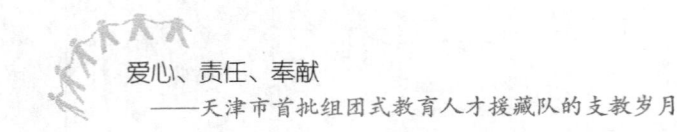

[14] 崔允漷. 有效教学 [M]. 上海：华东师范大学出版社，2009.

[15] 董梅. 初探翻转课堂教学模式在高中化学教学中的应用 [J]. 新课程学习（上），2014（9）：31.

[16] 贡布扎西. 擢升二高品质 铸就三江品牌 [R]. 昌都市第二高级中学，2019.

[17] 关长通，黄炜，孙金专，等. 天津市组团式教育人才援藏队简报（援藏故事）集 [G]. 天津市组团式教育援藏队，2016—2019.

[18] 韩涛. 在中学物理教学中渗透物理美 [J]. 考试（教研版），2008（10）.

[19] 霍艳华. 天津市第八批援藏工作规章制度 [EB/OL].（2018–09–11）[2022–05–08]. http://news.big5.enorth.com.cn/system/2018/09/11/036104253.shtml.

[20] 华中师范大学. 教师培训需求调查问卷 [EB/OL].（2012–09–18）[2022–05–08]. https://www.docin.com/p-483891504.html.

[21] 侯艳. 对高中年级管理的实践与探索 [J]. 吉林教育，2003（10）：35.

[22] 靳玉乐. 探究教学论 [M]. 重庆：西南师范大学出版社，2001.

[23] 兰甜甜. 中学物理教学中渗透美育的实践研究 [D]. 长春：东北师范大学，2011.

[24] 李茂盛. 我校实行年级主任制管理的实践与思考 [J]. 中国教育科研与探索，2008.

[25] 李铁铮，李胜利. 中小学美育实践 [M]. 北京：人民交通出版社，2009.

[26] 刘丽颖. 高中化学翻转课堂教学模式的探索与实践 [J]. 教育科学，2016：25.

[27] 刘昱含，等. 教育人才组团式援藏管理干部及教师援藏期满考核表 [G]. 西藏昌都市教育局，2019.

[28] 廖伯琴. 初中物理教学策略 [M]. 北京：北京师范大学出版社，2010.

[29] 廖伯琴. 物理探究式教学设计与案例分析 [M]. 北京：高等教育出版社，2002.

[30] 马朝辉. 办大美教育 育特色人才 [R]. 天津市瑞景中学，2015.

[31] 米亚男. 初中物理目标—互动—探究教学模式实验研究 [D]. 天津：天津师范大学，2007.

[32] 倪光炯，王炎森. 物理与文化——物理思想与人文精神的融合 [M]. 北京：高等教育出版社，2009.

[33] 钱琴红. 高中化学"翻转课堂"教学模式浅谈 [J]. 中学教学参考，2015（14）：77–78.

参考文献

[34] 邱志明，等.教育人才组团式援藏管理干部及教师年度考核表[G].西藏昌都市教育局，2017.

[35] 苏鸿昌.美的研究与欣赏：第一辑[M].重庆：重庆出版社，1982.

[36] 孙鹤娟.学校文化管理[M].北京：教育科学出版社，2004.

[37] 上海市普陀区树德小学."仁爱文化"润泽下的美育化课堂建构——美育课题中期报告[EB/OL].（2014–01–08）[2022–05–18].http://www.zgxymyw.cn/html/meiyuketitongxun/201401/08–1761.html.

[38] 天津市教育委员会.为未来教育家奠基[M].天津：天津教育出版社，2016.

[39] 天津市对口支援西藏工作前方指挥部.天津市援藏干部人才个人捐款情况统计表[Z].2019.

[40] 天津市对口支援西藏工作前方指挥部.天津市援藏干部人才获奖评优情况统计表[Z].2019.

[41] 天津市对口支援西藏工作前方指挥部.天津市援藏干部人才主要工作业绩统计表[Z].2019.

[42] 天津市对口支援西藏工作前方指挥部.天津市党政代表团赴昌都学习考察 全面落实援藏使命职责 升级加力推动昌都发展[EB/OL].（2018–07–12）[2022–05–08].https://mp.weixin.qq.com/s/dzFS9rzz5prtzyq70r8XSA.

[43] 天津市对口支援西藏工作前方指挥部.让美好的天津形象镌刻在青藏高原——记天津"组团式"教育援藏教师夏德源[EB/OL].（2017–08–25）[2022–05–08].https://mp.weixin.qq.com/s/f5hCT2SK8H29DoHwTs3vzw.

[44] 天津市对口支援西藏工作前方指挥部.天津市第八批援藏干部工作简报集[G].2016—2019.

[45] 王力邦.中学物理教师的学习与思考[M].北京：科学出版社，2009.

[46] 王小娅.数学对高中物理学习影响的调查研究[D].贵阳：贵州师范大学，2008.

[47] 汪永文.寓美育于中学物理教学之中[J].物理教学探讨，1999（2）：3.

[48] 新兴中学.师徒结对子实施方案及活动记录[EB/OL].（2020–12–20）[2022–05–08].https://wenku.so.com/d/777e463874720ceeadc7922a43196c7d.

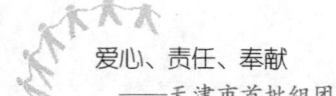

[49] 徐纪敏．科学美学思想史 [M]．长沙：湖南人民出版社，1987．

[50] 阎金铎，田世昆．中学物理教学概论 [M]．北京：高等教育出版社，2003．

[51] 杨建华，等．天津市瑞景中学管理制度汇编 [G]．天津市瑞景中学，2012．

[52] 易健德．美学知识问答 [M]．长沙：湖南大学出版社，1987．

[53] 曾繁仁．走到社会与学科前沿的中国美育 [J]．文艺研究，2001（2）：11–18．

[54] 查有梁．教育模式 [M]．北京：教育科学出版社，1999．

[55] 张超．英雄归来！我市第八批"组团式"教育援藏干部教师凯旋 [N]．天津教育报，2019–07–20．

[56] 张建平．高一物理课堂中实施问题探究式教学模式的研究 [D]．上海：上海师范大学，2012．

[57] 张雯婧．把教育援藏"天津模式"刻在雪域高原上——我市首批"组团式"援藏教师团队完成三年援藏任务 [N]．天津日报，2019–07–24．

[58] 张岩．中学物理探究课的设计与实施 [D]．大连：辽宁师范大学，2010．

[59] 周耀才．"数学建模"在物理学习中的运用 [J]．天津教育，2016（1）：50–52．

[60] 周耀才，刘丽颖．高中物理课程价值取向的探索与思考 [M]．北京：知识产权出版社，2015．

后　记

虽然援藏团队已经为当地培养了一批专业技术过硬的人才，但援藏教师们还是不能完全放心——他们能否推动当地教师的专业发展、培养更多的新生力量。大家相信，三年多的支教工作虽已结束，但援藏不会结束，回津后我们还将尽已所能推动西藏教育事业发展，继续开创援藏工作新模式，多渠道、多形式地开展"送出去""引进来"活动，全方位、多角度地深化新时期教育援藏工作的内涵。一是继续邀请西藏自治区学校领导、中层干部、骨干教师到天津"手拉手"学校学访交流；二是积极参加天津市教委选派的讲师团到昌都开展教育系统优秀管理人才培训；三是踊跃参加天津市教委持续组织的"送培进昌都"活动；四是继续关注昌都二高的发展，通过微信群、QQ群和远程教育平台等向昌都二高师生分享天津学校的优质教育教学资源，包括优质试卷、优秀教学视频、优质教案和课件、教育故事；五是继续协调我们周围的力量，持续为昌都二高捐款捐物，助力小康；六是为在津学习的昌都教师提供力所能及的帮助，满足参训学员实际需求的同时，不断提升培训体验，让培训更接地气、更高效。

2020年8月21—26日，即团队离藏返津一年后，团队教师张汉泉再次申请赴藏参加天津市教委组织的"送教进昌"培训活动，围绕补齐教育理念、完善教研教改、加强师资队伍建设等主题，以学科前沿教学理念、课改设计、教研策略等为主要内容进行了为期6天的专题培训，充分发扬了"功成不必在我、功成必定有我"的精神，践行了"不忘初心、终身援藏"的铮铮誓言。同时，

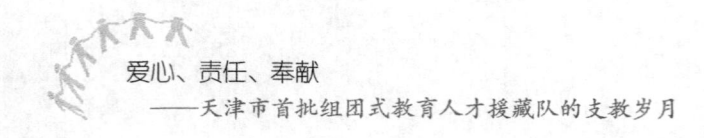

爱心、责任、奉献
——天津市首批组团式教育人才援藏队的支教岁月

团队决定把援藏情怀带回天津，为市政府提供决策参考的同时，构建天津教师的精神高地，进一步提升援藏教师的政治素养，淬炼师德师能，践行育人使命。坚信在以习近平同志为核心的党中央坚强领导下，天津组团式教育人才援藏队与西藏民众一道必将铸就西藏教育的辉煌。